采购与供应管理实务
(第3版)

种美香　雷婷婷　主　编
王珊珊　张　苓　副主编

清华大学出版社
北京

内 容 简 介

本书以项目导向引领、以任务驱动开篇、以测试考核总结，充分体现了"以就业为导向、以工作过程为学习任务"的高职教学新理念，注重实际运用与操作技能的培养。本书全面阐述了采购与供应链管理认知、采购制度与组织建设、采购市场环境分析、编制采购计划与预算、供应商的选择与管理、采购谈判与采购合同管理、采购成本控制、采购库存控制、采购风险与绩效管理、政府采购与招标采购等内容，以使学生全面系统地学习采购工作各环节的职业基础知识。同时，与各学习项目、学习任务相对应的测试环节更有利于学生的理解和掌握，有助于培养和提高学生的采购操作技能，也方便教师对教学内容与教学考核过程的设计。

本书既可作为高职高专院校物流类专业课程和各类、各层次学历教育与短期培训的教材，也适合作为广大物流企业从业人员的学习参考用书。

图书在版编目(CIP)数据

采购与供应管理实务/种美香，雷婷婷主编. —3 版. —北京：清华大学出版社，2021.1（2025.2重印）
ISBN 978-7-302-57034-9

Ⅰ. ①采⋯ Ⅱ. ①种⋯ ②雷⋯ Ⅲ. ①采购管理—高等职业教育—教材 ②物资供应—物资管理—高等职业教育—教材 Ⅳ. ①F253 ②F252.2

中国版本图书馆 CIP 数据核字(2020)第 238171 号

责任编辑：孙晓红
封面设计：李　坤
责任校对：王明明
责任印制：宋　林

出版发行：清华大学出版社
　　　　　网　　　址：https://www.tup.com.cn, https://www.wqxuetang.com
　　　　　地　　　址：北京清华大学学研大厦 A 座　　　邮　　编：100084
　　　　　社 总 机：010-83470000　　　　　　　　　邮　　购：010-62786544
　　　　　投稿与读者服务：010-62776969, c-service@tup.tsinghua.edu.cn
　　　　　质量反馈：010-62772015, zhiliang@tup.tsinghua.edu.cn
　　　　　课件下载：https://www.tup.com.cn, 010-62791865

印 装 者：三河市少明印务有限公司
经　　销：全国新华书店
开　　本：185mm×260mm　　　印　张：17.5　　　字　数：426 千字
版　　次：2012 年 8 月第 1 版　2021 年 1 月第 3 版　　印　次：2025 年 2 月第 5 次印刷
定　　价：49.00 元

产品编号：086719-01

前　　言

随着我国经济体制改革的深入，生产和流通企业的结构调整及市场竞争的加剧，物流业作为现代服务经济的重要支柱和组成部分，已成为我国国民经济新的重要产业和新的经济增长点。相比之下，我国的物流教育显得比较滞后，物流现代化人才十分匮乏。物流产业的人才教育是多层次、多样化的教育，但目前市场上真正能走"任务驱动、实训考核、技能培养"编写思路的教材较之以往虽有增加，但多数仍停留在或深或浅的理论介绍上。为适应物流业发展对人才的需要，现组织多名具有长期一线教学经验的教师共同编写了这本适合高职高专院校物流类专业学生使用的教材。

本书结合最新的职业教育理念及教学研究成果，本着"理论够用、注重实训"的原则，贯彻"任务驱动、项目引领"和"工作过程导向"的教学理念，配合国家教育部物流管理1+X证书制度，从理论和实践两个方面阐述采购与供应管理实务。本书共设置10个项目，分别是：认知采购与供应链管理、采购制度与组织建设、采购市场环境分析、编制采购计划与预算、供应商的选择与管理、采购谈判与采购合同管理、采购成本控制、采购库存控制、采购风险与绩效管理、政府采购与招标采购。每个项目下各设置2~4个学习任务，同时在每个学习任务中安排了相应的具有针对性的技能训练，并对每个项目设置了相应的包括应知测试和应会测试的项目测试。可以说，本书的各个项目与任务均以任务驱动开篇，以所需知识点展开，以测试和实训环节进行考核及归纳总结，充分体现了"以就业为导向、以工作过程为学习任务"的高职教学新理念，注重实际运用与操作技能的培养。同时，与各项目、任务相对应的应知与应会测试环节更有利于学生的理解和掌握，有助于学生对采购操作技能的培养和提高，也方便了教师对教学内容与教学考核过程的设计。

本书出版以来，深受全国各类院校广大师生的欢迎。此次第3版，作者审慎地对原教材进行了内容校正，完善了部分例题、任务实施内容和部分项目测试题，以使其更贴近经济活动，更方便读者使用。

本书结合物流采购业务实际，注重与时俱进，通俗易懂，具有定位准确、内容翔实、体例灵活生动、贴近实际应用的特点，因此既适合作为高职高专院校物流类专业的教材使用，又适合作为各类、各层次学历教育与短期培训的教材使用，也适合作为广大物流从业人员的学习参考用书。

本书由种美香(天津工业职业学院)、雷婷婷(天津工业职业学院)担任主编，并负责全书架构的设计、统稿和整理工作；王珊珊(武汉铁路职业技术学院)、张苓(天津科技大学)任副主编。具体编写分工为：种美香编写项目三、项目七、项目九、项目十和全书项目测试题，同时负责全书架构的设计、统稿、项目一至项目六的理论部分整理、全书课件制作；雷婷婷编写项目二和项目六，同时负责项目七至项目十的理论部分整理；王珊珊编写项目一和项目五，同时负责应会测试题的审核；张苓编写项目四和项目八，同时负责应知测试题的审核。

本书在编写过程中参考引用了一些专著及企业案例的内容，在此一并表示感谢。由于编者水平有限，加之采购与供应链管理的理论与实践在不断发展，书中难免有不成熟、不完善之处，敬请读者批评指正。

编　者

目　录

项目一　认知采购与供应链管理

【项目导入】

现代社会生活中，采购是很重要的一个环节。无论工业、农业还是服务业，无论是传统行业还是新兴行业，采购都是企业发展中的重要一环。市场经济的发展，使人们已经离不开采购。在自给自足的小农经济社会，商品交换在经济和社会生活中扮演着拾遗补阙的角色。而在现代社会，任何一个社会主体要想生存、发展，就必须不断地进行商品交换。生活在城市里的人们都深有体会，生活离不开各种商品，而获得商品的办法就是用货币交换，换句通俗的话来说，就是要买、要采购。对于大企业来说，采购又是实现商品生产和交换的基础环节。

近年来，人们更加重视供应链采购，与传统的采购相比，物资供需关系没变，采购的概念没变，但是，由于供应链中各企业之间是一种战略伙伴关系，采购是在一种非常友好、合作的环境中进行的，所以在供应链采购中，采购的观念和采购的操作都发生了很大变化。

【项目展开】

为了系统而直观地学习相关知识，我们将该项目按照以下四个工作任务进行展开。

任务一　采购认知

任务二　采购管理认知

任务三　供应链认知

任务四　供应链管理认知

在各个工作任务中，我们都将按照任务目标、任务描述、任务分析、任务资讯、任务实施和任务小结的顺序详细讲述。

任务一　采购认知

【任务目标】

知识目标：

(1) 掌握采购的概念、分类；

(2) 理解采购与购买、采购与供应的关系与区别。

技能目标：

(1) 能说出现实中的采购现象；

(2) 能描述采购有哪些活动过程。

素质目标：

(1) 热爱采购工作，具有敬业精神；

(2) 深刻理解资源的战略意义，具有合理配置资源的理念。

【任务描述】

想象一下，我们站在食堂的窗口前对打饭的师傅说，我"采购"5元钱的饭菜，那肯定会引起哄堂大笑。这时只能说，我"买"5元钱的饭菜。又如，你在路上碰到一个多年未见的朋友，他目前正在做采购员，你问他到哪儿去，干什么？如果他说"我到东北'采购'一批药材"和说"我到东北'购买'一批药材"，你的理解就会有所不同。说"采购"，你可能会理解为他要到东北各地跑跑，选购许多不同品种的药材；说"购买"，你可能会理解为他要到东北某地某个药店去购买一批药材。

那么，为什么会有不同的理解呢？

【任务分析】

实际上，采购和购买的含义差别很大。若要完成此任务，需明确以下几个问题。

(1) 什么是采购？什么是购买？两者的区别是什么？

(2) 企业的采购活动过程是怎样的？

【任务资讯】

一、采购概述

(一)购买与采购

"购买"和"采购"在概念上是不同的。购买是使用货币换取商品的交易过程，往往针对个人而言，主要是指购买所需生活资料和消费资料的过程，如日用品、食品、药品和交通工具等。采购应当包含两个基本意思：一是"采"，二是"购"。"采"即采集、采摘的意思，是从众多的对象中选择若干个；"购"即购买，是通过商品交易手段把所选定的对象从对方手中转移到自己手中。所谓采购，一般是指从多个对象中选择购买自己所需要的物品。这里所谓对象，既可以是市场、厂家、商店，也可以是物品。因此，采购应当比购买的概念更专业、含义更广泛，包括购买、储存、运送、接收、检验及废料处理等。

(二)采购的概念

根据人们取得商品的途径不同，可以从狭义和广义两个方面来理解采购。

狭义的采购，往往是针对企业而言，即以购买的方式获得所需商品或物料。其购买过程是通过商品交换和物流手段从资源市场取得资源的过程，即根据订单需求提出采购计划，审核计划，选择确定供应商，经过商务谈判确定价格、交货及相关条件，最终签订合同并按要求收货付款的过程。这种以货币换取物品的方式，可以说是最普通的采购途径，无论个人还是企业，为了满足消费或者生产的需求都可以通过这种方式进行采购。

广义的采购是指除了以购买的方式获取物品之外，还可以通过下列途径获取物品的使用权，以达到满足需求的目的。

(1) 租赁。租赁是指一方以支付租金的方式取得他人物品的使用权，即租赁是一种以一定费用使用对方出租实物的经济行为。

(2) 借贷。借贷是指一方凭借自己的信用和彼此间的友好关系获得他人物品的使用权，使用完毕，仅返还原物品。这种采购方式中的需方无须支付任何代价就可以获得供方的物品使用权，实质上就是借用。

(3) 交换。交换就是采用以物易物的方式取得物品的使用权和所有权，但并没有以货币直接支付物品的全部价值。

(4) 外包。外包就是企业在关注自身核心竞争力的同时，将次优的全部或部分的采购业务活动外包给采购服务供应商(Procurement Services Providers，PSP)。这些专业的第三方采购公司能够为外包企业提供产品和服务的专业知识，以及相关的基础设施，使外包企业获得采购的规模经济利益和辅助决策服务。

> **思考：**
> (1) 企业通常将什么样的业务外包？为什么？外包与第三方物流有何关系？
> (2) 你能举出一些外包实例吗？

综上所述，采购是指采购人或采购实体基于生产、转售、消费等目的，购买商品或劳务的交易行为。毋庸置疑，对采购的全面理解应是广义的采购。但是为了方便理解与学习，在本书中重点讨论的仍是狭义的企业采购。

(三)采购的特征

采购通常主要指组织或企业的一种有选择的购买行为，其购买的对象主要是生产资料。从学术上看，采购一般包含以下基本特征。
(1) 所有采购都是从资源市场获取资源的过程；
(2) 采购既是一个商流过程，也是一个物流过程；
(3) 采购是一种经济活动。

(四)采购与供应的关系和区别

供应是指供方向需方提供产品和服务的全过程。供应包括内部供应和外部供应。内部供应如库房对车间供应物料、车间之间的供应、工序之间的供应等；外部供应是从企业外部寻找供应商，组织货源，对企业进行供应，即采购部门采购企业需要的物料满足自己企业内部的需求。因此，采购与供应具有密切的关系，是两个相辅相成的过程。

采购的含义与供应的含义有一定的区别。一般而言，供应的含义大于采购的含义，即采购属于外部供应。此外，二者的功能不同。供应的功能是保证需要，而采购的功能远远多于供应，它还具有降低成本、减少资金占用等功能。

二、采购的分类

(一)按采购订约方式分类

按采购订约方式，可将采购进行以下分类。
(1) 订约采购。订约采购是指买卖双方根据订约的方式进行采购的行为。
(2) 口头或电话采购。口头或电话采购是指买卖双方利用书信或电报的往返进行采购的行为。

(3) 试探性订单采购。试探性订单采购是指买卖双方在进行采购事项时因某种缘故不敢大量下订单，先以试探方式下少量订单，等试探性订单采购进行顺利时再下大量订单。

(二)按采购时间分类

按采购时间，可将采购进行以下分类。

(1) 长期固定性采购与非固定性采购。长期固定性采购是指长期且固定的采购行为；非固定性采购是指采购行为为非固定性的，需要时才采购。

(2) 计划性采购与紧急采购。计划性采购是指根据材料计划或采购计划进行的采购行为，紧急采购是指物料急用时毫无计划性地临时性加急的采购行为。

(3) 预购与现购。预购是指先将物料买进而后付款的采购行为；现购是指以现金购买物料的采购行为。

(三)按采购性质分类

按采购性质，可将采购进行以下分类。

(1) 公开采购与秘密采购。公开采购是指采购行为公开化，秘密采购是指采购行为秘密进行。

(2) 大量采购与零星采购。大量采购是指采购数量多的采购行为；零星采购是指采购数量零星化的采购行为。

(3) 特殊采购与普通采购。特殊采购是指采购目的特殊，采购人员事先必须花很多时间从事采购情报收集的采购行为，如采购特殊规格、特殊用途的机器；普通采购是指采购项目极为普通的采购行为。

(4) 正常性采购与投机性采购。正常性采购是指采购行为正常化而不带投机性；投机性采购是指物料价格低时大量买进，以期涨价时转手图利的采购行为。

(5) 计划性采购与市场性采购。计划性采购是指依据材料计划或采购计划进行的采购行为；市场性采购是指依据市场的情况、价格的波动从事的采购行为，此种采购行为并非依据材料计划而进行。

(四)按采购主体分类

按采购主体，可将采购进行以下分类。

(1) 个人采购。个人采购是指个人生活用品的采购，一般是单一品种、单次、单一决策、随机发生的，带有很大的主观性和随意性。即使采购失误，也只影响个人，造成的损失不致太大。

(2) 家庭采购。家庭采购是指在家庭生活中，家庭成员为了家庭的生活需要进行的采购活动。

(3) 企业采购。企业采购是市场经济下一种最重要、最主流的采购。企业是大批量商品生产和流通的主体。为了实现大批量商品的生产与流通，也就需要大批量商品的采购。企业采购又分为流通企业采购和生产企业采购。

（4）政府采购。政府采购是政府机构所需要的各种物资的采购。这些物资包括办公物资，如计算机、复印机、打印机等办公设备及纸张、笔墨等办公材料，也包括基建物资、生活物资等，如各种原材料、设备、能源、工具等。

（5）其他组织采购。其他组织包括事业单位(如学校、医院、文体单位)、军队等的采购活动，基本部分与政府采购差不多，也是一种集团采购，并且以公款采购物品为主。

三、采购作业流程

采购作业流程会因采购的来源、方式及对象等不同而在细节上有所差异，但对于基本的流程则每个企业都大同小异。

采购作业流程的一般模式可以概括为以下十个关键步骤。

（1）采购申请。采购申请又称请购，是指由企业内的各个需求部门向负责采购的部门提出在未来一段时间内所需物品的种类及数量等相关的信息，并填制一定的表格交给采购部门。

（2）确认需求。任何采购都产生于企业中某个部门确切的需求，因此在进行采购之前，采购部门应先对来自各需求部门的采购申请进行分类汇总，进而确定整个企业采购物料的种类、采购数量、采购时间、由谁决定等。

（3）需求说明。如果采购部门不了解使用部门到底需要些什么，采购部门不可能进行采购。因此在确认需求之后，就必然要对需要采购的商品或服务有一个准确的描述，即对需求的细节(如品质、包装、售后服务、运输及检验方式等)加以明确说明，以便使货源选择及价格谈判等作业能顺利进行。

（4）编制采购计划和预算。采购计划与预算编制是确定采购项目的哪些需求可以通过采用组织外部的产品或服务得到最好的满足，以及所需的资金准备。它包括决定是否要采购、如何采购、采购什么、采购多少、何时去采购以及筹集多少资金等。

（5）选择/开发供应商。供应商的选择与开发是采购职能中重要的一环，它涉及高质量物料或服务的确定和评价。这一环节主要是根据需求说明在原供应商中选择成绩良好的厂商，通知其报价，或以登报公告等方式公开征求合适的供应商。

（6）采购谈判。确定可能的供应商后，应进行价格谈判，确定合适的采购价格。

（7）合同/订单管理。在价格谈妥后，应办理订货签约手续。订单和合约均属于具有法律效力的书面文件，对买卖双方的要求、权利及义务，必须予以说明。

在签约订货之后，为使供应厂商能够按期、按质、按量交货，应根据合约规定进行合同/订单追踪与稽核，及时督促厂商按规定交运，并予以严格检验入库。

（8）货物验收、开发票。在签约后，采购企业应按照合同/订单上的规定对供应商所提交的产品进行验收。厂商交货验收合格后，随即开具发票。供应商要求付清货款时，对发票的内容是否正确，应先经采购部门核对，然后财务部门才能办理付款。

凡厂商所交货品与合约规定不符而验收不合格者，应依据合约规定退货，同时应立即办理重购，并予以结案。

（9）结案。凡经过验收合格的产品通知财务部门付款后，或验收不合格的产品进行退货后，采购部门都须办理结案手续，清查各项书面资料有无缺失、绩效好坏等，报高级管理层或权责部门核阅批示。

(10) 记录和档案维护。凡经结案批示后的采购业务，应列入档案登记并进行分类编号，予以保管，以备参阅或事后发生问题时进行备查。

【技能训练 1-1】

根据上述对采购作业流程的描述，画出采购作业流程示意图。

【任务实施】

通过以上的学习，获知采购与购买是有区别的。购买多数是指普通消费者在生活中买东西的行为，采购应是指企业通过各种途径获取物品的所有权和使用权，以达到满足需求目的的行为。二者的区别如表 1-1 所示。

表 1-1　采购与购买的区别

比较项目	购　买	采　购
主体	个人或家庭	企业、政府、军队、社会团体等
客体	生活资料为主，数量少，品种有限	生产资料为主、生活资料为辅，品种多，金额较大
过程	简单易行	复杂
风险	小	大

不同商品、不同企业的采购活动过程多种多样，还可以抽象出其共性并描述为：收集信息、询价、比价、议价、评估、索样、决定、请购、订购、协调与沟通、催交、进货检收、付款及归档等。

【任务小结】

在"采购认知"任务中，通过两个对话场景，对采购有了全新的认知，应熟知采购的概念、采购的分类，了解采购的作业流程等知识，对各种采购行为能够识别判断其属于哪种采购类别，描述其采购活动过程。同时，通过分析采购的定义，深刻理解资源的战略意义。采购企业需注意资源的稀缺性与合理使用资源的辩证关系，落实党的二十大报告中提出的"推动绿色发展，促进人与自然和谐共生"。总之，通过对采购的基本认知，为后续任务的有序进行打好基础。

任务二　采购管理认知

【任务目标】

知识目标：

(1) 掌握采购管理的概念与内容；

(2) 掌握采购与采购管理的区别与联系。

技能目标：

(1) 能运用采购管理"5R"原则点评企业采购管理现象；

(2) 能描述采购管理的作用。

素质目标：

(1) 树立为客户、为生产服务的观点，具有合作精神；

(2) 树立讲效率、讲效益的思想。

【任务描述】

　　海尔采取的采购策略是利用全球化网络集中购买，以规模优势降低采购成本，同时精简供应商队伍。而对于供应商的管理方面，海尔采用的是SBD模式：共同发展供应业务。海尔有很多产品的设计方案直接交给厂商来做，很多是由供应商提供今后两个月市场的产品预测并将待开发产品形成图纸，这样供应商就真正成为海尔的设计部和工厂，加快了开发速度。许多供应商的厂房和海尔的仓库之间甚至不需要汽车运输，工厂的叉车直接开到海尔的仓库，大大节约了运输成本。海尔本身则侧重于核心的买卖和结算业务。这和传统企业与供应商关系的不同在于，它从供需双方简单的买卖关系，成功转型为战略合作伙伴关系，是一种共同发展的双赢策略。

　　海尔的采购订单滚动下达到供应商，一般的订单交付周期为10天，加急订单为7天，战略性物资(如钢材)每个月采购一次，每三个月与供应商谈判协商价格一次。另有一些供应商通过寄售等方式为海尔供应，即将物资存放在海尔物流中心，但在海尔使用后才结算，供应商可通过B2B网站查询寄售物资的使用情况，海尔不收取属于寄售订单的相关仓储费用。

　　JIT采购要考虑销售的淡季和旺季问题，在旺季之前要提前预算，海尔目前一个月的预测精度可达到80%；三个月的预测精度为50%。另外，海尔的JIT采购一般不能退货，无逆向物流，不能取消订单。

　　1999年海尔的采购成本为5亿元，由于业务的发展，2000年采购成本为7亿元，但通过对供应链管理优化整合，2002年海尔的采购成本控制在4亿元左右。近年来，由于业务的高速发展和物料、人力成本的上升，海尔一年的采购费用是100多亿元。海尔通过整合采购、招标竞价和网上采购，使采购成本每年降低5%以上。可见，利益的获得是一切企业行为的原动力。成本降低、与供应商双赢关系的稳定发展带来的经济效益，促使众多的企业以积极的态度引进和探索先进、合理的采购管理方式。

　　(注：以上内容为海尔某段时间的采购案例，不必考虑时效性)

　　思考：从海尔的采购管理中得到什么启示？

【任务分析】

　　若要完成此任务，需明确以下几个问题。

(1) 什么是采购管理？海尔进行了怎样的采购管理？

(2) 采购管理有何作用？科学的采购管理为海尔带来哪些好处？

(3) 采购管理的目标是什么？内容是什么？

【任务资讯】

一、采购管理的概念与作用

(一)采购管理的概念

所谓采购管理，是指为保障企业物资供应而对企业采购活动所进行的管理活动，是对整个企业采购活动的计划、组织、指挥、协调和控制活动。

采购管理的具体活动包括制订采购计划、采购活动的管理、采购人员的管理、采购资金的管理、运输与接运验收的管理、采购评价和采购监控，也包括建立采购组织、构建采购管理机制等。

(二)采购与采购管理

采购是一种作业活动，是为完成指定的采购任务而进行具体操作的活动，一般由采购员承担。其使命就是完成采购科(部、处)长布置的具体采购任务，其权利是只能调动采购科长分配的有限资源。采购管理是管理活动，是面向整个企业的，不但面向企业全体采购员，而且也面向企业组织中的其他人员(进行有关采购的协调配合工作)，一般由企业的采购科(部、处)长，或供应科(部、处)长，或企业副总来承担。其使命就是要保证整个企业的物资供应，其权利是可以调动整个企业的资源。可见，采购管理与采购是有区别的。

但是采购本身也有具体的管理工作，它属于采购管理。采购管理，又可以直接管到具体的采购业务的每一个步骤、每一个环节、每一个采购员。可见，采购管理与采购又是有联系的。所以，采购和采购管理不完全是一回事，两者之间既有区别又有联系。

采购与采购管理的关系如表 1-2 所示。

表 1-2　采购与采购管理的区别与联系

项　目	采　购	采购管理
区别	(1)具体的采购活动，是作业活动； (2)只涉及采购员个人； (3)只能调动采购科(部、处)长分配的有限资源	(1)对整个企业采购活动的计划、组织、指挥、协调和控制活动，是管理活动； (2)面向整个企业； (3)可以调动整个企业的资源
联系	采购本身也有具体的管理工作，它属于采购管理。采购管理又可以直接管理到具体的采购业务的每一个步骤、每一个环节、每一个采购员	

虽然个人采购、一般家庭采购当中也有管理工作，但那是非常简单的采购管理工作，人们习惯上不把它看成是一种管理工作，因此在日常生活中也没有采购管理的概念。而一般的集团采购，特别如企业采购、政府采购、事业单位采购、军队采购等，由于采购量大、品种多、牵涉面广、事情复杂，管理工作必不可少，都毫无例外地设有采购组织机构，进行严格有序的采购管理，而且企业规模越大，采购管理工作就越重要。

(三)采购管理的作用

采购管理主要有利润杠杆作用、资产收益率作用、信息源作用、营运效率作用、对企业竞争优势的作用这五个方面的作用。

采购管理的利润杠杆作用是指当采购成本降低一个百分点时，企业的利润率将会上升更高的比例。这是因为采购成本在企业的总成本中占据着比较大的比重，一般在50%以上，而这个比例远远高于税前利润率。例如，某公司的销售收入为5000万元，假设其税前利润率为4%，采购成本为销售收入的50%，那么采购成本减少1%，就将带来25万元的成本节约，也就是利润上升到了225万元，利润率提高了12.5%。可见，利润杠杆效应十分显著。

资产收益率作用是指采购成本的节减给企业提高资产收益率带来的巨大作用。资产收益率是指企业的净利润和企业总资产的比率，用公式表示出来就是"资产收益率=净利润÷总资产"，该公式可以转换为

$$资产收益率 = \frac{净利润}{销售收入} \times \frac{销售收入}{总资产} = 利润率 \times 资产周转率$$

公式右边第一个分式的内容称为利润率，第二个分式的内容称为资产周转率(投资周转率)。这样，资产收益率就可以表示为企业的利润率和资产周转率的乘积的形式。当采购成本下降一定比例时，通过利润杠杆效应可以使利润率提高更大的比例。另外，采购费用减少，则库存同样数量物资占用的资金就少，即资产降低，这就提高了资产周转率，两者的乘积就是一个更大的比例，较大的资产收益率有利于企业在资本市场的融资。

对于信息源作用、营运效率作用和对企业竞争优势的作用，比较容易理解，这里就不再一一加以分析了。总之，随着市场竞争的不断加剧、经营管理理念和方法的发展，采购管理在企业中占据着越来越重要的地位，采购部门也必将在未来发挥更深远的影响力。

【技能训练 1-2】

假设某企业2018年度的总销售额为1亿元，利润为500万元。2019年的经营目标是将利润提高1倍，如表1-3所示。

表1-3　影响企业利润的因素比较

单位：百万元

项　目	2018年	销售额 +17%	产品价格 +5%	工资 -50%	企管费用 -20%	采购成本 -8%
销售额	100	117↑	105↑	100	100	100
采购成本	60	70↑	60	60	60	55↓
工资	10	12↑	10	5↓	10	10
企管费用	25	25	25	25	20↓	25
利润	5	10	10	10	10	10

问题：

(1) 企业提高利润的途径有哪些？在本案例中你认为提高利润的最好途径是什么？

(2) 本案例中在哪些方面体现了采购管理的重要性？

(资料来源：杨军，赵继新. 采购管理[M]. 北京：高等教育出版社，2010. 有修改)

二、采购管理的目标

采购管理的目标可归纳为"5R"原则，即适时(Right Time)、适地(Right Place)、适质(Right Quality)、适量(Right Quantity)、适价(Right Price)。

1. 适时即适当的时间

采购管理对采购时间有严格的要求，即要选择适当的采购时间，一方面保证供应不间断，库存合理；另一方面又不能过早采购而出现积压，占用过多的仓库面积，加大库存成本。

2. 适地即适当的地点(供应商)

选择适当的地点，即选择合适的供应商是采购管理的首要目标。对于采购方而言，选择的供应商是否合适，会直接影响采购方的利益。比如数量、质量是否有保证，价格是否降到最低，能否按时交货等。供应商的选择，主要应考察供应商的整体实力、生产供应能力、信誉等，以便建立双方相互信任、长期合作的关系，实现采购与供应的"双赢"战略。

3. 适质即适当的质量

采购商进行采购的目的，是为了满足生产或消费的需要。因此，为保证企业生产的产品的质量，首先应保证所采购材料的质量能够满足企业生产的质量标准要求。保证质量应该做到"适当"，一方面如果产品质量过高，会加大采购成本，同时也会造成功能过剩，如目前在电视、手机、计算机等产品中，就存在功能多余等问题；另一方面如果所采购原材料质量太差，就不能满足企业生产对原材料品质的要求，并影响到最终产品质量，甚至会危及人民生命财产安全，如水泥、钢材质量的不合格，可能会造成楼房建筑、桥梁等"豆腐渣"工程。

4. 适量即适当的数量

采购数量也是采购管理的一个重要目标，即要科学地确定采购数量。在采购中防止超量采购和少量采购。如果采购数量过大，易出现积压现象；如果采购量过小，可能出现供应中断，采购次数增多，使采购成本增大。因此，采购数量一定要适当。

5. 适价即适当的价格

采购价格的高低是影响采购成本的主要因素。因此，采购中能够做到以"适当的价格"完成采购任务是采购管理的重要目标之一。采购价格应做到"公平合理"。如果采购价格过高，则会加大采购方的生产成本，产品将失去竞争力，供应商也将失去一个稳定的客户，这种供需关系也不能长久；但如果采购价过低，则供应商利润空间小，或无利可图，将会影响供应商供货的积极性，甚至出现以次充好、降低产品质量以维护供应的现象，时间稍长，采购方将先失去一个供应商。

【案例链接1-1】 海尔的 JIT 采购

海尔认为，新形势下企业运作的核心驱动力只有一个：订单。没有订单的生产，其结果只能是生产库存—库存积压—企业资金周转不灵。所以企业的竞争其实就是速度的竞争，即获取订单并满足订单需求的速度竞争。现在的海尔，当经销商下完要货订单后，海尔的工作人员就将信息从商流工贸公司的信息系统终端输进海尔信息系统，完成对订单的上传。订单信息会在相关部门的计算机终端上同时响应，并在物流推进本部的计算机终端上立即转化为生产订单。海尔物流立体仓库的中央控制中心随即将产品分解成配件需求，自动统计并排查配件库存，将海尔国际物流中心配件立体仓库已有和待采购的配件分类进行操作。对库存紧缺的配件，系统自动生成采购订单，并显示在 JIT 采购工作人员的计算机终端上，根据采购订单实施网上 JIT 采购。这个信息同时将出现在原材料分供方的计算机终端上，分供方依托海尔的 BBP 系统(原材料网上采购系统)，确认供货需求信息，并按要求配送到海尔物流立体仓库。立体仓库关于配件备齐的信息随即转化为生产申请，得到获准之后，信息即刻在海尔国际物流中心，即海尔物流中心的配件立体仓库的计算机终端上显现出来，通过 JIT 原材料配送操作，分别将配件送到预定的生产线工位上，柔性化的生产线在运转中根据系统指令实现生产自动切换，即可生产出满足客户订单需求的产品。产成品一下生产线，随即转运进入海尔国际物流中心成品立体仓库，全国主干线 JIT 成品分拨配送系统在平均 2 天时间内将产品发运到 42 个遍布全国的海尔物流配送中心，各地配送中心再将经销商需求的产品配送到客户指定地点。这些配送操作在物流中心城市 8 小时到位，区域配送 24 小时到位。

思考： 海尔的采购管理是否实现了 "5R" 原则？

三、采购管理的内容与过程

为了实现企业采购管理的目标并使采购管理在企业的生产经营中起到一个良好的作用，必须重视和加强采购管理。

1. 采购管理组织

采购管理组织是采购管理最基本的组成部分，为了搞好企业复杂繁多的采购管理工作，需要有一个合理的管理机制和一个精悍的管理组织机构，要有一些能干的管理人员和操作人员。

2. 需求分析

需求分析，就是要弄清楚企业需要采购什么品种、需要采购多少，什么时候需要什么品种、需要多少等问题。作为全企业的物资采购供应部门，应当掌握全企业的物资需求情况，制订物料需求计划，从而为制订出科学合理的采购订货计划做准备。

3. 资源市场分析

资源市场分析，就是根据企业所需求的物资品种，分析资源市场的情况，包括资源分布情况、供应商情况、品种质量、价格情况、交通运输情况等。资源市场分析的重点是供应商分析和品种分析。分析的目的是为制订采购订货计划做准备。

4. 制订采购订货计划

制订采购订货计划，是根据需求品种情况和供应商的情况，制订出切实可行的采购订货计划，包括选定供应商、供应品种、具体的订货策略、运输进货策略以及具体的实施进度计划等。具体解决什么时候订货、订购什么、订多少、向谁订、怎样订、怎样进货、怎样支付等一些具体的计划问题，为整个采购订货规划一个蓝图。

5. 采购计划实施

采购计划实施，就是把上述制订的采购订货计划分配落实到人，根据既定的进度实施，具体包括联系指定的供应商、进行贸易谈判、签订订货合同、运输进货、到货验收入库、支付货款以及善后处理等。

6. 采购评估与分析

采购评估，就是在一次采购完成以后对这次采购的评估，或月末、季末、年末对一定时期内的采购活动的总结评估，主要在于评估采购活动的效果、总结经验教训、找出问题、提出改进方法等。通过总结评估，可以肯定成绩、发现问题、制定措施、改进工作，不断提高采购管理水平。

7. 采购监控

采购监控，是指对采购活动进行的监控活动，包括对采购有关人员、采购资金、采购事务活动的监控。

8. 采购基础工作

采购基础工作，是指为建立科学、有效的采购系统而进行的一些基础建设工作，包括管理基础工作、软件基础工作及硬件基础工作。

【任务实施】

> 提示：
>
> 海尔突破了我国大型家电生产企业物资管理的模式，全面推行物资集中采购一体管理，采取全球网络化的集中采购策略与模式；在供应商管理方面，采取共同发展供应业务的 SBD 模式；在订单管理方面，采取将订单滚动通知供应商和考虑销售淡旺季的 JIT 采购预测。总之，在采购管理方面，海尔借鉴国外先进的采购与供应管理思想和经验，结合企业自身的情况，摸索出一条适合企业发展的采购之路，形成了具有海尔特色的采购与供应管理。采购成本的显著降低、与供应商双赢关系的稳定发展带来的经济效益，将促使海尔及众多的企业以积极的态度引进和探索先进、合理的采购管理方式。

【任务小结】

在"采购管理认知"任务中，通过海尔采购管理模式，了解到我们需要对采购活动进行科学管理，这样才能有效降低成本，提高企业的市场竞争力。当然，采购管理是一项复杂多变的工作，在后续的章节中将会对如何具体地加强企业采购活动的管理进行详尽的阐述。

任务三 供应链认知

【任务目标】

知识目标：

(1) 掌握供应链的定义、基本结构与特征；

(2) 理解供应链的类型；

(3) 掌握供应链的牛鞭效应。

技能目标：

(1) 能分析企业供应链的构成；

(2) 能分辨供应链的类型及其优劣。

素质目标：

(1) 具有高度的责任感，忠于职守，具有敬业精神；

(2) 具有较强的计划、组织与沟通协调能力。

【任务描述】

一个真实的事例：2011 年冬季，山东大白菜滞销的新闻传遍了大江南北。听到这个消息，远在几千公里之外的开平菜农心里也不好受，他们无奈地说："今年蔬菜都没卖到好价钱，别说赚大钱，不亏本就已经很不错了。现在白菜的收购价只有 0.6 元/公斤。"然而对于市民来说，蔬菜的价格并不便宜，反而偏贵，超市的白菜价格高达 3 元/公斤。从 0.6 元/公斤到 3 元/公斤，从田间地头，再到批发商，最后到零售终端，经过一系列的流通之后，白菜身价翻了数倍。在这个链条中，菜农、批发商、零售商，谁赚了钱？

【任务分析】

若要完成此任务，需明确以下几个问题。

(1) 什么是供应链？从地头到百姓餐桌，大白菜经历了怎样的供应链？

(2) 供应链有怎样的结构与特征？如何正确认识供应链？

【任务资讯】

一、供应链的概念及特征

(一)供应链的概念

供应链是围绕核心企业，通过对信息流、物流和资金流的控制，从采购原材料开始，制成中间产品以及最终产品，最后由销售网络把产品送到消费者手中的将供应商、制造商、分销商、零售商直到最终用户连成一个整体的功能网链结构。它不仅是一条连接供应商到用户的物流链、信息链、资金链，而且是一条增值链，物料在供应链上因加工、包装、运输等过程而增加其价值，给相关企业带来收益。由此可知，构成供应链的基本要素包括供应商、生产企业、分销企业、零售企业、物流企业、用户等，其中的分销、零售、物流等企业可统称为流通业。

我国国家标准《物流术语》(GB/T 18354—2006)将供应链(Supply Chain)定义为：生产与流通过程中，涉及将产品或服务提供给最终用户活动的上游与下游企业所形成的网链结构。

(二)供应链的基本结构

根据上述供应链的定义，其结构可以简单地抽象为单一的链状结构，如图1-1所示。

图 1-1　供应链的单一链状结构示意图

实际上，典型完整的供应链是由所有加盟的节点企业组成的一种网链结构，一般有一个核心企业(可以是制造企业，也可以是大型零售企业)。这种供应链是从供应商的供应商、供应商向制造企业供货开始。如果是大型制造企业，有可能在不同区域设置工厂，每个工厂可能负责不同的部分，即生产的是不同型号的产品，或者生产产品中的某一个部分，最后汇集到制造总部。制造总部做完之后，转给各经销商，各经销商再卖给用户及用户的用户。

一条供应链的最终目的是满足客户需求，同时实现自己的利润。它包括所有与满足客户需求相关的环节，不仅仅是制造商和供应商，还有运输、仓储、零售和客户本身。客户需求是供应链的驱动因素，一条供应链正是从客户需求开始，逐步向上延伸的。例如，当一个顾客走进沃尔玛的商店去买洗发水时，供应链就开始于这个顾客对洗发水的需求，紧随其后的是沃尔玛、运输商、分销商、P&G生产工厂。沃尔玛提供产品、价格信息给顾客，顾客付款获得产品，沃尔玛再把卖点信息和补货信息传给配送中心，配送中心补货给沃尔玛，分销商也提供价格信息和补货到达日期给沃尔玛。如此，信息流、物料流和资金流在沃尔玛的整个供应链运作过程中有序地运动。

因此，一个供应链是动态的，并且包括在不同节点企业之间流动的物流、信息流和资金流。典型网链结构的供应链如图1-2所示。

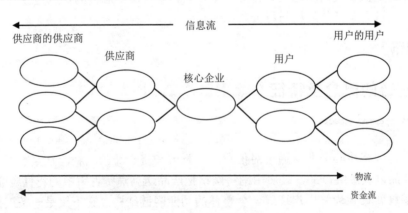

图 1-2　供应链的典型网链结构示意图

(三)供应链的特征

从供应链的结构模型可以看出，供应链是一个网链结构，由围绕核心企业的供应商、供应商的供应商、用户和用户的用户组成。一个企业是一个节点，节点企业和节点企业之间是一种需求与供应的关系。供应链主要具有以下特征。

(1) 复杂性。因为供应链节点企业组成的跨度(层次)不同，供应链往往由多个、多类型甚至多国企业构成，所以供应链结构模式比一般单个企业的结构模式更为复杂。

(2) 动态性。供应链管理因企业战略和适应市场需求变化的需要，其中的节点企业需要动态地更新，这就使得供应链具有明显的动态性。

(3) 面向用户需求。供应链的形成、存在、重构，都是基于一定的市场需求而发生的，并且在供应链的运作过程中，用户的需求拉动是供应链中信息流、物流(产品/服务流)、资金流运作的驱动源。

(4) 交叉性。节点企业可以是这个供应链的成员，同时又可以是另一个供应链的成员，使众多的供应链形成交叉结构，增加了协调管理的难度。

【技能训练 1-3】

以某成衣订单为例，其所需原材料包括：棉线、布料、拉链、衬里、纽扣、标签和其他辅料，这些原材料的合适的供应商可能分布在全球，比如面料来自韩国、衬料来自中国台湾地区、纽扣来自中国内地、标签和其他辅料来自中国香港地区等。在生产程序上，衣服可能在南亚染色，在中国内地裁制，然后送回香港作质检和包装，再出口到德国、英国或美国的客户。问题:

(1) 尝试画出以上成衣供应链结构示意图。

(2) 分析以上成衣供应链具有哪些特征?

二、供应链的类型

(一)内部供应链与外部供应链

按制造企业供应链的发展过程，可将供应链分为以下两个部分。

(1) 内部供应链。内部供应链是指企业内部产品生产和流通过程中所涉及的采购部门、生产部门、仓储部门、销售部门等组成的供需网络。一般将其作为制造企业中的一个内部过程看待。

(2) 外部供应链。外部供应链则是指企业外部的，与企业相关的产品生产和流通过程中涉及的原材料供应商、生产厂商、储运商、零售商以及最终消费者组成的供需网络。它是更多范围、更为系统的概念。

内部供应链和外部供应链的关系：二者共同组成了企业产品从原材料到成品到消费者的供应链。可以说，内部供应链是外部供应链的缩小化。例如，对于制造厂商，其采购部门就可看作外部供应链中的供应商。二者的区别只在于外部供应链范围大，涉及企业众多，企业间的协调更困难。

(二)稳定的供应链和动态的供应链

根据供应链存在的稳定性,可将供应链分为以下两个部分。

(1) 稳定的供应链。稳定的供应链是指基于相对稳定、单一的市场需求而组成的供应链,其稳定性较强。

(2) 动态的供应链。动态的供应链是指基于相对频繁变化、复杂的需求而组成的供应链,其动态性较高。

在实际管理运作中,需要根据不断变化的需求,相应地改变供应链的组成。

(三)推式供应链和拉式供应链

按供应链的驱动源不同,可将供应链分为以下两个部分。

(1) 推式供应链。推式供应链的运作是以产品为中心,以生产制造商为驱动原点,力图尽量提高生产率,降低单件产品成本来获得利润。通常,生产企业根据长期预测进行生产决策,安排从供应商处购买原材料,生产出产品,并将产品经过各种渠道(如分销商、批发商、零售商)推至客户端。在这种供应链上,生产商对整个供应链起主导作用。传统的供应链几乎都属于推式供应链,如图1-3所示。

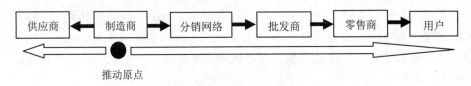

图1-3　推式供应链

(2) 拉式供应链。拉式供应链是以顾客为中心,通过对市场和客户的实际需求以及对其需求的预测来协调生产计划,面向订单组装、制造和采购,拉动产品的生产和服务。现代的供应链应属于拉式供应链,如图1-4所示。

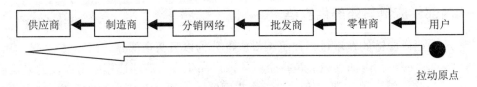

图1-4　拉式供应链

> **【知识拓展1-1】　戴尔公司的"推拉"并存供应链**
>
> 　　以计算机公司为例,其对计算机市场的预测和计算机的订单是企业一切业务活动的拉动点,生产装配、采购等的计划安排和运作都是以它们为依据和基础进行的,这种典型的面向订单的生产运作可以明显地减少库存积压和满足个性化与特殊配置需求,并加快资金周转。然而,这种供应链的运作和实施相对较难。
>
> 　　但在一个企业内部,对于有些业务流程来说,有时"推式"和"拉式"方式共存。例如,戴尔计算机公司的PC生产线,既有推式运作又有拉式运作,其PC装配的起点就是"推"和"拉"的分界线,在装配之前的所有流程都是推式流程,而装配和其后的所有流程都是

拉式流程，完全取决于客户订单。

这种推拉共存的运作对制定有关供应链设计的战略决策非常有用。例如，供应链管理中的延迟生产(Postponement)策略就很好地体现了这一点，通过对产品设计流程的改进，使"推"和"拉"的边界尽可能后延，便可有效地解决大规模生产与大规模个性定制之间的矛盾，在充分利用规模经济的同时实现大批量客户化(Mass Customization)生产。

三、供应链中的牛鞭效应

供应链有很多种，比如纺织供应链、制造供应链、IC供应链、食品供应链、IT供应链等。但不管是哪一类供应链，有一个问题必须解决，那就是"牛鞭效应"。

1. 牛鞭效应的定义

牛鞭效应(Bullwhip Effect)是供应链上的一种需求变异放大现象，是指信息流从最终客户端向原始供应商传递时，无法有效地实现信息的共享，使得信息扭曲而逐级放大，并导致需求信息出现越来越大的波动。

例如，惠普公司在一个主要零售商那里检查打印机销售情况时发现，这个零售商的销售量随着时间波动，而当他们检查这个零售商的订单时发现订单的波动幅度比其销售的波动幅度还要大。更让他们吃惊的是，公司打印机生产部向物料供应部提供的订单的波动比前两者的波动都大。这就是所谓的"牛鞭效应"。原来，惠普公司零售商一个星期的销售波动可能只有10%，但零售商为了防止供应意外而断货，在向惠普公司订货时订单量的波动可能达20%，而惠普公司打印机生产部由于没有直接接触市场，仅凭零售商的订单来安排生产任务，当看到零售商的订单量大幅提高时，会得到一个扭曲的信息，认为市场销售非常好，为了满足市场需求，生产部门会进一步提高生产量，比原有生产量提高30%，这样，市场需求只有10%的增长，传递到生产部门后，会导致生产量提高30%，比市场需求多余的这部分就变成了供应链上的库存，而且供应链上的节点越多，整个库存就会越大。这种信息扭曲的放大作用在图形显示上很像一根甩起的赶牛鞭，因此被形象地称为"牛鞭效应"。最下游的客户端相当于鞭子的根部，而最上游的供应商相当于鞭子的梢部，在根部的一端只要有轻微的抖动，传递到末端就会出现很大的波动。在供应链上，这种效应越往上游，变化就越大，距终端客户越远，影响就越大。如果这种信息扭曲和企业制造过程中的不确定因素叠加在一起，就会导致巨大的经济损失。

2. 牛鞭效应产生的原因

产生牛鞭效应的原因主要来自以下几个方面。

(1) 需求预测修正。供应链上的成员采用不同的预测模型作各自的预测，所采用的数据仅限于下游客户的直接订单，因而常在预测值上加上一个修正增量作为订单数量，产生了需求的虚增。

(2) 价格波动。零售商和分销商面对价格波动剧烈、促销与打折活动、供不应求、通货膨胀、自然灾害等情况，往往会采取加大库存量的做法，使订货量远远大于实际的需求量。

(3) 订货批量。企业订货采用的最大库存策略，在一个周期或者汇总到一定数量后再向供应商整批订货，这时其上游供应商看到的是一个不真实的需求量。

(4) 短缺博弈。当市场上的某些产品的需求增大时，零售商和分销商会怀疑这些商品将出现短缺情况，这将引发他们扩大订货量。但当需求降温或短缺结束后，大的订货量又突然消失，造成了需求预测和判断的失误，导致牛鞭效应。

(5) 库存失衡。传统的营销一般是由供应商将商品送交销售商，其库存责任仍然在于供应商，待销售完成后再进行结算，但商品却由分销商掌握和调度。这就导致了销售商普遍倾向于加大订货量掌握库存控制权，因而加剧了订货需求量的放大，导致牛鞭效应。

(6) 缺少协作。由于缺少信息交流和共享，企业无法掌控下游的真正需求和上游的供货能力，只好自行多储备货物。同时，供应链上无法实现存货互通有无和周转调拨，只能各自持有高额库存，这也会导致牛鞭效应。

(7) 提前期。需求的变动随提前期的增长而增大，且提前期越长，需求变动引起的订货量就越大。由于企业对于交货的准确时间心中无数，往往希望对交货日期留有一定的余地，因而持有较长的提前期，因此逐级的提前期拉长也造成了牛鞭效应。

3. 消除牛鞭效应的措施

了解牛鞭效应产生的原因有助于经理人员制定有效的策略以减少它的影响。

(1) 避免使用多种方法更新需求预测。避免重复处理供应链上的有关数据的一个方法是使上游企业可以获得其下游企业的需求信息。这样，上下游企业都可以根据相同的原始资料来更新他们的预测。例如，计算机制造商会要求分销商将零售商中央仓库产品的出库情况反馈回去。虽然这些数据没有零售商销售点的数据那么全面，但这总比把货物发送出去以后就失去对货物的信息要好得多。现在 IBM、惠普和苹果等公司在合同中都会要求其零售商将这些数据反馈回去。另一种方法是绕过下游企业来获得有关信息。例如，戴尔计算机公司就绕过传统的分销渠道，直接面向消费者销售其计算机，这样戴尔公司就可以直接了解其产品的需求模式。最后，正如前面所提到的，供应时间过长也会加大牛鞭效应。因此，提高经营效率能够大大降低由于更新多种预测数据导致的需求变动幅度。

(2) 打破批量订货。由于批量订货会产生牛鞭效应，因此企业应调整其订购策略，实行小批量、多次订购或混合订购的采购供应模式，如宝洁公司对愿意进行混合订购的顾客给予折扣优惠。使用第三方的物流公司也可使小批量订购实现规模经济。企业可以通过把临近供应商的货物联合运输来实现规模经济，而无须从同一个供应商那里一次大批订购。虽然这样会增加额外的处理费用和管理费用，但只要节省的费用比额外的费用大，联合运输还是值得的。

(3) 稳定价格。控制由于提前购买或转换引起的牛鞭效应的最好方法是减少对批发商的折扣频率和幅度。制造商可通过制定稳定的价格策略以减少对提前购买的激励。当企业进行地区性促销时，某些零售商会在该地区进行大量采购，然后再把这些产品转移到其他地区。基于活动的成本核算系统能精确计算库存、特殊处理和运输等成本，因此，这种系统能帮助企业实行天天低价的价格策略。

(4) 消除短缺情况下的博弈行为。面临供应不足时，供应商可以根据顾客以前的销售记录来进行限额供应，而不是根据订购的数量，这样就可以防止顾客为了获得更多供应而夸大订购量。通用汽车长期以来都是这样做的，现在很多大公司，如惠普等也开始采取这种方法。在供不应求时，客户对制造商的供应情况缺乏了解，博弈行为就很容易出现。与顾客共享生产能力和库存状况的有关信息能减轻顾客的忧虑，从而减少他们参与博弈。但是，共享这些信息并不能完全解决问题。某些制造商会在销售旺季来临之前帮助顾客做好订购工作，这样他们就能更好地设计生产能力和安排生产进度以满足产品的需求。此外，制造商给零售商的退货政策也会鼓励博弈行为。缺乏惩罚约束，零售商会不断夸大他们的需求，在供给过剩的时候再退货或取消订单。

(5) 实现信息共享。这是减小牛鞭效应最有效的措施之一。总体来说，信息技术是可用于消除牛鞭效应的，如在企业内部采用的 ERP(企业资源计划)和 APS(高级计划排程系统)系统，在企业间采用供应链管理(SCM)系统，运用 Internet/EDI 技术，开展电子商务，对各信息系统进行集成，实现企业间的业务数据的集成和信息的共享，应用供应链协同协议技术使供应链上下游企业间业务流程整合，共同协作开展业务，都能有效地消除牛鞭效应。

【任务实施】

提示：

农产品从田间到餐桌大致要经过"菜农—菜贩—产地批发商—长途运输户—销地批发商—摊贩—市民"七个环节。

菜农说不亏本已是万幸，而批发商和零售商也抱怨赚的钱并不多。菜农喊菜贱，批发商却要喊油费贵。菜农、批发商、摊贩均笑称，真正赚到钱的不是他们，而是"物价"。究其原因，一是成本高，利润少(近年来，劳动力成本上涨)；二是销售渠道单一(菜农对蔬菜的销售渠道相关信息缺乏了解)；三是信息闭塞，思想保守(种植蔬菜跟风的现象严重)。

那么，在蔬菜链条当中，谁赚到了钱？蔬菜的地头价，主要体现的是劳动、农药化肥、地租等费用，而在跋涉"旅行"到市民餐桌之前，批发商和摊贩的费用包括运输费用、菜市场交易费用、装卸货费用、房屋租金、水电费、人员工资，这些都与市场的物价水平紧紧联系的。目前蔬菜种植经营的"蛋糕"，大约 50%都被最后的零售环节(摊贩)给"切走"，批发环节(批发商)占到了 30%，生产环节(菜农)则只有 20%。

蔬菜价格高低，是市场调节的结果。

【任务小结】

在"供应链认知"任务中，通过大白菜的供应链作为任务描述，了解了供应链的定义、基本结构、特征、类型和牛鞭效应。由此可知，在大白菜供应链中，菜农、批发商、零售商谁都没有赚到钱，钱都被中间物流环节"赚走"了。所以，应该尽量减少中间环节，如采取"农超对接"等有效形式，降低供应链成本。对于企业而言，同样如此，应科学采购，降低中间成本，提高企业的市场竞争力。

任务四 供应链管理认知

【任务目标】

知识目标：

(1) 掌握供应链管理的定义、目标；

(2) 了解供应链管理的方法。

技能目标:

(1) 能运用供应链管理方法;

(2) 能分析供应链管理案例。

素质目标:

(1) 树立为客户、为生产服务的观点,具有合作精神;

(2) 具有较强的计划、组织与沟通协调能力。

【任务描述】

海尔集团创立于 1984 年,系大型国际化企业集团,为应对网络经济和加入 WTO 的挑战,海尔从 1998 年开始实施以市场链为纽带的业务流程再造。海尔物流整合了集团内分散在 28 个产品事业部的采购、原材料仓储配送,通过整合内部资源,来获取更多的外部资源,建立起强大的供应链资源网络。供应商的结构得到根本的优化,参与到前端设计与开发的国际化供应商比例从整合前的不到 20%提高到 82%,GE、爱默生、DOW、巴斯夫等 59 家世界 500 强企业都已成为海尔的合作伙伴。

网上采购平台的应用是海尔进行快速反应,优化供应链环节的主要手段之一。

(1) 网上订单管理平台:100%采购订单由网上下达,实现采购计划和订单的同步管理,使采购周期由原来的 10 天减少到 3 天。同时,供应商可以在网上查询库存,根据订单和库存的情况及时补货。

(2) 网上支付平台:支付准确率和及时率达到 100%,为供应商节省近 1000 万元的差旅费,有效地降低了供应链管理成本,目前网上支付已超过总支付额的 80%。

(3) 网上招标竞价平台:通过网上招标,不仅使竞价、价格信息管理准确化,而且可以防止暗箱操作,降低了供应商管理成本。

(4) 在网上可与供应商进行信息互动交流,实现信息共享,强化合作伙伴关系。

思考:谈谈你对海尔供应链采购活动的认识。

(资料来源:崔凌霄. 采购管理实务[M]. 天津:天津大学出版社,2010.)

【任务分析】

若要完成此任务,需明确以下几个问题。

(1) 什么是供应链管理?为什么要进行供应链管理?

(2) 供应链管理有哪些方法?海尔的供应链管理采用了什么方法?有何影响?

【任务资讯】

一、供应链管理的概念

(一)供应链管理的定义

供应链管理(Supply Chain Management,SCM)是一种集成的管理思想和方法,它执行供应链中从供应商到最终用户的物流的计划和控制等职能。从单一的企业角度来看，供应链管理是指企业通过改善上、下游供应链关系，整合和优化供应链中的信息流、物流、资金流，以获得企业的竞争优势。

我国国家标准《物流术语》(GB/T 18354—2006)将供应链管理定义为：利用计算机网络技术全面规划供应链中的商流、物流、信息流、资金流等，并进行计划、组织、协调与控制等。

全球供应链论坛(Global Supply Chain Forum，GSCF)将供应链管理定义为：为消费者带来有价值的产品、服务以及信息的，从源头供应商到最终消费者的集成业务流程。

(二)供应链管理的目标

一个企业进行供应链管理的最终目标有三个。

(1) 提升客户的最大满意度，即提高交货的可靠性和灵活性。

(2) 降低企业的成本，即降低库存，减少生产及分销的费用。

(3) 企业整体"流程品质"最优化，即去除错误成本，消除异常事件。

通过建立供应商与制造商之间的战略合作关系，可以达到以上目标。

二、供应链管理的方法

常见的供应链管理方法主要有快速反应、有效客户反应、延迟策略、业务流程再造、供应商管理库存(VMI)、准时制生产(JIT)和企业资源计划(ERP)等。现择其一二简要介绍。

(一)快速反应与有效客户反应

快速反应(Quick Response，QR)是指物流企业面对多品种、小批量的买方市场，不是储备了"产品"，而是准备了各种"要素"，在用户提出要求时，能以最快速度抽取"要素"，及时"组装"，提供所需服务或产品。快速反应(QR)是美国纺织服装业发展起来的一种供应链管理方法。

【案例链接 1-2】 ZARA 的快速反应

西班牙服饰品牌 ZARA 凭其快速反应能力赢得了成功，在销售额达到数十亿欧元的情况下，仍旧保持了非常快的响应速度；ZARA 从生产到配送只需 10～14 天，而中国大多数企业从接单到产品上市需要 90 天；ZARA 每年推出 12 000 个新款，而中国服装企业只有4000 款左右；ZARA 的库存周转率大约为每年 11 次，而中国服装企业只有 3 次。

ZARA 的准时化采购作为其供应链中重要的一环，功不可没。在 ZARA 某专卖店里，店长迪维娜总是手持 PDA 巡视。这台 PDA 内置了 ZARA 订货系统和产品系统等模块，并与总部保持密切联系。因此，当迪维娜在自己门店发现某种产品库存不足时，通过与宽带连接的 PDA，向总部发出订单。ZARA 总部的建议定量，是综合了各门店每天传送的销售数据以及产品经理对当地市场的预估，再加上对历史销售数据的综合分析得出的。迪维娜通过 PDA 发出订单，一般情况下，从发出订单直到货物送达，最快只用 3 天时间，便可以让顾客拿到满意的服装。

有效客户反应(Efficient Consumer Response，ECR)是1992年从美国的食品杂货业发展起来的一种供应链管理策略。它也是一个由生产厂家、批发商和零售商等供应链成员组成的，各方相互协调和合作，更好、更快并以更低的成本满足消费者需要为目的的供应链管理解决方案。有效客户反应是以满足顾客要求和最大限度降低物流过程费用为原则，能及时做出准确反应，使提供的物品供应或服务流程最佳化的一种供应链管理战略。

【案例链接1-3】 服装供应链的有效客户反应

对于服装供应链中的厂商、批发商和零售商，可以采用以下几种策略来降低成本。

(1) 有效的店内布局。有效的店内布局，其目的是通过有效地利用店铺的空间布局来最大限度地提高商品的获利能力。比如，服装零售商通过计算机化的空间管理系统来提高货架的利用率，通过有效的商品分类把商品范围限制在高销售率的商品上，使店铺储存消费者需要的商品，提高所有商品的销售业绩。

有效的店内布局主要包括服装品类的决策和服装店内的空间分配。关于服装品类的决策，重点要调查消费者的信息，了解消费者的意见，比如客户的购买心理、行为偏好等。同时，企业应经常监测服装店内的空间分配，对新产品的导入、老产品的撤换、促销措施及季节性商品的摆放，制定及时准确的决策。通过分析各种商品的投资回报率，了解商品的销售趋势，并适当调整商品的空间分配，以保证商品的销售能够实现事先确定的投资收益水平。

(2) 有效的补货。有效的补货可以降低系统的成本，从而降低商品的售价。其目的是将正确的产品在正确的时间和正确的地点，以正确的数量和最有效的方式送给消费者。有效补货的构成要素包括POS机扫描、店铺—商品预测、店铺的电子收货系统、商品的价格和促销数据库、动态的计算机辅助订货系统、集成的采购订单管理、厂商订单履行系统、动态的配送系统、仓库电子收货、直接出货、自动化的会计系统和议付。

(3) 有效的促销。有效的促销战略主要是简化贸易关系，将经营重点从采购转移到销售。零售商把更多的时间和金钱用来进行促销，消费者将从这些新型的促销活动带来的低成本中获利。

(4) 有效的新产品导入。任何一个行业的新产品导入都是一项重要的创造价值的业务。它们为消费者带来了新的兴趣、快乐，为企业创造了新的业务机会。有效的产品导入包括让消费者和零售商尽早接触到这种产品。首要的策略就是零售商和厂商应为了双方共同的利益而紧密合作。这个业务包括把新产品放在一些店铺内进行试销，然后按照消费者的类型分析试销的结果。根据这个信息决定如何处理该新产品，是淘汰该产品、改进该产品、改进营销技术还是采用不同的分销策略(例如，只在某些地区销售)。

1. QR与ECR的差异

ECR主要以食品行业为对象，其主要目标是降低供应链各环节的成本，提高效率。QR主要集中在一般商品和纺织行业，其主要目标是对客户的需求做出快速反应，并快速补货。这是因为食品杂货业与纺织服装行业经营的产品的特点不同：杂货业经营的产品多数是一些功能型产品，每一种产品的寿命相对较长(生鲜食品除外)，因此，订购数量过多(或过少)的损失相对较小。纺织服装业经营的产品多属创新型产品，每一种产品的寿命相对较短，因此，订购数量过多(或过少)造成的损失相对较大。二者的区别如表1-4所示。

表 1-4　QR 与 ECR 的区别

比较项目	快速反应(QR)	有效客户反应(ECR)
侧重点	缩短交货提前期，快速响应客户需求	减少和消除供应链的浪费，提高供应链运行的有效性
管理方法	主要借助信息技术实现快速补发，通过联合产品开发缩短产品上市时间	除新产品快速有效引入外，还实行有效商品管理、有效促销
适用行业	适用于单位价值高、季节性强、可替代性差、购买频率低的行业	适用于产品单位价值低、库存周转率高、毛利少、可替代性强、购买频率高的行业
改革重点	补货和订货的速度，目的是最大限度地消除缺货，并且只在商品需求时才去采购	效率和成本

2. QR 与 ECR 的共同特征

QR 与 ECR 的共同特征表现为超越企业之间的界限，通过合作追求物流效率化。具体表现在以下三个方面。

(1) 贸易伙伴间商业信息的共享。

(2) 商品供应方进一步涉足零售业，提供高质量的物流服务。

(3) 企业间订货、发货业务全部通过电子数据交换(Electronic Data Interchange，EDI)来进行，实现订货数据或出货数据的传送无纸化。

(二)延迟策略

1. 延迟策略的含义

"延迟"概念最初是由 Alderson(1950)在《营销效率和延迟原理》一文中引入的，他将"延迟"定义为一种营销战略，即将形式和特征的变化尽可能向后推迟。这一概念在实践中被广泛运用于物流和配送业务。消费品行业也在运用这一理念对顾客订单实施快速响应。例如，Benetton 公司存储未染色的服装，直到销售季节开始，在获得更多顾客偏好的信息后才开始染色。其他服装企业，如生产滑雪装的 Obermeyer 公司也使用类似的策略。

"延迟"就是通过设计产品和生产工艺，把制造某种具体产品、使其差异化的决策延迟到开始生产时。使一类或一系列的产品延迟区分为专门的产成品，这种方法称为延迟产品差异。一般来说，多个产品在生产流程的初始阶段可以共享一些共同的工艺和(或)零部件，在工艺流程的某一点或某些点上使用特定的工艺和部件来定制加工半成品，这样，一个通用产品直到流程的这一点之后就成为不同的产成品。这一点通常就是产品差异点。延迟的实质就是重新设计产品和工艺以使产品差异点延迟。

延迟策略能将供应链上的产品生产过程分为"不变"与"变"两个阶段，将不变的通用化生产过程最大化，生产具有通用性的标准部件。当接到客户订单时，企业便能以最快的速度完成产品的差异化过程与交付过程，以不变应万变，从而缩短产品的交货提前期，并降低供应链运作的不确定性。所谓竞争优势明显，是对供应链业务流程的一种创新。

2. 延迟策略的形式

"为延迟而设计"的理念，要求重新设计产品和工艺以使时间延迟或形式延迟。在产品种类激增的背景之下，延迟作为推迟产品差异的策略有两种形式：时间延迟和形式延迟。

时间延迟是指将产品差异的任务，包括制造、集成、定制、本地化和包装尽可能在时间上向后推迟。在实施时间延迟中，存在一个重要的机遇，这一机遇是和实施差异化任务的地理位置相关的。一般而言，差异化任务可在制造厂、地区配送中心、经销渠道，甚至客户处实施。时间延迟使备货生产模式向订货生产模式转化成为可能，如惠普台式打印机，本地化阶段由工厂延迟到配送中心。

形式延迟的目的在于尽可能在上游阶段实施标准化。这一过程同时伴有零部件的标准化。在形式延迟中，既可能是产品形式延迟也可能是工艺形式延迟，而且两种形式延迟还可能同时存在，形成不同的组合。这样，产品的差异点就会被有效地延迟。目前，模块化和部件标准化程度的不断提高，使得做出延迟差异的设计更为可行。例如，惠普打印机有两个在集成阶段使用的关键部件使产品区分为黑白和彩色打印机。如果对某些关键部件实行标准化，两种打印机就会在集成阶段产生差异，因而促成延迟。简言之，形式延迟可被看作是打破原有产品种类树的分支，使其分支较少的过程。

(三)业务流程再造

1. 业务流程再造的含义

业务流程再造(Business Process Reengineering，BPR)是随着信息时代的到来产生的一场技术管理革命。在20世纪90年代，作为最早倡导BPR理论的学者之一，美国麻省理工学院迈克尔·哈默(Michael Hammer)教授，在《企业再造》一书中对"业务流程再造"是这样定义的："从根本上重新思考并彻底重新设计业务流程，以实现在关键业绩上，如成本、质量、服务和响应速度上，取得突破性的进展。"

业务流程再造强调以业务流程为改造对象和中心、以关心客户的需求和满意度为目标、对现有的业务流程进行根本的再思考和彻底的再设计，利用先进的制造技术、信息技术以及现代的管理手段，最大限度地实现技术上的功能集成和管理上的职能集成，以打破传统的职能型组织结构，建立全新的过程型组织结构，从而实现企业经营在成本、质量、服务和速度等方面的戏剧性的改善。美国的一些大公司，如 IBM、通用汽车、福特汽车等纷纷推行 BPR，试图利用它发展壮大自己，实践证明，这些大企业实施 BPR 以后，取得了巨大成功。

2. 业务流程再造的框架

业务流程再造的框架包括再造过程中的各个部分，主要包含以下几方面。

(1) 业务流程再造的原则。业务流程再造的原则是一系列的指导原则，是进行业务流程再造的指导思想，涵盖了管理学家的研究成果和各个实施业务流程再造厂家的实践经验。

(2) 业务流程再造的过程。这是框架的核心内容，包括组成过程的各个活动，以及活动之间的关系。

(3) 业务流程再造的方法和工具。业务流程再造的方法和工具是一系列的方法和工具，促进了业务流程再造的实践，为业务流程再造提供了具体的分析、设计和实施技术，可以确保业务流程再造的顺利进行。

业务流程再造的框架涵盖了再造的重要环节，企业自己可以按照框架的内容顺利地完成企业业务流程的再造过程。

【案例链接1-4】 娃哈哈集团采购业务流程再造

娃哈哈集团在21世纪初的几次管理信息化建设过程中，陆续上线了财务管理系统、分销管理系统、库存管理系统，实现了局部的信息化管理。市场的竞争环境和股东的回报要求都迫使企业持续推进管理变革，不断降低企业运营成本、提高运营效率。更深入的、整体的业务流程重组已经是企业不得不做的选择。于是在2004年到2005年开始了相关部门的业务流程重组。事实上，娃哈哈的业务流程是经过一定程度重组的，信息化程度也很高，得益于此，娃哈哈的业务流程重组变得十分快捷和顺滑，这里以采购业务流程再造为例。

1. 娃哈哈旧的采购业务流程

(1) 采购员向供应商下达订单后，随即传一份订单副本给采购部门。

(2) 供应商送来的货物抵达指定的库房时，验货员对货物进行清点、记录，然后将点货清单转给采购部门。

(3) 供应商在送进货物的同时将货款发票交给采购部门。

(4) 对每一批货物的清单和发票核对无误后，采购部门发出货款支票。

旧的业务流程是按专业部门分工设计的，长久以来人们已习惯于按专业职能处理信息，在信息采集、信息共享方面未建立整体的管理规则。企业常常在部门需要某个数据的时候再从计算机系统中导出来，重新整理、加工、制表后再进行人工传递，费时费力，效率低下。

2. 娃哈哈新的采购业务流程

(1) 采购员通过共享的计算机系统生成采购订单。

(2) 供应商将货物送到库房。

(3) 验货员根据共享系统中的订单验收货物。

(4) 验货员将处理结果返回共享系统，系统自动生成凭证，并开具支票给供应商。

业务流程重组后，采购流程精简，简化了相关票据、人员、物料的管理；可一次性同时采集到采购信息、质量信息、财务信息等信息；可以保证以最快的速度、最小的投入解决问题；所需的人员工作量减少，降低了管理费用，成本降低，效益提升，更加提高了企业内部整体的信息化水平。

思考：

(1) 娃哈哈集团旧的采购流程有何弊端？新的采购流程是否解决了这些问题？

(2) 尝试画出娃哈哈集团新旧采购流程。

【任务实施】

提示：

海尔集团突破了我国大型家电生产企业物资管理的模式，除全面推行物资集中采购一贯管理，采取全球网络化的集中采购策略与模式外，还进行了业务流程再造，整合内部资源，优化供应商结构；同时运用网上采购平台进行快速反应，优化供应链，降低供应链管理成本。总之，在采购管理方面，海尔借鉴国外先进的采购与供应管理思想和经验，结合企业自身的情况，摸索出一条适合企业发展的采购之路，形成了具有海尔特色的采购与供

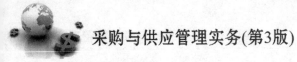

应管理。采购成本的显著降低、与供应商双赢关系的稳定发展带来的经济效益，将促使海尔及众多的企业以积极的态度引进和探索先进、合理的采购管理方式。

【任务小结】

在"供应链管理认知"任务中，通过海尔供应链管理模式，了解了供应链管理中常见的有效方法，如快速反应(QR)、有效客户反应(ECR)、延迟策略和业务流程再造(BPR)等，进而明确了采取有效的供应链优化管理对企业采购管理工作乃至企业发展的巨大意义。

项 目 测 试

【应知测试】

一、填空题

1. 广义的采购是指除了以购买的方式获取物品之外，还可以通过_____、_____、_____和_____途径获取物品的使用权，以达到满足需求的目的。

2. _____是指根据材料计划或采购计划而进行的采购行为；_____是指物料急用时毫无计划性的临时性加急的采购行为。

3. 所谓采购管理，就是指为保障企业物资供应而对企业采购活动所进行的管理活动，是对整个企业采购活动的_____、_____、_____、协调和控制活动。

4. 采购管理的目标可归纳为"5R"原则，即_____(Right Time)、_____(Right Place)、_____(Right Quality)、_____(Right Quantity)和_____(Right Price)。

5. 供应链是围绕_____，通过对_____、_____和_____的控制，从采购原材料开始，制成中间产品以及最终产品，最后由销售网络把产品送到消费者手中的将供应商、制造商、分销商、零售商直到最终用户连成一个整体的_____结构。

6. 我国国家标准《物流术语》(GB/T 18354—2006)将供应链管理定义为：利用计算机网络技术全面规划供应链中的商流、_____、_____、_____等，并进行计划、组织、协调与控制等。

二、单选题

1. 按采购目的是否特殊分类，采购分为特殊采购和(   )。
 A. 国外采购   B. 区域采购   C. 混合采购   D. 普通采购

2. 采购作业流程的首要环节是(   )。
 A. 需求说明   B. 确认需求   C. 请购   D. 采购谈判

3. 当采购成本降低一个百分点时，企业的利润率将会上升更高的比例，这是指采购管理的(   )作用。
 A. 营运效率   B. 利润杠杆   C. 信息源   D. 资产收益率

4. 以产品为中心运作，以生产制造商为驱动原点，力图尽量提高生产率，降低单件产品成本来获得利润，这是(   )供应链。
 A. 推式   B. 拉式   C. 稳定型   D. 动态型

5. 供应链管理因企业战略和适应市场需求变化的需要，其中的节点企业需要动态地更新，这就使得供应链具有明显的(　　)。

    A. 复杂性　　　　　B. 交叉性　　　　　C. 动态性　　　　　D. 面向用户需求

三、多选题

1. 按采购主体分类，采购分为(　　)。

    A. 个人采购　　　　B. 家庭采购　　　　C. 企业采购

    D. 政府采购　　　　E. 其他采购

2. 采购管理的目标是(　　)。

    A. 合适的价格　　　　　　B. 适当的数量　　　　　　C. 适当的质量

    D. 适当的供应商　　　　　E. 适当的时间

3. 下列关于采购与采购管理的说法正确的是(　　)。

    A. 采购是具体的作业活动　　　　　B. 采购管理面向整个企业

    C. 采购管理是管理活动　　　　　　D. 采购管理属于采购

4. 供应链的特征包括(　　)。

    A. 复杂性　　　　　　　　B. 交叉性　　　　　　　　C. 动态性

    D. 面向用户需求　　　　　E. 灵活性

5. 产生牛鞭效应的原因主要来自(　　)。

    A. 需求预测修正　　　　　B. 提前期　　　　　　　　C. 短缺博弈

    D. 价格波动　　　　　　　E. 缺少协作

四、判断题

1. 采购是一个商流过程，不存在物流过程。　　　　　　　　　　　　　　(　　)

2. 投机性采购是指物料价格低时大量买进以期涨价时转手图利的采购行为。　(　　)

3. 采购本身也有具体的管理工作，它属于采购管理。采购管理本身，又可以直接管到具体的采购业务的每一个步骤、每一个环节、每一个采购员。　　　　　　　(　　)

4. 提升客户的最大满意度是一个企业进行供应链管理的最终目标之一。　　(　　)

5. 有效客户反应(ECR)是 1992 年从美国的纺织服装业发展起来的一种供应链管理策略。　　　　　　　　　　　　　　　　　　　　　　　　　　　　　　(　　)

五、简答题

1. 采购与供应的联系与区别各是什么？

2. 采购管理对企业有哪些重要作用？

3. 采购与采购管理的区别与联系有哪些？

4. 什么是牛鞭效应？其产生的原因有哪些？怎样消除牛鞭效应？

5. 供应链管理的方法策略有哪些？

【应会测试】

一、根据以下描述，画出洗涤剂的供应链结构示意图

P&G 制造商生产一种洗涤剂，需要的 3 种物料分别为：A 塑料制品厂用 B 化工企业制

造的化工原料加工生产的塑料包装瓶，C 包装箱厂用 D 造纸厂提供的纸制品加工生产的纸质包装箱，E 化工厂提供的洗涤剂化工原料。该洗涤剂生产加工完后即被送往第三方配送中心，然后被配送至各超市由用户选购。

二、供应链流程设计

假设某产品由 P_1 和 P_2 两个工厂生产，生产成本相同。工厂 P_2 的年生产能力为 60 000 个。同时有两个分销中心 W_1 和 W_2 可储存两个工厂的该产品，具有相同的库存成本。现有 C_1、C_2 和 C_3 三个市场，需求量分别是 50 000、100 000 和 50 000 个产品。图中箭线上的数字为各单位间的运输成本。请从整个供应链成本最低的角度设计该供应链的流程及运量。

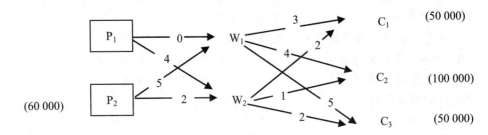

项目二　采购制度与组织建设

【项目导入】

采购在现代企业管理中具有十分重要的地位，但目前许多企业对采购工作重视不够。企业采购人员知识层次偏低且流动频繁，采购制度不够完善，采购组织存在缺陷。为此，必须提高对采购工作的认识，加强人才培养和组织制度建设，使物料采购更为科学化。

【项目展开】

为了系统而直观地学习相关知识，我们将该项目按照以下两个工作任务进行展开。

任务一　采购制度建设

任务二　采购组织构建

在各个工作任务中，我们都将按照任务目标、任务描述、任务分析、任务资讯、任务实施和任务小结的顺序详细讲述。

任务一　采购制度建设

【任务目标】

知识目标：

(1) 了解并掌握采购制度；

(2) 掌握采购组织的设计方式。

技能目标：

(1) 能识别采购制度类型；

(2) 能设计各种形式的采购组织。

素质目标：

(1) 热爱采购工作，具有工作责任心和敬业精神；

(2) 树立为客户、为生产服务的观点，具有协同和沟通精神。

【任务描述】

A 商业集团股份有限公司是一家大型的商业上市公司，早在 2000 年初，集团就组建了供货配货中心，对 A 集团公司下属的八大卖场实行进销分离、集中采购、统一进货、统一核定售价、统一对供应商结算。供货配货中心在营运一年后，以 500 万元流动资金实现了 3.9 亿元商品的购进，创造了 1∶78 的资本高速运作的奇迹，成为全国商业物流中心之一。A 集团物流系统之所以能取得如此业绩，与其商品采购制度息息相关。

思考：谈谈你对 A 集团采购制度的理解。

【任务分析】

若要完成此任务，需明确以下几个问题。

(1) 什么是采购制度？采购制度有哪些形式？

(2) A集团的采购制度是怎样的？

【任务资讯】

一、采购制度的概念与作用

1. 采购制度的概念

采购制度是指为了规范采购工作，提高采购工作的效率，以文字的形式对采购组织工作与采购具体活动的行为准则、业务规范等做出的明确的具体规定。简单来说，采购制度是企业采购工作的管理方式。

对于任何一个企业而言，特别是大中型企业，必须建立健全适合的采购制度，以此作为采购部门与采购人员的工作准则与行为规范，以保证采购工作健康、有序、高效地运行，从而圆满地完成采购任务，满足企业其他部门的物料及用品需求。

2. 采购制度的作用

建立起良好的企业采购制度，具有以下几个明显的作用：①可以明确采购各岗位、各环节的职责、权限及相互关系；②可以明确采购人员的业务操作要求，便于加强采购绩效考核；③可以明确奖惩措施，有利于激发采购人员的责任感与事业心。

二、采购制度的种类

采购制度一般包括集权式的"集中型"、分权式的"分散型"和兼分权与集权混合式的"混合型"三种方式。当然，其管理方式的决策与该企业的规模、地理条件、产品种类等皆有密切关系。企业规模越小，分支机构分布越邻近，产品种类越相似，采用集中型采购的机会越大；反之，则采用分散型采购或混合型采购。

(一)集中型采购制度

集中型采购制度是指由企业的采购部门全权负责企业采购工作，即企业把采购工作集中到一个部门来管理，其他的部门甚至分公司均没有采购权，如图2-1所示。

集中型采购制度的典型做法是企业在核心管理层建立专门的采购机构，统一组织企业所需物品的采购业务，以组建采购部门的方式来统一管理其分布于各地的分支机构的采购业务，减少采购渠道，通过批量采购获得价格优惠。

1. 集中型采购制度的优点

集中型采购制度的优点主要有：①可以使采购数量增加，提高与卖方的谈判力量，比较容易获得价格折让和良好的服务，从而降低企业采购费用；②有利于实现采购作业及采购流程的规范化和标准化，有利于对采购工作实施有效控制；③可以统一组织供应，合理配置资源，最大限度地降低库存。

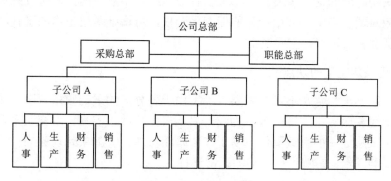

图 2-1　集中型采购制度

2. 集中型采购制度的缺点

集中型采购制度也存在不足，主要有：①采购流程过长，时效性和灵活性较差，难以适应零星、地域性及紧急采购需求；②非共同性物料集中采购，企业难以得到数量折扣利益；③采购与使用单位分离，缺乏激励，采购绩效比较差。

3. 集中型采购制度的适用情形

集中型采购制度主要适用于以下三种情况：①企业各部门物资品类需求相近且稳定，但各自的需求规模小，集中采购能够解决企业的供应问题；②企业各部门地点临近或集中在一处，或虽不在一处但信息传递畅通，便于集中组织供应；③为了便于管理与控制，需进行集中采购。例如，连锁店的采购配送中心实行的就是集中采购制度。

(二)分散型采购制度

分散型采购制度是指由各需求单位自行设立采购部门负责采购工作，以满足本单位生产与消费需要。如图 2-2 所示，分散型采购通常是由企业下属单位(如子公司、分厂、车间或分店)实施的满足自身生产经营需要的采购。分散型采购是集中型采购的完善和补充，有利于采购环节与存货、供料等环节的协调配合，有利于增强基层工作责任心，使基层工作富有弹性和成效。

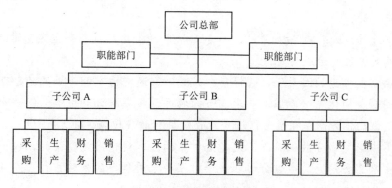

图 2-2　分散型采购制度

1. 分散型采购制度的优点

分散型采购制度的优点主要有：①可以有效地缩短采购时间，及时准确地满足需求，特别是易于应对紧急需求；②由于分部拥有采购权，可增强基层工作的责任心、积极性；③同时占用资金和占用库存空间较小。

2. 分散型采购制度的缺点

分散型采购制度也存在不足，主要有：①由于各分部的采购数量有限，难以获得大量采购的价格优惠和服务；②部门各自为政，采购权力分散，容易出现交叉采购、人员费用较大，不利于采购成本的有效降低，易于产生暗箱操作；③如果管理失控，将会造成供应中断，加大采购成本，影响生产活动的正常进行。

3. 分散型采购制度的适用条件

分散型采购制度通常对大型生产企业或大型流通企业等规模大、部门分散在较广区域、供应成本低于集中采购成本、小批量或单件、价值低、产品开发研制与试验所需要的物品比较适用。由于分散采购制度存在许多弊病，这种方式正逐渐被集中采购取代。只有在地区之间消费需求存在较大差异时，分散采购才适用于跨地区的公司。例如，实行地区事业部制的企业，每一事业部可设有独立的采购供应部门。

【知识拓展2-1】 选择集中型采购或分散型采购的依据

在决定采用集中型采购还是分散型采购时，应该考虑以下因素或标准。

(1) 采购需求的通用性。经营单位对所购产品需求的通用性越高，从集中或协作的方法中得到的优惠越多，也会在谈判中处于较有利的地位。这也是大型公司中的原材料和包装材料的购买通常集中在一个地点(公司)采购的原因。

(2) 地理位置。当经营单位相距遥远时，会妨碍协作采购。目前一些大型公司已经从全球的协作采购战略转为地区的协作采购战略。

(3) 潜在的节约。有些物品的价格对采购数量非常敏感，购买的数量越多价格越低，大量采购则意味着节约采购资金。有些标准商品的高技术部件都是如此。

(4) 所需的专门技术。有时，有效的采购需要非常高的专业技术，如高技术半导体和微芯片的采购。因此，大多数电子产品制造商已经将这些产品的购买集中化，在购买软件和硬件时也是如此。

(5) 价格波动。如果物品(如果汁、小麦、咖啡)的价格对政治和经济气候的敏感程度很高，集中采购的方法就会成为首选。

除了以上需要考虑的因素外，选择集中采购时，还应该有利于资源的合理配置，减少层次，加速周转，简化手续，满足要求，节约物品，提高综合利用率，保证和促进生产的发展，有利于调动各方的积极性，促进企业整体目标的实现等。

当然，集中采购和分散采购并不是完全对立的。客观情况是复杂的，仅一种采购方式是不能满足生产需要的，大多数公司在某个时候会采用集中的采购方式，而在几年以后也许会选择更加分散的采购。

(三)混合型采购制度

严格而言，混合型采购并不是一种独立的采购模式。混合型采购制度是指由集中型采购和分散型采购组合成的一种新型采购制度，即部分需求由一个部门统一集中采购，另一部分需求由需求单位自行采购。其具体形式如图2-3所示。

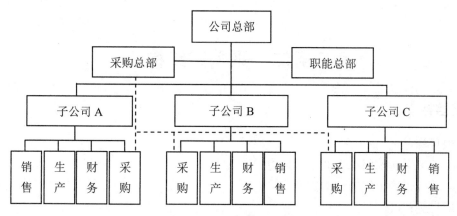

图2-3 混合型采购制度

一般来说，依据采购物资的数量、品质要求、供货时间、价值大小等因素，需求量大且价值高的物品、进口货物等可由总公司采购总部集中采购；需要量小、价值低的物品以及临时性需要采购的物资，可由分公司或分厂的采购部门自行采购，但在采购中应向总公司反馈相关的采购信息。例如，新加坡财政部对具有批量的产品(如计算机、纸张等)实行集中采购，其他物品则由各部门自己采购；美国联邦总务局统一负责为联邦各政府部门提供办公用房、办公设备及内部服务，其他物品由有关联邦政府部门自行采购。

【小资料2-1】

一般情况下，大型公司的实体商品倾向于集中采购方式，如食品生产商采购可可、食糖，汽车制造商采购钢铁等原材料时一般采用集中采购。但是如果子公司具有强大的讨价还价能力，则可以采用分散采购，这种方式可以利用不同市场的价格差异寻找套利的机会，减少国际市场的价格波动。当然在某些情况下，应该允许分公司分散采购当地商品。例如，连锁餐饮企业一般采用混合采购方式，既有集中采购，也有在当地进行的分散采购，如采购新鲜蔬菜和面包等。

【任务实施】

提示：

A商业集团股份有限公司作为一家大型的商业上市公司，通过组建供货配货中心对其下属的八大卖场实行进销分离、集中采购、统一进货、统一核定售价、统一对供应商结算，取得了骄人业绩，与其采用的商品集中采购制度、全面推行集中一贯管理息息相关。采购成本的显著降低、流动资金的盘活应用与供应商双赢关系的稳定发展带来了显著的经济效益，将促使该集团以积极的态度探索和推行更为先进、合理的采购管理方式。

【任务小结】

在"采购制度建设"任务中,通过 A 商业集团的集中采购制度为其带来的显著效益,了解到一个企业必须建立健全适合的采购制度,以此作为采购人员与采购部门的工作准则与行为规范,以保证采购工作健康、有序、高效地运行,从而圆满地完成采购任务,满足企业其他部门的需求。

任务二 采购组织构建

【任务目标】

知识目标:

(1) 理解采购部门在企业中的地位;

(2) 掌握采购组织的结构类型。

技能目标:

(1) 能识别采购部门作业的组织方式;

(2) 能对采购组织进行合理设计。

素质目标:

(1) 坚持自我革命,坚持深化改革;

(2) 具有较强的计划、组织与沟通协调能力。

【任务描述】

在海尔的发展进程中,其组织结构也在不断调整,大的调整每年会有一两次,小的就更不必说了。张瑞敏认为,一个企业应建立一个有序的非平衡结构,一个企业如果是有序的平衡结构,这个企业就是稳定的,也是没有活力的,但如果一个企业是无序的非平衡结构,肯定就是混乱的。我们建立一个新的平衡就是要打破原来的平衡,在非平衡时再建立一个平衡。

海尔最早的组织结构是直线职能制结构,后来是矩阵制结构,第三阶段就是市场链结构。直线职能制结构就像一个金字塔,下面是最普通的员工,最上面是厂长、总经理,它的好处就是容易控制到终端。随着海尔的壮大,张瑞敏发现海尔染上了"大企业病",反应迟钝,效率低下,继而把金字塔式的直线结构转变成矩阵结构的项目流程。这种结构仍然保留了所有的事业部和事业部的研发、采购、销售等完整的业务流程,但是集团的整个管理职能不再是程序化的由上到下的统一指令,各个事业部不再各自为政。他们会因为项目而发生关联,事业部包揽全部业务流程的权力被肢解。

那么,海尔后来又是怎样做的呢?

【任务分析】

若要完成此任务,需明确以下几个问题。

(1) 采购组织有哪些表现形式？海尔公司的采购组织做出了哪些改变？

(2) 从理论上来说，不同的采购组织结构形式都有哪些优势和不足，这些优劣势在海尔公司的组织机构变革中都有哪些体现？

(3) 海尔的市场链结构是怎样的？给海尔带来了怎样的效应？

【任务资讯】

一、采购部门在企业中的地位

企业性质、最高决策层的观念或对采购的重视程度，以及采购成本在企业整体营运成本中的占比大小等都会影响采购部门在企业中的地位。按隶属关系划分，采购部门在企业中的地位形式主要有以下几种类型。

1. 采购部门隶属于生产部

在这种类型中，采购部门隶属于生产部，其主要职责是协助生产工作顺利进行。采购的重点是提供足够数量的物料以满足生产上的需求。如图 2-4 所示，图中显示生产管理、仓储未归入采购部门，因此这种方式较为适合"生产导向"的企业，采购功能比较单纯，物料价格比较稳定。

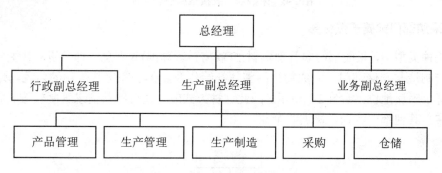

图 2-4　采购部门隶属于生产部

2. 采购部门隶属于行政部

在这种类型中，采购部门隶属于行政部，其主要职责是获得较佳的价格与付款方式，以达到财务上的目标。采购部门为了取得较好的交易条件，采购的物料可能或难免与生产部门的要求不符。但采购部门独立于生产部门之外，能发挥单独议价功能，起到部门间的制衡作用。因此，当生产规模庞大、物料种类较多、采购价格经常需要调整、采购工作必须兼顾企业整体产销利益的均衡时，可采用这种形式，如图 2-5 所示。

3. 采购部门直接隶属于总经理

在这种类型中，采购部门直接隶属于总经理，提升了采购的地位与执行能力。采购部门的主要功能在于发挥降低成本的效用，使采购部门成为企业创造利润的另一种来源。这种形式较适合于生产规模不大，物料或商品在制造成本或销售成本所占比重较高的企业，如图 2-6 所示。

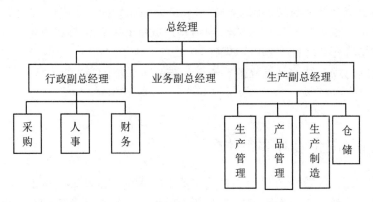

图 2-5　采购部门隶属于行政部

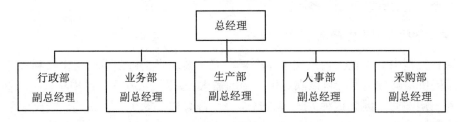

图 2-6　采购部门直接隶属于总经理

4. 采购部门隶属于资材部

在这种类型中，采购部门向管理资材部(或物料管理部)的副总经理负责，其主要职责是配合生产制造与仓储部门，完成物料的整体补给作业，无法突出其采购的角色与地位，甚至可能降至附属地位，如图 2-7 所示。因此这种方式较为适合物料需求管制较难、需要采购部门经常与其他部门沟通、协调的企业。

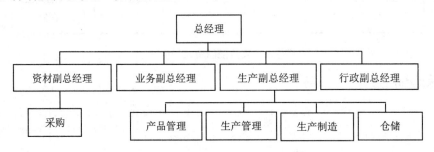

图 2-7　采购部门隶属于资材部

二、采购组织的结构类型

企业策略的执行必须有适当的人员编制与组织结构。在建立一个有效组织的过程中，最重要的莫过于了解策略、结构以及授权之间的关系。常见的采购组织结构主要有以下几种形式。

1. 直线制采购组织

直线制采购组织是指由一个采购主管对各层下级人员从上到下实行垂直领导，下级人员只接受一个上级的指令，各级负责人对所属级别部门的一切问题负责，如图 2-8 所示。

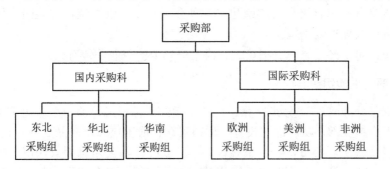

图 2-8　直线制采购组织示意

优点：由于是"直接命令"，因此沟通顺畅，可以迅速执行采购指令，做到有效监控、加强管理责任强度；又由于结构简单，人员较少，凝聚力强，易实现个性化管理。

缺点：受管理者本人能力、控制幅度的限制，其管理的人数、事情的多少、事情的复杂程度、管理指挥的智慧都是非常有限的，易造成因一人失误而导致采购失败的情况。

适用情况：适合规模较小，生产技术比较简单，采购任务不重的中小企业，对生产技术和经营管理比较复杂的企业并不适宜。

2. 直线职能制采购组织

直线职能制采购组织是在直线制和职能制的基础上，取长补短，吸取这两种形式的优点建立起来的，如图 2-9 所示。目前，我们绝大多数企业都采用这种组织结构形式。这种组织结构形式是把企业采购管理机构和人员分为两类：一类是采购部门内部直线领导机构和人员在自己的职责范围内有一定的采购决定权和对所属下级的指挥权，并对自己部门的工作负全部责任；另一类是职能机构和人员，如研发部门人员、库管人员、财务人员等，是直线指挥人员的参谋，不能直接对采购部门发号施令，只能进行业务指导。

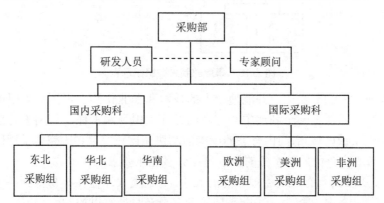

图 2-9　直线职能制采购组织示意

优点：既保证了采购管理体系的集中统一，又可以在各级负责人的领导下，充分发挥各专业管理机构的作用。同时还克服了直线制管理者受个人能力限制的缺点，可以在职能人员的协助下，对下级管理更宽、更细、更深入。

缺点：职能部门之间的协作和配合性较差，许多工作要直接向上层领导报告请示才能处理，这一方面加重了上层领导的工作负担，另一方面也导致办事效率低。为了克服这些缺点，可以设立各种综合委员会，或建立各种会议制度，以协调各方面的工作，起到沟通作用，帮助高层领导出谋划策。

适用情况： 对于产品单一、销量大、决策信息少的企业非常有效。

3. 事业部制采购组织

事业部制是分级管理、分级核算、自负盈亏的一种形式，即一个公司按地区或按产品类别分成若干个事业部，从产品的设计、原料采购、成本核算、产品制造一直到产品销售，均由事业部及所属工厂负责，实行单独核算、独立经营，公司总部只保留人事决策、预算控制和监督大权，并通过利润等指标对事业部进行控制。也有的事业部只负责指挥和组织生产，不负责采购和销售，实行生产和供销分立，但这种事业部正在被产品事业部取代，还有的事业部则按区域来划分。

可以这样认为，事业部制采购组织就是专门进行采购管理，包含与采购有关的各种事务处理、审批、决策在内的一个小而全、效率高的组织机构，如图 2-10 所示。

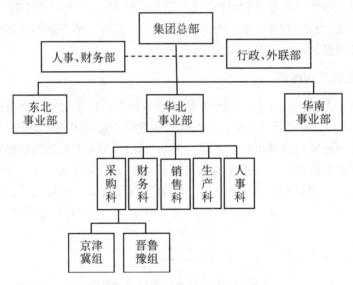

图 2-10　事业部制采购组织示意

优点： 有利于采购专业化，并能使个人的技术和专业化知识得到最大限度的发挥；每一个产品部或区域部都是一个利润中心，部门经理承担利润责任，有利于总部评价各部门业绩；在同一产品(或区域)部门内有关的职能活动协调比较容易，比完全采用职能部门管理更有弹性；容易适应企业采购事务的扩展与业务多元化要求。

缺点： 需要更多的具有采购管理才能的人才，而这类人才往往不易得到；每一个产品(或区域)分部都有一定的独立权力，采购高层管理人员有时会难以控制。

适用情况： 适合采购规模大、品种多、市场需求复杂多变的企业。

4. 矩阵制采购组织

矩阵制组织是为了改进直线职能制横向联系差、缺乏弹性的缺点而形成的一种组织形式。其特点是围绕某项专门任务(项目)而成立跨职能部门的专门机构。

矩阵制采购组织是指为了完成指定的采购任务(项目)而从各部门抽调人员组成临时的一个采购组织结构;当采购任务(项目)完成后,成员各自回到原部门工作。这种组织结构突破了一名采购人员只受一个主管领导管理的原则,而是同时接受两个部门的领导,如表 2-1 所示。

表 2-1　矩阵制采购组织

部　门	采 购 部	生 产 部	研 发 部	质 检 部
采购任务 A	王林	刘晓娜	高峰	齐源
采购任务 B	李明	安宁	杜琳琳	蓝欣
采购任务 C	张峰	田意	王宝林	林悠悠

优点:采购目的性强,任务清楚;各方面有专长的人都是有备而来,成员有责任感和工作热情;机动、灵活,可随项目的开发与结束进行组织或解散;加强了不同部门之间的配合和信息交流,克服了直线职能结构中各部门互相脱节的现象。

缺点:项目负责人的责任大于权力,人员上的双重管理是矩阵结构的先天缺陷;由于项目组成员来自各个部门,当任务完成以后仍要回原部门,易产生临时观念,对采购工作有一定影响。

适用情况:适合生产工序复杂、新产品多、采购物料复杂多变且品质要求较高的情形。

三、采购组织的设计

采购组织的设计,就是采购组织内部的部门化设计,即将采购组织应负责的各项功能整合起来,并以分工方式组建不同的部门加以执行。在设计组建采购部门时,须充分考虑并分析采购需求、生产经营的规模与发展规划、内外部环境、管理水平、供应市场结构、物资价格弹性、产品技术及客户需求等方面的影响,确保采购组织的高效性、灵活性。

(一)采购组织的设计方式

1. 按物品类别设计

按物品的类别将采购部门划分为不同的采购小组,每一小组承担某类物品采购的计划制订、询价、招标、比价、签订合同、货款结算等一系列采购业务。可按产品结构(如按主原料、一般物料、机器设备、零部件、工程发包、维护和保养等)类别,将采购工作分由不同的人员办理。这种结构形式可使采购人员对其经办的事务非常精专,能够做到熟能生巧、触类旁通,这种形式适合于所需采购物品繁杂、专业性较强、商品间关联较少的企业。

这种形式也是最常用的采购部门设计方式。其具体形式如图 2-11 所示。

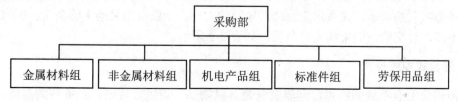

图 2-11　按物品类别设计的采购组织形式

2. 按采购业务过程环节设计

按照采购业务过程的各个环节,将采购计划的制订、询价、比价、签订合同、催货、提货、货款结算等工作交给不同人员办理。可见,这种采购组织形式的优点是分工明确、发挥精专优势、相互制约,可提升采购专业化水平,减少舞弊,保障采购效率。但其也有缺点,主要体现在转接手续多、费时、各自为政、联系不便,甚至无人担责。因此,该组织形式要求部门内各成员密切配合,适合采购量大、采购物品品种较少、交货期长的企业采用。其具体形式如图 2-12 所示。

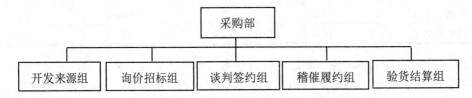

图 2-12　按采购业务环节设计的采购组织形式

3. 按采购地区设计

企业采购的货源可能来自不同的地区,可以是本地,也可以是外地;可以是国内,也可以是国外。因而可以按采购地区的不同,将采购组织机构分为不同的小组,每个采购小组承担一系列的采购业务。其具体形式如图 2-13 所示。这种组织形式便于明确工作任务和绩效考核,有利于调动员工的积极性并与供应商建立良好的人际关系,适合于交易对象及工作环境差异性大的企业。

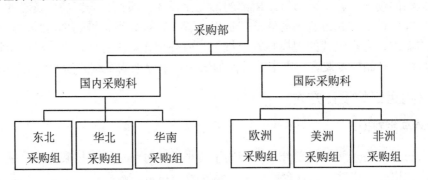

图 2-13　按采购地区设计的采购组织形式

4. 按采购物品的价值设计

为了加强对物品的管理,一般将采购的对象按其价值和品种分为 A、B、C 三类物品。其中,A 类物品价值高,但其品种比例或采购次数较少,是重要的物品,因此其采购合理与否直接影响采购成本,关系到企业经营风险的大小,一般交由采购主管负责;B、C 类物品价值不高,可交给一般采购人员负责,如表 2-2 所示。

5. 混合式组织形式

不同的企业有不同的特点,一般企业兼有以物品、地区、价值、业务等为基础,混合构建采购组织,形成不同的混合式采购组织形式。这种组织形式综合考虑了上述各种因素的重要程度和关联状况。稍具规模的企业在采购量较大、作业过程复杂、交货期长等情况下可以选择此种结构形式，如图 2-14 所示。

表 2-2 按采购物品价值设计的采购组织形式

分类	价值比例/%	品种或采购次数比例/%	承办人员
A	70	10	采购部长或经理
B	20	20	采购科长或组长
C	10	70	一般采购员

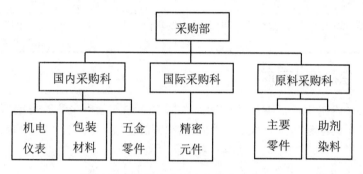

图 2-14 按混合式设计的采购组织形式

(二)采购部门作业的组织方式

1. 一贯作业的组织方式

一贯作业是指采购人员担任一个采购事务的全部过程及有关作业，包括寻找货源、询价、订购、付款等功能，并承担一切责任，没有其他人员参与。如上文中的按物品类别、采购地区和采购物品价值设计的采购组织形式都属于一贯作业的组织方式。

一贯作业的组织方式，有优点也有缺点，其优缺点如表 2-3 所示。

表 2-3 一贯作业方式的优缺点

优 点	缺 点
①一位采购人员可综合管理一个采购事务的全部采购过程，权责分明	①一位采购人员负责全部采购过程的各项作业，工作相当繁复，且无法专精
②符合规模经济的原则，节约成本	②一个采购事务从头至尾，全由一人包办所有过程，使采购人员权力过大，易滋生弊端
③对供应商的关系良好，便于今后开展工作	
④由于对供应商有取舍的权力，故可增强及时交货及改善品质的管理效能	③采购人员常因某一采购案件的羁绊，而无法进行其他采购事务，易导致采购完成效率偏低

2. 分段作业的组织方式

分段作业的组织方式是指多名采购人员分别承担一个采购事务中的某个环节作业，并承担局部的责任。如上文中按采购业务过程环节设计的采购组织形式，就属于分段作业的组织方式。

分段作业的组织方式，有优点也有缺点，其优缺点如表 2-4 所示。

表 2-4 分段作业方式的优缺点

优　点	缺　点
①每位采购员只负责采购过程中的一部分，熟能生巧，减少错误的机会，并提高办事效率	①采购过程由不同人员分段处理，发、收、转手续较多，易延误时效
②一方面是分工合作，另一方面互相监督牵制，除非全体人员沆瀣一气，否则勾串不易	②各自为政，无人负责；且在购用之间接手人员太多，徒增联系上的困难
③采购过程每一阶段均由专业人员负责，可提升采购作业的品质	③分工太细，因其对任何采购案件均无完整的决定权，采购人员的工作满足感比较低

(三)采购组织的设计程序

设计并建立采购组织，需根据企业的具体情况，深入分析采购管理的职能、任务和内容，根据采购组织的组建原则，设立采购组织相应的职能、岗位、责任和权利，选择配置合适的人员，组建一个采购组织。其具体步骤如下。

1. 明确采购部门的职责

采购部门的职责包括一些与采购管理工作直接或间接相关的活动，具体包括下列内容：①物料来源的开发与价格调查；②请购单内容的审查；③交货的跟催与协调；④物料的退货与索赔；⑤采购计划与预算的编制；⑥采购制度、流程、表单等的设计与改善；⑦对供应商的选择、评价和管理；⑧国外采购的处理。

2. 明确采购组织的任务量

采购部门的职责确定后，就可以确定其任务量。采购组织的任务量是指采购工作量的大小，工作量越大，任务量越大。

3. 确定采购组织的建立方式和作业流程

按照采购组织机构设计的原则，在充分考虑影响采购组织机构设计因素的前提下，不同的企业有不同的采购组织机构，按一定标准划分，有以下几种上文已介绍过的采购组织形式，如分别以物品类别、采购地区、采购物品价值为基础设计，属于一贯作业的组织方式；以采购业务过程环节为基础设计，属于分段作业的组织方式；以综合考虑各种因素的重要程度和关联状况为基础设计的混合式组织形式。然后，对每一个管理职能的每一项任务要设计一个作业流程，还要充分论证，进行流程化分析。流程越短，工作效率越高。

4. 为采购组织设定岗位，配置适当的人员

在根据企业具体特点选定部门结构形式后，根据采购具体的管理职能和组织结构，设定各个岗位，并进行部门人员的选择。设置岗位包括每一个岗位责任和权利的设置。一般来讲，采购部门的人员包括以下几个方面。

(1) 部门经理或部长。部门经理或部长是采购部门的最高领导，主要向运营副总裁汇报，负责从提供服务到行政管理的各个阶段，并统管整个采购部门的运作。部门经理必须

在最大限度地运用资产的同时，努力降低采购部门的成本，保证满足企业供应的需要。

(2) 采购科长。采购科长受部门经理或部长的直接领导，主要负责安排本科室的具体工作，并制订本科室的中、短期计划，帮助办事人员协调部门内部的工作，对内部人员实行控制和管理。

(3) 科长助理。科长助理是科长的助手，辅助科长开展日常工作，协助科长根据具体需要制订中、长期计划，协助科长进行具体工作的安排、下属人员的监督和管理，并就与科室相关的档案资料进行整理和管理。

(4) 采购人员。采购人员是在科长直接领导下的日常工作的具体执行者，主要是按照部门和各科室制订的计划来进行工作。

5. 确定采购部门人员的数量

在确定采购人员职能后，就需要确定采购部门的人员数量。采购部门在确定一个部门经理后，其余的部门成员数量应视具体情况而定。如果涉及的工作量大，且难度较大时，成员的数量可以相对多一些；如果涉及的工作量不大，且任务较轻时，成员的数量可以相对少一些。通常情况下，采购部门的成员数量以能满足工作的需要为标准，太多则容易增加成本，造成浪费；太少又易造成工作的延误，难以满足工作要求和完成工作任务。

总之，不同的企业要根据采购组织机构设计的原则，充分考虑企业内外部影响因素，建立适合本企业的采购组织机构。同时，值得注意的是，采购组织机构建立后不是一成不变的，随着企业面临的内、外部环境的变化，要不断调整自身的采购组织机构，以便于更好地适应环境，完成采购任务，最终实现企业的目标。但就短期而言，采购机构是相对稳定的。

【知识链接 2-1】 未来采购部门经理应具备什么能力？

在一次饮茶时，一位从事家电配件销售的朋友深有感触地说，现在的采购人员花样翻新，供应商无所适从。据他介绍，M公司的采购人员A女士是一个"高手"，为此，她常常受到公司的表彰，A女士的"高招"是：一方面采取多家同时供应的方式，挑起供应商之间对回扣的攀比；另一方面又大肆压低供应商的配件价格，以获取公司的高额奖金与表彰。供应商由于回扣不断增加而价格又不断降低的压力，无法对配件生产进行"精耕细作"，导致配件质量不断下降，而企业由于只凭表象来评价采购人员，在一定程度上助长了采购人员的暗箱操作，损害了企业的利益。

未来职业采购应具备的技能要素有：商务谈判、策略联盟、关系管理、成本与价格分析、相关法律知识、绩效测评、软件及高科技新技术、供应商评选、电子商务、合同管理、策略规划、团队建设、物流管理、经济预测、库存控制、交通运输、标杆技术等。

【任务实施】

特点与提示：

直线职能制结构的反应非常快，在企业规模与实力较小的时候可以"一竿子抓到底"，但企业规模与实力较大以后就不行了，最大的弱点就是对市场反应太慢，这种结构在海尔发展初期起了很大的作用。

事业部制是一种分权结构的运作形式，下属企业在集团内部是事业本部，对外是独立法人，各公司可以各自为战，但不能各自为政。目前海尔实行超事业部结构，把原来的职能型组织结构转变成流程型的网络体系结构，顺应了企业的发展。

市场链结构是海尔实现组织结构的再造改革，将原来分散在28个产品事业部的采购、原材料仓储配送、成品仓储配送的职能统一整合，成立独立运作的专业物流公司。海尔集团所有的产品零部件及包装材料采购皆由物流本部负责，采购事业部业务流程的主要任务是从分供方采购产品事业部需要的零配件，并对分供方进行管理。下设采购中心、订单执行中心、配送中心，其中采购中心负责管理供应商资源、降低采购成本以及执行战略采购物资的采购。这样使海尔集团实现了在全球范围内采购零配件和原材料，降低了成本，提高了产品的竞争力。

【任务小结】

在"采购组织构建"任务中，通过海尔公司采购组织构建，认识到采购组织结构主要涉及企业部门构成、基本岗位设置、权责关系以及企业内部协调和控制机制等。一个企业或一个部门必须有好的采购组织机构，好的采购组织机构可以形成整体力量的汇聚和放大效应，让平凡的员工做出不平凡的业绩；不好的采购组织机构容易造成权责不清、目标冲突、内耗严重的情况，组织成为一盘散沙，优秀的员工也无用武之地。同时也认识到，海尔在践行党的二十大报告提出的"自我革命"方面，更是落到了实处，不断深化机构改革，知难而进，一直冲锋在民族家电产业的奋进之路上。

项 目 测 试

【应知测试】

一、填空题

1. 所谓_____制度，是指由企业的_____全权负责企业的采购工作，即企业把采购工作集中到一个部门来管理，其他的部门甚至分公司均没有_____。

2. 所谓_____制度，是指由各需求单位自行设立采购部门负责采购工作，以满足本单位生产与消费需要。

3. 所谓_____制度，是指由_____采购和_____采购组合成的一种新型采购制度，即部分需求由一个部门统一_____，另一部分需求由需求单位自行采购。

4. 矩阵制组织是为了改进_____横向联系差，缺乏_____的缺点而形成的一种组织形式。其特点是围绕某项专门任务(项目)而成立_____的专门机构。

5. 采购部门作业的组织方式包括_____和_____。

二、单选题

1. 采购制度分为集中采购、分散采购和( )。

    A. 口头采购   B. 混合采购   C. 国际采购   D. 平均采购

2. 混合型采购制度,是指由(　　)和分散型采购组合成的一种新型采购制度。

    A. 集中型　　　　　B. 矩阵型　　　　　C. 事业部型　　　　　D. 其他

3. 连锁店的采购配送中心适合采用(　　)采购制度。

    A. 混合型　　　　　B. 集中型　　　　　C. 分散型　　　　　D. 矩阵型

4. 突破一名采购人员只受一个主管领导管理的原则,同时接受两个部门领导的是(　　)。

    A. 直线制　　　　　B. 直线职能制　　　C. 事业部制　　　　D. 矩阵制组织

5. (　　)设计的采购组织形式属于分段作业的组织方式。

    A. 按物品类别　　　　　　　　　　　　B. 按采购地区

    C. 按采购业务过程环节　　　　　　　　D. 按采购物品价值

三、多选题

1. 以下属于集中型采购制度优点的是(　　)。

    A. 增加采购数量,获得价格折让　　B. 有效应对紧急需求

    C. 有利于对采购工作实施有效控制　D. 有利于实现采购流程的规范化和标准化

2. 企业采购组织结构类型一般分为(　　)采购组织。

    A. 直线制　　　　　B. 直线职能制　　　C. 事业部制　　　　D. 矩阵制

3. 采购部门隶属于(　　),未能提升采购的地位与执行能力。

    A. 资材部　　　　　B. 生产部　　　　　C. 总经理层　　　　D. 行政部

4. (　　)设计的采购组织形式属于一贯作业的组织方式。

    A. 按物品类别　　　　　　　　　　　　B. 按采购地区

    C. 按采购物品价值　　　　　　　　　　D. 按采购业务过程环节

四、判断题

1. 分散型采购制度由于分支机构间缺乏沟通容易造成重复采购。　　　　　　　(　　)

2. 集中型采购制度难以控制财务费用。　　　　　　　　　　　　　　　　　　(　　)

3. 采购组织机构建立后是一成不变的,以不变应万变。　　　　　　　　　　　(　　)

4. 受管理者本人能力与控制幅度的限制,易造成因一人失误而导致采购失败的是直线制采购组织。　　　　　　　　　　　　　　　　　　　　　　　　　　　　　　(　　)

5. C类物品价值高,但其品种比例或采购次数较少,是重要的物品,交由一般采购人员负责即可。　　　　　　　　　　　　　　　　　　　　　　　　　　　　　　　(　　)

五、简答题

1. 集中型采购制度和分散型采购制度各有什么优缺点? 分别适用于何种情况?

2. 采购部门在企业中的地位有哪几种情况?

3. 常见的采购组织结构主要有哪几种形式?

4. 什么是采购部门作业方式的一贯作业和分段作业? 各有何优缺点?

5. 采购组织的设计程序是怎样的?

【应会测试】

一、归类题(将选择的答案序号填入对应的括号里)

集中采购(   )   分散采购(   )

①决策层次低，易产生暗箱操作；②手续较多，过程过长；③易于稳定与供应商的关系，实现长期的成效最佳的合作；④各基层有采购和检测的能力；⑤手续简单，过程短；⑥有利于增强基层工作的责任心；⑦有利于财务管理；⑧可获得规模效益，降低采购和物流的成本；⑨适用于需求差异性较大的大型企业；⑩保护产权、技术和商业秘密。

二、综合分析题

1. 某电器公司的采购部门分为计划、询价、议价、提货验收、货款结算等小组，识别其采购组织的设计方式并画出结构图，分析其优缺点，并判断该结构方式是否适合该公司。

2. 判断下图中超市采购部的组织机构类型，并分析其优缺点。

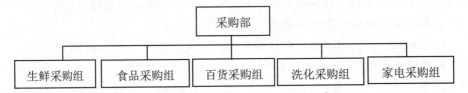

项目三　采购市场环境分析

【项目导入】

企业进行采购活动的场所是采购供应市场，采购市场环境对采购活动是否顺利势必产生一定影响。因此，在进行采购活动之前要对企业自身的采购需求、供应市场的情况进行调查、分析和预测，也就是要对企业所处的采购市场环境做深入细致的调研。

【项目展开】

为了系统而直观地学习相关知识，我们将该项目按照以下三个工作任务进行展开。

任务一　采购需求分析
任务二　采购需求预测
任务三　供应市场分析

在各个工作任务中，我们都将按照任务目标、任务描述、任务分析、任务资讯、任务实施和任务小结的顺序详细讲述。

任务一　采购需求分析

【任务目标】

知识目标：
(1) 知道采购需求的来源；
(2) 掌握采购需求的特征。

技能目标：
(1) 会识别某类商品的需求特征；
(2) 会运用适当方法进行采购需求分析。

素质目标：
(1) 热爱采购工作，具有工作责任心；
(2) 树立为生产服务的观点，具有协同和沟通精神。

【任务描述】

某市飞达自行车有限公司(以下简称"飞达自行车公司")是一家主营城市车、山地车、童车等系列产品的法人企业。经过多年运营，该公司已成为一家驰名中外的企业，其生产的多款产品享誉国内外。为了更好地求得发展，2019 年年末，公司拟制定未来发展规划。现以飞达牌自行车为例，请完成以下任务：

分析市场对该品牌自行车的需求情况，进而分析本公司所需各种物料的采购易得性，以便为制订采购计划提供参考依据。

【任务分析】

若要完成此任务，需明确以下几个问题。

(1) 采购需求具有哪些特征？飞达自行车公司的采购需求有哪些特征？

(2) 采购需求分析有哪些方法？飞达自行车公司该如何进行采购需求分析？

【任务资讯】

一、采购需求概述

(一)采购需求的含义与来源

采购需求是指对采购标的的特征描述。要实施采购就一定要搞清楚采购需求，好的采购需求能够合理、客观地反映采购标的的主要特征以及要求供应商响应的条件，并能够切合市场实际。这就需要弄清楚采购需求的来源是什么。

采购需求主要有以下两个来源。

1. 现实需求

现实需求，即客户对本企业某种产品的需求订单。如果本企业是流通型企业，那么，为满足客户需求，本企业应立即筹划并采购产品，组织货源备货，按照订单要求提供客户所需求的产品，由此产生本企业对订单产品的采购需求；如果本企业是生产型企业，那么，本企业应立即安排生产，由此带动对生产订单产品所需要的原材料、零部件或半成品的采购需求。

2. 潜在需求

潜在需求即客户可能有对本企业某种产品的需求。这种需求还未以订单形式表现，需求数量的多少可通过预测获得，但可能与实际需求量有一定的出入。不论是哪种类型的企业，对这种需求都要慎重对待，预测准确，各方得利；预测失效，己方受损。因此，对这种需求的满足具有一定的风险。

(二)采购需求的特征

1. 时间性和空间性

时间性是指需求随着时间的推移而呈现某种变化，往往体现在某种产品的销量随时间推移而发生波动。空间性是指在某一时间段内需求的区域分布，显示出目标市场的集中或分散程度。对于企业采购部门而言，不仅要考虑需求的时间性，还要考虑需求的空间性。也就是说，既要知道需求在什么时间发生，还要知道需求发生的地点，以便合理地制订相应的库存分布计划、车辆调度计划和运输计划等。

2. 规律性

如果将需求的历史数据在平面坐标中按时间顺序描画出数据点排列，这些点的分布则会呈现一定的形状或模式。如果这种模式有某种规律可循，那么这种需求就具有规律性。

在现实工作中，大多数需求都具有规律性。

对数据的进一步分析又可以找出其发展趋势、周期性和随机因素三个特征。其中，发展趋势是指需求呈现出随时间推移逐渐稳定增加或稳定减少或水平不变的走势，包括线性趋势和指数趋势等。周期性是指需求呈现出波浪形发展特征，若以年为基础发生，则可称为需求的季节性(或节日性)，如夏季泳衣、节日礼品、冬季防寒服等商品的需求就具有周期性。当然，周期性波动也可以周或日为基础发生。此外，需求的变化还会受到随机因素的影响，即发生在不特定时间的特殊事件所导致的需求变化。

3. 衍生性和独立性

当一种产品或服务的需求与任何其他产品或服务的需求无关时，称为独立需求。大多数制成品的需求属于独立需求。反之，如果对一种产品或服务的需求是由其他产品或服务的需求引发的，则称为衍生需求(非独立需求)。对制造商来讲，原材料需求就是由产成品需求衍生出来的非独立需求。

二、采购需求分析的常用方法

采购需求分析是指采购部门为了有效地进行采购工作，了解、分析采购部门要采购的物料是哪个部门或单位需要、需要多少、什么时候需要，从而明确应当采购多少、什么时候采购以及怎样采购，最终得到一份真实可靠、科学合理的采购任务清单的全过程。

需求分析是采购工作的第一步，是制订采购计划的基础和前提，需求分析结果的正确与否直接制约着采购工作的质量，最终影响企业的经济效益。

采购需求分析的方法有多种，企业常用的有物资消耗定额法、倒推法(物料需求计划法)、经济订购批量法和需求预测法等。这里主要介绍物料消耗定额法，其余三种方法将在后续项目任务中专门介绍。

物料消耗定额法是指在一定的生产技术组织条件下，生产单位产品或完成单位工作量所需要消耗的物料的标准量，通常用绝对数表示。例如，加工一支木杆铅笔要消耗多少木材和石墨。工业企业制定物料消耗定额的方法通常有以下三种。

1. 技术分析法

技术分析法比较科学、精确，但需要精确计算，工作量较大，适用于生产企业制定产品的物料消耗定额。其基本步骤如下。

(1) 根据产品装配图，求出产品的所有零部件。

(2) 根据每个零部件的加工工艺流程，求出每个零部件的物料消耗定额。

对于每个零件，要考虑从下料切削开始一直到最后形成零件净尺寸 Q 为止的所有各道切削加工的切削尺寸 q_i。即每个零件的净尺寸 Q 加上所有各道切削尺寸 q_i 之和，就是该零件的物料消耗定额 G。用公式可表示为：

$$G - Q + \sum q_i$$

其中，切削消耗留量尺寸 q_i 包括以下几个变量。

q_1：加工留量。选择材料的直径、长度时，总是要比零件的净直径、净长度大，超过的部分就是加工切削的尺寸留量。加上加工尺寸留量后的零件材料称为零件的毛坯。

q_2：下料切削留量(切口尺寸)。下料时，每一个零件的毛坯都是从一整段原材料上切断而得的，切断每一段毛坯都要损耗一个切口宽度的材料，这就是下料切削留量。一个零件的毛坯尺寸加上切口尺寸，就是零件的工艺尺寸。

q_3：夹头损耗。一整段材料可能要切成多个零件毛坯。在切削多个毛坯时，总是需要用机床夹具夹住一头。如果最后一个毛坯不能掉头切削，则这个材料夹头部分就不能再利用而成为一种损耗，这就是夹头损耗。

q_4：残料损耗。在切削多个毛坯时，当然也可能出现 n 个工艺尺寸不能刚好平分一整段材料，导致剩余一小部分不能利用，这就是残料损耗。

夹头损耗和残料损耗都要分摊到每个零件上用来计算物料消耗定额。

2. 统计分析法

统计分析法是根据以往生产中物料消耗的统计资料，经过分析研究并考虑计划期内生产技术组织条件的变化等因素而制定物料消耗定额的方法。采用这种方法时，需要以大量翔实、可靠的统计资料为基础。例如，要制定某种产品的物料消耗定额，可以根据过去一段时间仓库的领料记录和同期产品的产出记录进行统计分析和计算，从而得出平均每个产品的材料耗用量，这个平均材料耗用量就可以看成该产品的物料消耗定额。

这种方法操作简单，容易完成采购任务，但对市场的响应不灵敏，易加大采购批量，增加库存成本。

3. 经验估计法

经验估计法是根据技术人员和工人的实际生产经验，参考有关的技术文件，考虑企业在计划期内生产条件的变化等因素而制定物料消耗定额的方法。该法简单易行，但科学性不足，因而通常精确度不高。

【技能训练 3-1】

一个锤子，由一个铁榔头和一个木柄组装而成。木柄净尺寸为 $\phi 30$ mm×250 mm，由长度为 335 mm 的原木加工而成，平均每个木柄的下料切削损耗为 5 mm、长度方向切削损耗为 5 mm、外圆切削损耗为 2.5 mm、夹头损耗为 30 mm、平均残料损耗为 10 mm。铁榔头由 $\phi 50$ 的 A4 钢材切成坯料经锻压加工而成。加工好的铁榔头净重为 1000 g、下料切削损耗为 200 g、锻压加工损耗为 200 g、柄孔成型加工损耗为 200 g、夹头损耗为 0、平均残料损耗为 0。

求这种锤子的物料消耗定额。如果下个月需要加工 1000 个锤子，问需要采购多少物料？将表 3-1 填写完整。

表 3-1 物料消耗定额计算表

产品名称			锤子		下月生产计划				1000
材料名称	规格	计量单位	净尺寸(或净重)	下料损耗	加工切削损耗	夹头损耗	残料损耗	物资消耗定额	采购需求量
圆木	$\phi 30$	m							
圆钢 A4	$\phi 50$	kg							

(资料来源：杨军，赵继新. 采购管理[M]. 2 版. 北京：高等教育出版社，2010.)

【任务实施】

> 飞达自行车公司所需物料诸如车架、车轮(含轮圈、车胎、辐条、气门芯等)、车座、车把、脚蹬、挡泥板、线闸等,这些物料中有些是部件、有些是零件,最终组装成一辆整车。而这些零部件有的需公司制造加工,有的需要外购或由协作厂加工。因此,这些物料的需求可能会呈现一定的时间性和空间性,更为明显的特征是衍生性。
>
> 根据过去几年的销售情况,飞达公司明确了其采购需求的来源既有现实需求,又有潜在需求,所以,可采用经验估计法来确定物料消耗定额,当然还可以运用物料需求计划法(MRP)和经济订货批量法(EOQ)等进行采购需求分析,后两者将在后续项目任务中一一呈现。

【任务小结】

在“采购需求分析”任务中,通过飞达自行车公司未来几年生产飞达牌自行车所需物料的采购需求分析,了解到为完成该任务需要明确采购需求的特征,学会运用适当的方法进行需求分析,明确采购需求的真实来源,为后续任务的有序进行打好基础。

任务二 采购需求预测

【任务目标】

知识目标:
(1) 知道采购需求预测的程序;
(2) 掌握采购需求的预测方法。

技能目标:
(1) 会安排采购预测工作;
(2) 会运用适当方法进行采购需求预测。

素质目标:
(1) 具有较强的计划能力;
(2) 树立为生产服务的观点,具有协同和沟通精神。

【任务描述】

> 飞达自行车公司在 2019 年末收集汇总了公司过去 5 年间各年的生产经营相关数据资料,根据这些数据资料,可知生产销售自行车时需要投入一定的广告费用以扩大销售量。已知该公司这 5 年间各年对飞达牌自行车的广告费用投入(单位:万元)与自行车各年销售量(单位:千辆)的对应数据历史资料如表 3-2 所示。
>
> 假定其他条件不变,请预测 2020—2024 年度各年当广告费用投入分别为 7 万元、9 万元、10 万元、15 万元和 18 万元时的飞达牌自行车的销售量,以便企业安排生产和经营。

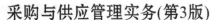

表 3-2　公司过去 5 年间各年数据资料及后续 5 年间各年销量预测

期间	过去 5 年					后续 5 年				
年份	2015	2016	2017	2018	2019	2020	2021	2022	2023	2024
广告投入/万元	2	3	4	5	6	7	9	10	15	18
销售量/千辆	5	5.5	6	8	9					

【任务分析】

若要完成此任务，需明确以下几个问题。

(1) 什么是预测？为什么要做预测？预测有什么作用？预测有什么风险吗？

(2) 做预测要用到历史数据吗？预测结果准确吗？

(3) 做预测时，可能会受到哪些条件变化的影响？

(4) 面对预测结果，生产部门该怎样做？如何确认采购需求？

【任务资讯】

一、采购需求预测概述

1. 采购需求预测的定义

预测是企业制定战略规划、安排生产、销售计划，尤其是物流管理计划的重要依据，是企业物流管理中最重要的环节之一，准确的预测可以减少企业的库存。要想满足客户对交货期的需求，更要有准确的预测，才能取得竞争优势。

采购需求预测是指根据市场过去和现在的需求状况及影响市场需求变化的因素之间的关系，利用一定的经验判断、技术方法和预测模型，应用合适的科学方法对有关反映市场需求指标的变化及发展趋势进行预测，进而推测出采购需求量。

2. 采购需求预测的分类

(1) 根据预测的时间跨度分类。预测可以分为短期预测、中期预测和长期预测。短期预测的时间跨度可以是几周、几个月，最多为 1 年。中期预测的时间跨度多为几个月，但不超过 3 年。长期预测的时间跨度多为 3 年以上。

预测的时间跨度不同，使用的目的不同，使用的预测方法也有较大差异。

(2) 根据预测的结果和性质分类。预测可以分为定性预测和定量预测。

定性预测也称主观预测，主要是依据来源不同的各种主观意见对市场需求的性质、属性及未来趋势进行预测。该方法简单明了，不需要数学公式和数学运算。定性预测方法包括德尔菲(特尔斐)法、用户调查法、类推法、经验判断法、主管人员意见法等。

定量预测也称统计预测，主要是利用统计资料和数学模型对需求的大小、范围进行预测。该方法计算复杂，有明确的数量预测结果。定量预测方法包括时间序列预测、季节性预测和回归预测等。

3. 采购需求预测的程序

(1) 确定预测目标，即明确预测要达到什么要求，解决什么问题，预测的对象是什么，预测的范围、时间等。

(2) 拟订预测计划，即具体地规定预测的精确程度、工作日程、参加人员及分工等。

(3) 收集分析数据资料。预测要广泛收集影响预测对象未来发展的企业可控与不可控的一切资料，即企业内部与外部环境的历史与现状的资料和数据。然后，对收集来的资料加以整理、分析，剔除因偶然因素造成的不正常情况的资料数据。

(4) 选择预测方法，建立预测模型。根据预测的目的范围，预测周期的长短、精度要求，以及数据资料的占有情况，选择不同的预测方法。选择的原则是：误差小，时间快，方法简单易行，节省费用。

(5) 估计预测误差。误差在所难免，但尽量要小。预测误差大小可以用平均绝对误差(MAD)来表示，其计算公式为

$$MAD = \frac{\sum[实际值(D_i) - 预测值(F_i)]}{期数(n)}$$

式中，$i = 1, 2, 3, \cdots, n$。

(6) 提交预测报告和策略性建议，追踪检查预测结果。通过数学模型计算得到的预测结果，不可能把影响需求预测的全部因素考虑进去。即使有些因素已经考虑，但各种因素影响程度的估算也会有偏差。此外，预测人员的素质对预测结果也会有影响。

因此，预测结果仅仅是企业确定市场需求量变化的起点。若发现预测与实际不符，应立即进行修改调整，并分析产生误差的原因，修正预测模型，提高以后的预测精度。

二、采购需求的定性预测方法

1. 销售人员意见法

一般预测是基于逐步累加来自底层的预测。其假设前提为：处于最底层的那些离顾客最近、最了解产品最终用途的销售人员最清楚产品未来的需求情况。尽管这一假设并不总是正确的，但在很多情况下仍不失为一个有效假设，也因此成为一般预测的基础。

2. 用户调查法

通过各种不同的方法(如问卷调查、面谈、电话访问等)收集用户数据，检查市场假设是否正确。这种方法在长期预测和新产品销售预测中经常使用。

3. 小组共识法

采用会议上的自由讨论方法达成小组共识。这种方法的主要思想是认为群体讨论将得出比任何个人所能得到的更好的预测结果。参加讨论会议的人员是高级管理人员、销售人员或顾客。

4. 类推法(历史类比法)

将所预测的对象与类似的产品相联系并加以对比分析，推测预测对象未来发展变化趋

势，得出预测的结论。这种方法对于开发新产品很重要。类推法的突出特点就是要求预测对象与类比对象具有类比性、相似性或近似性。

5. 德尔菲法(专家背靠背法)

组织者拟出调查问卷，遴选一组专家(通常为5～10人)分别做答，然后汇集调查结果，并形成新的调查问卷，再由该组专家重新回答。由于接收了新的信息，对这组专家而言也是一个学习过程，而且不存在群体压力或有支配权的权威个体对整个群体的影响。

三、采购需求的定量预测方法

1. 算术平均法

算术平均法也称简单平均法，是指利用一定时期数据的平均值作为下一时期的预测值。其具体方法是把过去各个时期的实际采购量进行算术平均，以其平均值作为下一时期的预测采购量，主要用于企业采购量的预测。用公式可表示为：

$$F = \sum_{i=1}^{n} \frac{D_i}{n} \quad (i = 1, 2, 3, \cdots, n)$$

式中：F ——预测值(平均采购量)；

$\quad\;\; n$ ——时期数(资料数据的个数)；

$\quad\;\; D_i$ ——以前各期的实际采购量。

2. 移动平均法

当需求模式可能呈现某种趋势时，在进行预测时需要更注重使用最近的需求数据，因为近期的数据要比远期的数据对下一时期的需求影响更大。因此，该方法是将与预测期相邻近的若干时期实际值的算术平均数，作为下一时期的预测采购量。用公式可表示为：

$$F = \sum_{i=1}^{t} \frac{D_i}{t} \quad (i = 1, 2, 3, \cdots, t)$$

式中：F ——预测值(平均采购量)；

$\quad\;\; t$ ——相邻各期的期数(移动资料数据的个数，一般取 3～5)；

$\quad\;\; D_i$ ——相邻各期的实际采购量。

3. 加权平均法

同样考虑到不同时期的数据有不同的重要性，近期的数据要比远期的数据对下一时期的需求影响更大，应赋予不同的权重。因此，该方法是将与预测期越是邻近时期的实际值赋予较大权重，而将较远时期的实际值赋予较小权重。把通过加权计算之后得到的平均值，作为下一时期的预测采购量。用公式可表示为：

$$F = W_1 D_1 + W_2 D_2 + \cdots + W_n D_n \quad (W_i \text{ 为权重，权重之和为 } 1)$$

$$F = \frac{W_1 D_1 + W_2 D_2 + \cdots + W_n D_n}{W_1 + W_2 + \cdots + W_n} \quad (W_i \text{ 为权重，权重之和不为 } 1)$$

式中：F ——预测值(平均采购量)；

$\quad\;\; D_i$ ——相邻各期的实际采购量；

W_i——权重值。

例 3-1 某物品的需求量数据如表 3-3 所示，要求：

(1) 用算术平均法预测第 6 周的需求量。

(2) 用移动平均法预测第 6 周的需求量(t 分别取值 3 和 4)。

(3) 用加权平均法预测第 6 周的需求量。（提示：前 5 周对应的权重赋值有两种，即 ①0.1、0.1、0.2、0.3、0.3；②1、2、3、4、5）

表 3-3 需求数据表

周	1	2	3	4	5
实际需求量/kg	140	156	184	170	165

解：

(1) 算术平均法求解如下。

$$F_6=(140+156+184+170+165)\div5=163\text{(kg)}$$

(2) 移动平均法求解如下。

$$F_6=(184+170+165)\div3=173\text{(kg)}(t=3)$$

$$F_6=(156+184+170+165)\div4=168.75\text{(kg)}(t=4)$$

(3) 加权平均法求解如下。

① $F_6=140\times0.1+156\times0.1+184\times0.2+170\times0.3+165\times0.3=166.9\text{(kg)}$

② $F_6=(140\times1+156\times2+184\times3+170\times4+165\times5)\div(1+2+3+4+5)\approx167\text{(kg)}$

【技能训练 3-2】

某种物品 M 的逐月实际需求记录如表 3-4 所示。表中已分别给出 4 月($t=3$)和 5 月($t=4$)的需求预测值 21.33、22.00，试用移动平均法预测其他各月的需求预测值，并填入该表。

表 3-4 某物品的需求数据表

月 份	实际需求量	$t=3$	$t=4$
1	20		
2	21		
3	23		
4	24	21.33	
5	25		22.00
6	27		
7	26		
8	25		
9	26		
10	28		
11	27		
12	29		

4. 指数平滑法

在前几种预测方法中,存在的主要问题是必须有大量的、连续的历史数据。随着模型中新数据的增加及过期数据的删除,新的数据结果被计算出来。若最近期的数据比早期的数据更能预测未来,则指数平滑法是逻辑性最强且最为简单的方法。指数平滑法只需用三个数据就可以预测未来,即紧前期的预测值、紧前期的实际值及平滑系数。

指数平滑法是一种特殊的加权平均法,其公式为:

或

$$F_t = F_{t-1} + \alpha(D_{t-1} - F_{t-1})$$
$$F_t = \alpha D_{t-1} + (1-\alpha)F_{t-1}$$

式中:F_t——某期的预测值;

  D_{t-1}——紧前期的实际值;

  F_{t-1}——紧前期的预测值;

  α——平滑系数或称加权系数,$0 \leqslant \alpha \leqslant 1$($\alpha$的取值最好为 0.1~0.3)。

α 值越大,下期预测值就越接近紧前期实际值;相反,α值越小,下期预测值就越偏离紧前期实际值。对指数平滑法的实际运用如表 3-5 所示,设 $\alpha = 0.1$。

例 3-2 根据表 3-5 所给出的数据,用指数平滑法进行预测。

表 3-5 指数平滑法预测实例表

年 份	该年的预测值/万元	该年的实际值/万元
2014	40	44
2015	$F_{2015}=0.1×44+(1-0.1)×40=40.4$	50
2016	$F_{2016}=0.1×50+(1-0.1)×40.4=41.36$	45
2017	$F_{2017}=0.1×45+(1-0.1)×41.36=41.72$	60
2018	$F_{2018}=0.1×60+(1-0.1)×41.72=43.55$	55
2019	$F_{2019}=0.1×55+(1-0.1)×43.55=44.70$	70

5. 季节性指数法

如果一个物品的需求分布呈现季节性模型特征,就要使用符合季节性变化的更精确的预测方法,来预测不同时段的季节性变化量,常用的方法有季节性指数法。季节性指数法是将历史数据综合在一起,并计算出不同季节(或时段,时段也可以用月、周)周期性变化的趋势,即每一时段的预测量占整个周期总量的比例,然后利用这个比例系数进行季节性预测。

例 3-3 已知某产品前 3 年的需求数据如表 3-6 所示。从数据中可以看出该产品需求呈季节性特征,请预测其下一年每个季度的需求量(单位:万元)。

解:

思路 1:利用前 3 年每季度数据直接预测第 4 年各季度需求量(如可用加权法,设前 3 年的权重分别为 0.2、0.2、0.6),如表 3-6 中倒数第 2 列数据所示。

思路 2:先预测第 4 年需求总量,再用各季度比例系数计算各季度需求量,即季节性指数法。

表 3-6　某产品前 3 年需求数据及各季度需求预测

时　段	第 1 年	第 2 年	第 3 年	3 年总和	占全年百分比/%	第 4 年预测值	
第 1 季度	125	140	183	448	21.43	162.8	155.6
第 2 季度	270	245	295	810	38.76	280	281.4
第 3 季度	186	174	190	550	26.32	186	191.1
第 4 季度	84	96	102	282	13.49	97.2	97.9
总　计	665	655	770	2090	100	726	726

(1)　先用加权法预测第 4 年需求总量，前 3 年的权重分别为 0.2、0.2、0.6。

$$F_4=665×0.2+655×0.2+770×0.6=726$$

(2)　再计算各季度比例系数，如表 3-6 中倒数第 3 列数据所示。

(3)　利用比例系数(季节性指数)预测各季度需求量，如表 3-6 中最后一列数据所示。

6. 一元线性回归分析法(直线趋势法)

变量之间最简单的相关关系就是线性相关。回归可以定义为两个或两个以上相关变量之间的函数关系，它根据一个已知变量去预测另一个变量。线性回归是指变量呈现严格直线关系的一种特殊的回归形式。

一般来说，要研究两个变量 x 和 y 之间的关系，首先是收集两个变量 n 次的对应观测值，然后利用散点图观察这两个变量间是否存在线性相关的关系。如果这两个变量 x 和 y 线性相关，那么散点图上肯定有一条直线 L 可以用来描述或表达这两个变量之间的关系。在得到了这条直线方程后，就能够对这两个变量的发展变化进行预测。因此，在回归分析预测法中，求得变量的关系方程是进行预测的关键。线性回归方程为：

$$y = a + bx$$

式中：y——因变量，即预测值；

$\quad\quad a$——直线在 y 轴上的截距；

$\quad\quad b$——直线斜率，反映平均增长或降低率；

$\quad\quad x$——自变量，在时间序列分析中，x 代表时间；在因果分析中，x 代表相关影响因素，如人均收入水平、广告费用投入、废气排放量等。

线性回归对主要事件和综合计划的长期预测很有用，但局限在于其假设历史数据和未来预测值都落在同一条直线上。

一元线性回归分析法的预测步骤如下。

(1)　根据已知数据做出散点图，观察数据是否呈线性或部分线性。如果数据点的排列呈线性分布，则可认为两个变量 x 和 y 线性相关，进而设定 $y = a + bx$。

(2)　利用已知数据点求 a 与 b 的值。

首先，根据最小平方法(也称最小二乘法)原理，先计算 y_i 的总和，即

$$ny = n(a + bx) = na + nbx \quad\quad (n \text{ 为年份数})$$

$$\sum y_i = na + b\sum x_i \quad\quad\quad ①$$

其次，计算 $x_i y_i$ 的总和，即

$$\sum x_i y_i = \sum x_i (a + bx_i) = a\sum x_i + b\sum x_i^2 \quad\quad ②$$

然后，将上面①和②两式联立成二元一次方程组，求得 a 与 b 的值为

$$a=\frac{\sum y-b\sum x}{n} \qquad b=\frac{\sum x\sum y-n\sum xy}{\left(\sum x\right)^2-n\sum x^2}$$

(3) 进行预测。经过上一步推导，$y=a+bx$ 式中的 a 与 b 的值已知，只要知道了 x 的某个取值，即可求得相应 y 的数值。

> **注意：**
>
> 若 x 仅表示时间点，且该时间点的变化只是时间上的自然延续，因变量 y 也只是随着时间的推移表现为在该时间点上的自然值，也就是说，因变量 y 的变化与自变量 x 之间没有因果关系。在此情况下，为简化计算，可人为地将 $\sum x$ 的值取0。若 n 为奇数，则取 x 的间隔为1，将 $x=0$ 置于资料数据中的最中间位置；若 n 为偶数，则取 x 的间隔为2，将 $x=-1$ 与 $x=1$ 置于资料数据中最中间且上下相邻。
>
> 当 $\sum x=0$ 时，上述两式分别变为
>
> $$\sum y=na \qquad \sum xy=b\sum x^2$$
>
> 由此推算出 a 与 b 的值分别为
>
> $$a=\frac{\sum y}{n} \qquad b=\frac{\sum xy}{\sum x^2}$$
>
> 所以
> $$y=\frac{\sum y}{n}+\frac{\sum xy}{\sum x^2}\cdot x$$

例 3-4 某企业 2015—2019 年的销售额分别为 480 万元、530 万元、570 万元、540 万元、580 万元，现需运用直线趋势法预测 2020 年的销售额。

解：

(1) 根据题意建立一元线性回归方程 $y=a+bx$。

(2) 利用已知数据求 a 与 b 的值。

由于 $n=5$ 为奇数，所以取 x 的间隔为1，故可将 $x=0$ 置于资料期的最中央一期(即 2017 年)，x 的取值依次为-2、-1、0、1、2，通过列表计算求得所需数据，如表 3-7 所示。

表 3-7　直线趋势法预测(n 为奇数)

年　份	销售额 y/万元	x	xy	x^2
2015	480	-2	-960	4
2016	530	-1	-530	1
2017	570	0	0	0
2018	540	1	540	1
2019	580	2	1160	4
合计	2700	0	210	10

由表 3-7 可知，$\sum y=2700$，$\sum xy=210$，$\sum x^2=10$，据此可以得到 a 和 b 的值。

$$a = \frac{\sum y}{n} = \frac{2700}{5} = 540 \qquad b = \frac{\sum xy}{\sum x^2} = \frac{210}{10} = 21$$

(3) 预测。将上一步求得的 a 与 b 的值代入回归方程，得

$$y = 540 + 21x$$

由于需要预测 2020 年的销售额，所以 $x=3$，代入上式，得

$$y = 540 + 21 \times 3 = 603(万元)$$

例 3-5　仍用上例，若 2020 年的实际销售额为 600 万元，请预测 2021 年的销售额。

解:

(1) 根据题意建立一元线性回归方程 $y = a + bx$。

(2) 利用已知数据求 a 与 b 的值。

由于 $n=6$ 为偶数，所以 x 的间隔为 2，故可将 $x=-1$ 和 $x=1$ 置于资料期的最中央(2017年、2018 年)，x 的取值依次为 -5、-3、-1、1、3、5，并通过列表计算求得所需数据，如表 3-8 所示。

表 3-8　直线趋势法预测(n 为偶数)

年　份	销售额 y/万元	x	xy	x^2
2015	480	-5	-2400	25
2016	530	-3	-1590	9
2017	570	-1	-570	1
2018	540	1	540	1
2019	580	3	1740	9
2020	600	5	3000	25
合计	3300	0	720	70

由表 3-8 可知，$\sum y = 3300$，$\sum xy = 720$，$\sum x^2 = 70$，据此可以得到 a 和 b 的值。

$$a = \frac{\sum y}{n} = \frac{3300}{6} = 550 \qquad b = \frac{\sum xy}{\sum x^2} = \frac{720}{70} = \frac{72}{7} \approx 10.29$$

(3) 预测。将上一步求得的 a 与 b 的值代入回归方程，得

$$y = 550 + \frac{72}{7}x$$

由于需要预测 2021 年的销售额，所以将 $x=7$ 代入上式，得

$$y = 550 + \frac{72}{7} \times 7 = 622(万元)$$

【技能训练 3-3】

某牌号汽车的已使用年限和年修理费用资料如表 3-9 所示。

若该牌号某辆汽车已使用 6 年，试估计年修理费用。

提示: 此为因果分析，不能人为地将 $\sum x$ 的值取 0。需列表并分别计算 $\sum x$、$\sum y$、$\sum xy$、$\sum x^2$ 等数值即可求出系数 a 与 b 的值。

表 3-9　某牌号汽车的已使用年限和年修理费用资料

序号	1	2	3	4	5	6	7	8
使用年限/年	0.5	1	1.5	2	2.5	3	3.5	4
修理费用/千元	2	3	4	8	12	20	36	50

【任务实施】

　　请运用适当的方法在现有数据资料的情况下，计算飞达自行车公司后续 5 年间各年的广告费用投入分别为 7 万元、9 万元、10 万元、15 万元和 18 万元时的自行车的销售量，以便企业安排生产经营。

　　参考答案一： 此为因果分析，预测销售量分别是 9.85 千辆、11.95 千辆、13 千辆、18.25 千辆和 21.4 千辆。

　　如果不考虑自行车销售数量与广告费用投入的关系，仅用该公司过去 5 年间各年的实际销售量数据，能否预测出该公司后续 5 年间各年的销售量？

　　参考答案二： 此为时间序列分析，预测销售量分别是 9.85 千辆、10.9 千辆、11.95 千辆、13 千辆和 14.05 千辆。

　　有什么发现吗？预测所用的数据和方法不同，预测结果当然会有变化。你能体会到根据预测做决策会有风险了吗？请写出预测过程并做出预测结果分析。

【任务小结】

　　在"采购需求预测"任务中，通过预测飞达自行车公司后续 5 年间飞达牌自行车各年的销售量，了解到为完成该任务需要做很多细节工作，如需求分析、数据收集与处理、影响因素分析、预测、预测结果的分析与处理等。总之，学会运用适当的方法进行需求分析和预测，明确采购需求的真实来源和置信度，可以为后续任务的有序进行打好基础。

任务三　供应市场分析

【任务目标】

　　知识目标：
　　(1)　知道供应市场的结构类型；
　　(2)　掌握供应市场中的五种竞争力；
　　(3)　掌握采购对象细分的种类和方法。
　　技能目标：
　　(1)　能进行供应市场结构判断和五种竞争力分析；
　　(2)　能通过采购对象细分，制定采购策略。

素质目标：

(1) 热爱采购工作，具有工作责任心；

(2) 具有较强的书面表达能力和人际沟通能力。

【任务驱动】

由任务二可知，飞达自行车公司根据过去 5 年间各年销售量的对应历史数据预测了后续 5 年间各年的销售量，并据此安排了此期间各年的生产和经营活动。

假设公司对 2020 年飞达牌自行车的总生产任务安排是 1 万辆，其所用的主要部件之一——内外胎，需要由专业轮胎厂提供。目前，本市有三家轮胎厂具备供应条件，但在价格、质量和交货期方面各有所长，而在其他地区也有多家企业可满足要求。现在的问题是，该公司应如何确定与哪一家供应商合作才能有利于自身的长期、稳定发展呢？

【任务分析】

如果你是采购部专项负责人，将面临以下问题。

(1) 当前市场上自行车内外胎供应商有多少？该市场的竞争状态是怎样的？在此项内外胎的采购任务中，该公司处于采购的有利地位还是不利地位？

(2) 市场中的自行车内外胎有 22 英寸、24 英寸、26 英寸、28 英寸等规格，该公司所采购的自行车内外胎应该是什么样的？是单一规格，还是多种规格？

(3) 需要供应商提供什么样的后续服务？如何保障这些服务的实现？

【任务资讯】

全面准确地对企业所处的采购环境进行分析，将有利于企业做好采购管理工作。首先分析企业采购所处的外部经济环境——供应市场。在不同的供应市场中，采购企业所处的地位是全然不同的，这就直接决定了采购企业在采购中的话语权。

一、供应市场结构

通常认为，市场结构可以根据市场中买卖双方数量的多少划分成卖方垄断市场、买方垄断市场、卖方有限垄断市场、买方有限垄断市场、双边垄断市场、双边寡头垄断市场、买方寡头垄断市场、卖方寡头垄断市场、完全竞争市场 9 种结构。

据此，供应市场结构可定义为供应市场中供需双方数量的多少及比例。按照供需双方数量(分为一个、较少和很多三个尺度)上的不同组合也可做如表 3-10 所示的分类。

表 3-10　供应市场结构分类

供　方	需　方		
	一　个	较　少	很　多
一个	双边垄断	有限供方垄断	供方垄断
较少	有限需方垄断	双边寡头垄断	供方寡头垄断
很多	需方垄断	需方寡头垄断	完全竞争

下面着重分析其中的供方垄断市场、需方垄断市场、供方寡头垄断市场、需方寡头垄断市场和完全竞争市场。

(一)供方垄断市场

供方垄断市场即卖方垄断市场，只有一个供应商，而需求企业数量很多。因此，卖方同时决定了其产品的供应数量和供应价格，基本上不用考虑竞争因素。根据供应来源的不同，又可分为自然垄断、政府垄断和控制垄断三种。其中，自然垄断往往来自自然资源的不易获取或显著的规模经济，如某些国家造币所需专用林场的木材、供电企业；政府垄断往往是基于政府所给予的特许经营，如奥运标志的使用、铁路和邮政的经营以及其他公用设施的提供和使用；控制垄断往往基于专利权归属，如拥有专利权的微软。

在供方垄断市场上，采购企业基本上没有讨价还价的能力，只能被动地接受供应商的价格。因此，面对这种市场，采购企业在设计产品时应尽量避免使用这些供应上处于垄断状态的产品或原材料。

(二)需方垄断市场

需方垄断市场即买方垄断市场，只有一家采购企业，而供应商数量很多。因此，采购企业是这种产品唯一的购买者，能控制这种产品的采购价格。究其原因，主要是由于该产品用途单一，或者是由于其他的用途并不经济，如烟叶收购、铁路专用的机车和车辆的采购就属于这种市场。

在需方垄断市场上，采购企业拥有讨价还价的能力，能够主动地掌握和控制采购价格，但也要受到政府的管制。同时，采购企业也将成为其他企业的独家供应商。因此，面对这种市场，采购企业不应单纯地满足于这种垄断地位，还要注意社会效益。

(三)供方寡头垄断市场

供方寡头垄断市场，即卖方寡头垄断市场，少数供应商为众多需求者提供相同或类似的产品，占有相当大的市场份额，行业里存在明显的规模经济，但市场进入障碍明显。供应价格往往由行业领头羊企业或行业联盟控制，但同时也受到政府的管制和行业内部竞争状况的影响。

在供方寡头垄断市场上，采购企业即需求方的选择并不是很多，由于各供应商所提供的产品或服务之间没有特别明显的差别，因此若想选择到合适的供应商，必须对这种市场进行长期的跟踪调查，了解把握其市场规律。一旦找到合适的供应商，应将其发展成为企业的战略供应商。

(四)需方寡头垄断市场

需方寡头垄断市场，即买方寡头垄断市场，大量供应商为少数需求者提供其所需产品或服务。在这种市场里，采购企业非常明了自己所处的位置，而供应商为了能获得更多订单而展开激烈的竞争。因此，采购企业对产品或服务的定价有较大的影响，通常还能够主动利用这种强势地位在采购中获得好处，如医药供应市场、汽车工业中零部件供应市场就属于此类市场。

(五)完全竞争市场

完全竞争市场中有大量的采购企业和大量的供应商，供需旺盛。这种类型的市场具有供需两旺、产品同质无差别、资源共享、市场进入无障碍、信息对称、公平竞争等明显特征。在当今的经济环境下，供需双方寡头垄断的市场状况最为常见，而完全的垄断鲜有出现，绝对的完全竞争更不会存在。不过，较为接近的是农产品市场和期货市场。

不同的供应市场结构决定了采购企业在市场交易中所处的地位也不同，那么，作为采购企业就要采取不同的采购策略和方法。

典型市场结构的主要特征及相应策略总结如表 3-11 所示。

表 3-11 典型市场结构的主要特征及相应策略

市场结构	供方垄断市场	需方垄断市场	供方寡头垄断市场	需方寡头垄断市场
主要特征	一个供应商，众多采购方，供应商完全控制价格	一个采购方，大量供应商，采购方完全控制价格	少量供应商，供应商控制价格能力较强	少量采购方，大量供应商，采购企业可以控制价格
产品类型及举例	专利所有者(药品配方)，版权所有者(软件)	烟叶收购、铁路专用机车和车辆的采购	工业产品、计算机设备、电信、网络	医药供应市场、汽车工业中零部件供应市场
供应商定价策略	制定使利润最大化、同时不会诱使产生替代产品的价格	试图使产品价格差异化	跟随行业领导者定价	试图使产品价格差异化
采购方采购策略	尽可能发现替代品，开发、设计新产品，或与对方结成合作伙伴关系	尽可能优化已有供应商，并发展成为伙伴型供应商	分析供应商的成本，必要时向较弱的竞争者采购，获得价格折扣，尽最大可能与供应商结成互利合作伙伴	分析产品成本，了解供应商的生产流程，优化供应商并结成合作伙伴

【技能训练 3-4】

判断以下几个产品或服务的供应市场属于哪种结构？
① 液晶电视；
② 移动通信；
③ 自行车零部件供应；
④ 铁路路轨和枕木。

二、供应市场中的竞争力分析

(一)迈克尔·波特的五种竞争力模型

迈克尔·波特(Michael E. Porter)是哈佛大学商学研究院著名教授，当今世界上少数最有影响的管理学家之一，被誉为竞争战略之父。其获得的崇高地位缘于他所提出的"五种竞争力量"和"三种竞争战略"的理论观点。

他曾在 1983 年被任命为美国总统里根的产业竞争委员会主席，开创了企业竞争战略理论并引发了美国乃至世界的竞争力讨论。他先后获得过大卫·威尔兹经济学奖、亚当·斯密奖、五次获得麦肯锡奖，拥有很多大学的名誉博士学位。

在《竞争优势》(1985 年出版)一书中，迈克尔·波特从潜在盈利的角度分析了由于五种竞争力所表现的某一产业的吸引力。波特的"市场中的五种竞争力"模型如图 3-1 所示。

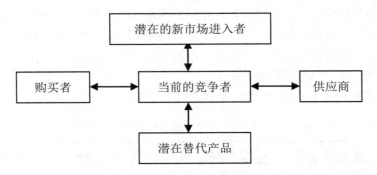

图 3-1　波特的"市场中的五种竞争力"模型

该模型指出，市场中的竞争力分别来自当前的竞争者、潜在的新市场进入者、购买者、潜在替代产品以及供应商之间的相互作用。下面借助此分析框架进行供应市场分析。

(二)供应市场中的五种竞争力

借助波特的竞争力分析模型框架，采购企业可以确认供应市场结构，明确特定供应商的市场竞争力的强弱，以及处于同一市场中的其他购买者、采购企业的市场竞争力如何。对本企业市场竞争力的强弱评价，有助于采购企业更好地了解自己在供应市场中所处的位置是否有利，为日后与供应商的谈判提供参考。供应市场中的竞争力分别来自当前供应商之间的竞争者、新供应商进入市场的可能性、替代产品或服务的可得性、供应商上游企业的议价能力以及同行企业的议价能力的相互作用。供应市场中的五种竞争力模型如图 3-2 所示。

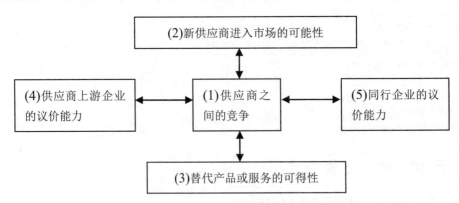

图 3-2　供应市场中的五种竞争力模型

1. 供应商之间的竞争

供应商之间竞争的激烈程度取决于市场中同类供应商数量的多少、规模大小和经营策略等影响因素。为了确定市场中供应商之间竞争的激烈程度，需明确回答以下几个问题：①同类产品是否只有少数几家供应商？②是否由少数几家供应商占有大部分的市场份额？③产品供应的增长速度是否较慢？④少数几家供应商的生产能力是否已经被充分利用？⑤在该类产品的供应市场中可供选择的差异化产品是否很少？⑥同类产品的供应价格是否接近？

思考：

如果在某项采购中，采购企业对上述大部分问题的回答都是"是"，那么该类产品的供应商之间的竞争是否激烈？采购企业所处的位置是否有利？

2. 新供应商进入市场的可能性

新供应商进入市场有助于促进供应市场的竞争，并提高采购企业的交易地位。但新供应商进入某个行业市场需要具备初始投资规模、政策支持、专有人才、企业技术等多项条件。因此，已有供应市场的进入门槛高低，决定了新供应商进入该行业市场的可能性。

3. 替代产品或服务的可得性

对于采购企业来讲，采购的物品本身固然重要，因其品牌、材质、质量、价格直接影响着本企业的产品质量、销路和信誉，但物品本身的功能更重要。因此，当采购企业所采购的其他物品能够实现原采购物品所实现的功能时，这种能够实现同样功能的其他物品就是原采购物品的替代品。目前市场中存在的替代品或服务对市场竞争已产生了重大影响。例如，众所周知的中性笔基本取代了钢笔、水彩笔基本取代了蜡笔、移动电话基本取代了固定电话等，这些都是鲜明的实例。

4. 供应商上游企业的议价能力

供应商的上游企业，即供应市场中的供应商也有其本身的供应商，这将从另一个侧面决定了供应商的议价能力。因为当前市场上企业的生存发展不再是靠"单打独斗"，而是联盟合作；竞争也已不再是企业个体之间单纯的竞争，而是供应链与供应链之间的竞争。所以，采购企业在考察供应商的盈利水平、供货价格、售后服务等各方面时，还要考察其上游企业的议价能力。

思考：

若供应商的上游企业议价能力较强，那么在某次采购中，采购企业与供应商企业谁处于有利地位？

5. 同行企业的议价能力

任何一家采购企业在市场上都不可避免地遭遇到同行企业(采购同类产品的企业或生产同类产品的企业)的竞争。采购企业要确认对同类产品有哪些采购企业，尤其是向同一家供应商采购的企业，要了解这些企业的地理分布、采购价格、采购数量、采购频率，是否有替代品可供选择。

思考：

为什么要了解上述内容呢？同行企业的议价能力对采购企业有何影响？

在市场需求大于供给时，采购价格和交货期会随着购买者的增多产生变化，这就必须确认同行企业的议价能力。因为当"僧多粥少"的时候，该给每个"僧"分多少"粥"，哪个"僧"该多分点儿"粥"，多分多少；哪个"僧"该少分点儿"粥"，少分多少，还是一点儿也分不到，那就要看哪个"僧"会念经了。

通过对上述五种竞争力量的分析，采购企业应在尽可能短的时间里明确自身的需求状况，全面了解自身在供应市场中的位置，为后续的交易谈判打好基础。

【技能训练 3-5】

试着做出自己在将来就业时的就业岗位竞争优势分析。你能找出就业市场中的五种竞争力吗？

三、采购对象的细分

(一)细分的种类

1. 有形商品和无形商品

有形商品包括原料、辅助材料、半成品、零部件、产品、固定设备以及 MRO 物品(保养、维修与运营用品)等。无形商品主要是咨询服务和技术，或是采购设备时附带的服务，其主要形式有技术、服务和工程发包。

【技能训练 3-6】

表 3-12 所示为某企业采购部的采购项目清单，请分析该企业的采购项目中，哪些属于有形采购，哪些属于无形采购？将判断结果填入表中。

表 3-12 某企业采购项目清单

序 号	采购项目	采购对象细分
1	茶叶、咖啡、一次性纸杯、纸巾、衣架等	
2	打印纸、传真纸、电话机、网线	
3	签字笔、笔记本、橡皮、铅笔、印台、曲别针	
4	计算机、打印机、传真机	
5	广告发包、招聘、法律事务、标牌制作	
6	纪念品、赠品、小礼品、请柬、促销品、展示品	
7	会场租赁、会场布置、餐饮安排	
8	办公室、厂房、仓库租赁	
9	货品托运、文件快递	
10	展览会场构成发包	
11	食堂承包、厂区保洁临时工雇用	

2. 直接物料和间接物料

直接物料是指与生产最终产品直接相关的物料，也称大宗物资。由于直接物料的需求具有可预见性和大宗交易的特点，因此在企业整体采购交易次数方面所占的比例较小，一般为20%～40%，但是采购金额却能占到企业总采购金额的较大比例，有时可以达到80%。

间接物料是指与企业生产最终产品非直接相关的商品或服务。间接物料又可分为运营资源管理(Operating Resource Management，ORM)和保养、维修与运营(Maintenance Repair and Operating，MRO)物品。其中，ORM是指企业日常采购的办公用品和服务，一般由企业的行政部门负责；而MRO是指维持企业生产活动能够持续进行所需要的保养、维修与运营所需要的物料，如备件、零部件等。

一般来说，直接物料的供应商相对比较固定，通常以长期供货合同或一定期间内的稳定价格供货，企业内部有专门的采购部门和采购人员负责各类直接物料的采购，而且采购价格相对较高，批次较多，重复性也大。对于间接物料，供应商来源广泛，企业选择的余地较大，采购周期不确定，多是临时性采购，采购价格往往随采购批次和供应商的不同而产生较大波动，采购成本相对较高。

(二)细分的方法

采购商品的分类是采购工作专业化实施的基础。1983年，彼得·卡拉杰克(Peter Kraljic)基于两类因素，提出了采购对象分类模块。这两类因素分别是采购对象对于企业的重要性和供应风险与机会。其中，前者主要是指采购对象对企业的生产过程、产品质量、物料供应、企业成本等产生的影响的大小，通常表现为这类对象占采购总价值的多少；后者主要指供应商短期、长期的供应保障能力，供应商的数量，供应市场的竞争激烈程度等。据此可以将采购企业的所有采购对象细分为四大类：战略采购品(关键采购品)、瓶颈采购品、集中采购品(杠杆采购品)和正常采购品(日常采购品)，如图3-3所示。

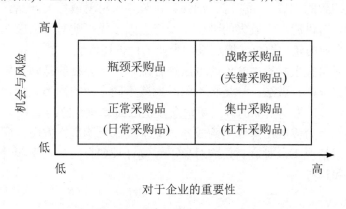

图3-3　基于采购风险和机会的采购对象细分

1. 战略采购品

战略采购品也称关键采购品，是指价值比例高、产品要求高，同时由于只能依靠个别供应商供应且供应难以确保，或者供应物资对企业很重要而造成供应风险比较大的采购品，这类采购对象通常是原材料。原材料是许多企业采购总量的重要组成部分，其采购常涉及大量资金，在一定程度上决定了产品的成本价格，对企业的盈利能力起着关键性作用，因而通常被称为战略性产品或关键性产品。有时，产品中关键的零部件也因对产品的品质有重要影响而被列入该类产品，如汽车厂商需求的发动机和变速器、计算机厂商需求的 CPU 等属于此类。

对于这类采购对象，企业要对其供应商进行重点管理，而最佳策略是与其发展并建立战略合作伙伴关系，通过双方的共同努力改进产品质量，提高交货的可靠性，降低成本，如果有可能，可进行深度合作，如共同进行产品研发，以确保供应，降低采购风险，同时获得双赢。

2. 瓶颈采购品

瓶颈采购品是指价值比例虽不是很高，但供应风险较大的物品。较高的采购风险主要是因为该类采购对象只能从少数几家供应商处获取，这可能是由于产品的设计是基于某项新技术，或者是该产品依赖于某些紧缺的零部件。另外，虽然技术含量不高，但当其出现了供不应求且缺货会对企业造成重大影响时，也会出现这种情况。

瓶颈采购品与战略采购品的一个共同特点是较高的采购风险，但不同之处是其价值比例不高，对供应商来说吸引力不大，但这更加重了采购风险，因此必须认真对待这类采购对象。较好的采购策略主要有：一是要确保供应，给供应商及时快速、更短周期的付款，必要时可提价和增加一些采购成本；二是要通过采购风险分析制订出应急计划，避免被供应商"牵着鼻子走"，同时注意改善合作关系，可以适当地给供应商一些利润；三是与杠杆产品搭配采购，把"肥肉"与"骨头"捆绑；四是重视在产品设计阶段的价值工程与价值分析(VE/VA)；五是提高与稀缺资源掌握者合作的能力，学会利用资源。

3. 集中采购品

集中采购品也称杠杆采购品，是指那些价值比例较高，但供应风险不大，很容易从不同的供应商处采购到的物品，如化工、钢铁、包装等原材料或标准产品。由于该类采购对象价值比例较高，对供应商有较大的吸引力，但又因该类采购对象供应充足，通用性强，由此能提高采购企业的谈判地位，增加采购企业的讨价还价能力。

对这类采购对象宜采取集中竞价的方法进行采购，主要目的是降低采购成本，追求最低价格，通常可采取两种做法：一是将不同时期或不同企业的同类采购物品集中起来，统一同供应商谈判；二是采用招标的方式邀请众多供应商参与竞价。

总之，主要的努力应放在降低采购成本、追求最低采购价格方面，同时保证质量和供应的可靠性。一般情况下，对这类采购对象不宜签订长期合同，且采购时要密切关注供应市场的价格走向和趋势。

4. 正常采购品

正常采购品也称日常采购品，是指价值较低、供应风险也较低且供应充足的物品，如办公用品、标准件等。这类采购品只约占采购总价值的20%，无须花费大量的时间和精力，因此进行系统化采购即可。采购策略是要提高行政效率，采用程序化、规格化、系统化的工作方式进行采购。例如，缩减供应商数量，采用计算机系统的程序化作业以减少开单、发单、跟单、跟票等行政作业时间，提高采购工作的准确性及效率等。对于正常采购品，有以下四种采购方式可供选择：定期定量、定期不定量、定量不定期和不定期不定量。

【技能训练3-7】

列表汇总不同采购对象的采购策略(把表3-13填写完整)。

表3-13 采购对象细分及采购策略

序 号	采购品分类	采购品举例	采购策略
1	战略(关键)采购品		
2	瓶颈采购品		
3	集中(杠杆)采购品		
4	正常(日常)采购品		

【任务实施】

为完成这个任务，首先应该进行供应市场结构分析，弄清楚自行车内外胎的供应市场属于哪一种结构，分析这个供应市场的竞争情况，以便明确该公司的交易谈判地位。再通过采购对象细分，明确自行车内外胎对该公司而言属于哪一种采购对象，该采取什么样的采购策略。你能进行分析和制定策略吗？

【任务小结】

在"供应市场分析"任务中，通过帮助飞达自行车公司确定合适的供应商并制定采购策略，了解到为完成该任务需要做很多基础工作，如自行车内外胎的供应市场结构分析、竞争状况分析、采购对象分类等。

当然，这些工作仅仅是进行定性的分析，其分析结果还不足以下定论，仍需要运用一定的定量方法找到合适的供应商。而定量的方法将在"供应商的选择与管理(项目五)"中进行探讨和学习。

项 目 测 试

【应知测试】

一、填空题

1. 采购需求主要有_____和_____两个来源。

2. 工业企业里制定物料消耗定额通常有_____、_____和_____三种方法。

3. 根据预测的时间跨度，预测可以分为_____、_____和_____。

4. 指数平滑法只需用三个数据就可以预测未来，即需要_____、_____和_____。

5. 与_____市场较为接近的是农产品市场。

二、单选题

1. 一个零件的毛坯尺寸加上( )，就是零件的工艺尺寸。
  A. 加工留量   B. 切口尺寸   C. 夹头损耗 D. 残料损耗

2. 以下不属于定性预测方法的是( )。
  A. 算术平均法   B. 用户调查法 C. 德尔菲法 D. 经验判断法

3. 以下不属于定量预测方法的是( )。
  A. 算术平均法   B. 回归分析法 C. 类推法   D. 移动平均法

4. 采购需求预测的程序有6个步骤，正确排序的是( )。
  ①确定预测目标   ②收集数据资料   ③选择预测方法
  ④拟定预测计划   ⑤提交预测报告   ⑥估计预测误差
  A. ①②③④⑤⑥   B. ①④②③⑥⑤
  C. ②④⑥①③⑤   D. ①⑥②④③⑤

5. 烟叶收购、铁路专用机车和车辆的采购面对的主要是( )市场。
  A. 供方垄断 B. 需方寡头垄断 C. 供方寡头垄断 D. 需方垄断

三、多选题

1. 以下属于定量预测方法的是( )。
  A. 德尔菲法   B. 用户调查法   C. 算术平均法
  D. 经验判断法 E. 回归预测法

2. 以下属于定性预测方法的是( )。
  A. 德尔菲法   B. 用户调查法   C. 算术平均法
  D. 经验判断法 E. 类推法

3. 指数平滑法只需用三个数据就可以预测未来，即( )。
  A. 紧前期预测值 B. 紧前期的实际值   C. 预测期实际值
  D. 紧后期预测值 E. 平滑系数

4. 以下属于有形商品的是( )。
  A. 原料   B. 工程发包   C. 固定设备   D. 零部件

四、判断题

1. 需求分析是采购工作的第一步，是制订采购计划的基础和前提。 ( )

2. 泳衣、节日礼品、防寒服等商品的需求呈周期性规律。 ( )

3. 回归预测法属于定性预测方法。 ( )

4. 在供方垄断市场，采购企业拥有讨价还价的能力，能主动掌控采购价格。 ( )

5. 若供应商的上游企业议价能力较强，在某次采购中，处于有利地位的是采购企业而非供应商企业。 ( )

五、简答题

1. 举例说明衍生需求与独立需求。

2. 定性预测方法主要有哪几种？定量预测方法主要有哪几种？

3. 供应市场结构有哪些类型？

4. 供应市场中有哪五种竞争力？

5. 如何对采购对象进行细分？

【应会测试】

1. 某公司生产的某种消费品 2017—2019 年的实际需求数据如表 3-14 所示，可以看出该消费品的需求呈季节性变化。若该公司对 2020 年度该消费品的需求量预测总值为 830 万个，请预测该公司 2020 年每一季度该消费品的需求量，同时将表格填写完整。

表 3-14　某公司某消费品 2017—2019 年的实际需求数据

时　段	2017 年	2018 年	2019 年	三年总和	占全年的百分比/%	2020 年各季度预测值
第一季度	105	120	178			
第二季度	265	255	285			
第三季度	136	174	190			
第四季度	94	96	102			
总计						

2. 假设某地区的某种耐用消费品的销售量与该地区的收入水平有关，若收入水平增加，则该耐用消费品的销售量也随之增加。表 3-15 显示出该地区在 2015—2019 年 5 年间某种耐用消费品的年销售量与人均年收入水平之间的关系。若该地区在 2020 年、2021 年人均年收入将分别达到 40 000 元、45 000 元，请预测 2020 年、2021 年该耐用消费品在该地区的需求量，同时将表格填写完整。

表 3-15　某地区某耐用消费品 2015—2019 年的年销售量与人均收入水平之间的关系

年　份	耐用消费品销售量(y)/万件	人均年收入(x)/万元	xy	x^2
2015	50	1		
2016	60	2		
2017	60	2.5		
2018	70	3		
2019	80	3.5		
合计				

3. 某西服生产企业需采购的物料包括面料、里料、衬料、纽扣、拉链、内包装袋、手提袋、标牌、标签、衣架等。试依据以上物料对于企业生产的重要性及供应的风险和机会，对其进行细分，并分别制定其采购策略。

项目四　编制采购计划与预算

【项目导入】

在现实工作中经常要制订各种各样的计划，计划的制订对工作可以起到一个引导的作用。制订采购计划的目的就是要根据市场的需求、企业的生产能力、企业的库存信息及供应市场环境等制订出具体的采购清单和采购进程表。虽然现实中已有部分企业采用 ERP 技术实现了系统自动生成采购订单，颠覆了传统的采购程序，但其工作原理仍是一致的。

因此，采购计划是采购管理进行运作的第一步。采购计划的制订有许多前提性和基础性的工作，除了在项目三中进行了采购市场环境分析外，还有一些其他工作要做。

【项目展开】

为了系统而直观地学习相关知识，我们将该项目按照以下三个工作任务进行展开。

任务一　确定采购量

任务二　编制采购计划

任务三　编制采购预算

在各个工作任务中，我们都将按照任务目标、任务描述、任务分析、任务资讯、任务实施和任务小结的顺序详细讲述。

任务一　确定采购量

【任务目标】

知识目标：

(1) 了解确定采购量需要的基础资料；

(2) 掌握经济订货批量法的基本模型。

技能目标：

(1) 会收集整理确定采购量的数据资料；

(2) 会运用适当方法确定采购量。

素质目标：

(1) 热爱采购工作，具有工作责任心；

(2) 树立为生产服务的观点，具有协同和沟通精神。

【任务描述】

在项目三中，假设飞达自行车公司对 2020 年飞达牌自行车总的生产任务安排是 10 000 辆，其所用的主要部件之一——内外胎最终由某专业轮胎厂提供，每套(内外胎各一条)价格为 50 元，其年储存成本是 0.1 元/(套·年)，每次订货成本为 10 元。假定批量订货，一次到货。

要求:

(1) 确定每次的订货量,使其对企业最有利;

(2) 确定每年订货的次数,使其对企业最有利;

(3) 确定每次订货时间间隔,使其对企业最有利(全年按 360 天计)。

【任务分析】

此任务的核心是什么?为了使该公司总的采购成本最低,需要确定经济订货批量。现在需要明确以下几个问题。

(1) 什么是经济订货批量?确定经济订货批量需要哪些数据资料,应该怎样确定?

(2) 经济订货批量的理论意义和现实意义是什么?

(3) 确定企业采购量,除了经济订货批量法外,还有没有其他方法?

【任务资讯】

一般而言,制造业的经营始于原材料的采购,经过加工制造或组合装配成为产品,再经过销售过程获得利润。由此可见,采购是制造业生产经营的第一步,其中如何获得足够数量的原材料是采购计划的重点所在。采购需求量的确定是正常的产销活动的重要保证。

一、确定采购量的基础资料

在采购量的确定过程中,企业各相关部门并不是孤立的,而是相互配合并提供相关的数据资料,以便能准确估计采购量。在确定采购量的过程中,主要有以下几个关键要素。

(一)生产计划

生产部门对物料的需求,是采购计划制订的根本依据。企业的生产活动是由市场需求驱动的,销售部门通过对一定时期内产品销售量(即需求量)的预测,加上定性的判断,拟定出销售计划或目标,这一销售计划能够表明产品在该时期内的预期销售数量。生产部门主要依据该预期销售数量、预期期末库存及期初库存来拟定该时期内的生产计划(Production Schedule)。根据这个生产计划,生产部门即可下达生产指令、签发生产通知,进而提出请购单。换句话说,生产部门根据生产计划编制用料申请表,报送采购部门。

【技能训练 4-1】

某品牌鲜橙汁饮料生产企业统计了 2013—2019 年夏季该品牌饮料的实际销售数据。各年数据分别为 215 万瓶、236 万瓶、228 万瓶、245 万瓶、256 万瓶、268 万瓶、259 万瓶,请用一元线性回归法预测 2020 年的销售量。如果该企业 2020 年初库存数量为 23 万瓶,且年末预计存货 20 万瓶,则 2020 年的生产计划数量应为多少?又知该饮料每瓶需用 2 个鲜橙,需采购多少个鲜橙?

(二)物料清单

生产计划只列明了生产产品的总数量,并不能直接知道某一产品需用哪些物料以及数量多少,因此,必须通过物料清单(Bill of Materials, BOM)来准确计算出每一物料的需用量。物料清单是制造企业的核心文件,是由企业的产品研发与设计部门拟定的,它说明一个最终产品是由哪些零部件、原材料构成,这些零部件的时间、数量上的相互关系是什么,为编制物料需求计划提供产品组成信息。根据此表和其他相关信息,采购部门就可以精确计算出生产某种产品的详细用料需求数量,进而确定物料的采购需求计划。物料清单如图 4-1 所示。

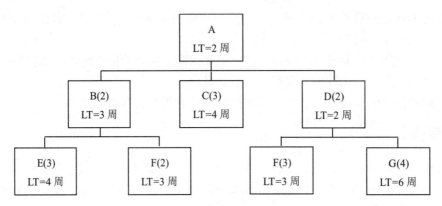

图 4-1   物料清单(BOM)

物料清单文件列表是层次结构,它显示每完成一个单位下同一层次的装配所需各物料的数量,一般用树型结构表示。最上层是 0 层,即主产品级;往下是一级,逐级往下分解,最后一级一般是最初级的原材料或者外购件。每一层有三个参数:零部件名称、组成零部件的数量、相应的提前期(生产提前期和订货提前期)。可在图中用文字或符号表示该零部件是外购件还是内制件,如果没有文字或符号表示,且某个零部件向下不能再展开,则可默认为该零部件为外购件;反之,如果向下能展开,则为内制件。

图 4-1 中,最终产品 A 由 B、C、D 三个部件组成,而 B 又由零件 E 和 F 组成,D 又由零件 F 和 G 组成。这种产品结构反映在时间结构上,则以产品的应完工日期为起点倒排计划,可相应地求出各个零部件最晚应该开始加工时间或采购订单发出时间,如图 4-2 所示。

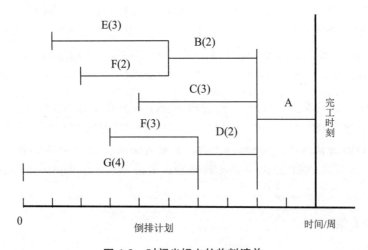

图 4-2   时间坐标上的物料清单

从图 4-2 可以看出，由于各个零部件的加工采购周期不同，即从完工日期倒排进度计算的提前期不同，当一个最终产品的生产任务确定以后，各零部件的订单下达日期仍有先有后。即在保证配套日期的原则下，生产周期较长的物料可先下订单，生产周期较短的物料后下订单，这样就可以做到在使用的时候，所有物料都能配套备齐；不到使用的时候不会过早投料，从而达到减少库存量和减少占用资金的目标。

【技能训练 4-2】

你能根据下面的描述绘制出产品 A 的物料清单吗？

已知某公司生产的产品 A 由 3 个 B 部件和 1 个 F 部件组成。其中，B 部件由 4 个 C 零件和 1 个 D 零件构成，F 部件由 6 个 G 零件和 1 个 H 零件构成；而其中，D 零件又由 2 个 E 零件构成，H 零件又由 1 个 E 零件、1 个 K 零件和 1 个 J 零件构成。

若 A、B、C、D、E、F、G、H、J 和 K 零部件的提前期分别为 2、3、1、2、4、3、2、1、3、2 周，你能用时间坐标来表示产品 A 的物料清单吗？

(三)存量管制卡

根据生产计划和物料清单计算出的物料采购需求并不一定就是实际的采购数量，因为还要看这种物料是否有库存，库存是否够用。如果有足够的库存数量，也许就不需要采购了。因此，企业通过建立存量管制卡用以记录各种物料的库存状况，反映库存信息，为企业设置安全库存及确定采购数量提供了很好的参考数据。

一般的仓库都规定："有料必有账，有账必有料，且料账要一致"，由于物料有了平面及立体布置规划，整齐摆放，物料标示朝外，所以能迅速地取出所要用的物料。物料管制除了有台账外，每一种物料应设立"物料管制卡"。物料管制卡应记明：①材料名称；②材料编号；③储放位置号码；④物料等级(A、B、C)分类；⑤安全存量与最高存量；⑥订购点；⑦订购前置时间；⑧出入库及结果记录。

物料管制卡的实例如表 4-1 所示。

表 4-1　某企业物料管制卡

物料名称			料　号			储放位置		
物料等级	□A □B □C		安全存量			订购点		
			最高存量			前置时间		
日期	入库	出库	结存	签名	日期	入库	出库	结存	签名

有的物料存量管制卡还要记录生产批令号码、领料单位及凭单号等，主要用于生产企业的物料管制，如表 4-2 所示。

表 4-2　某生产企业物料存量管制卡

年度：_____　　　　　　卡号：_____　　　　编制日期：____年___月___日

日　期	收/发/领/退 凭单编号	收料记录			生产批令 号码	领料 单位	发料记录			核 对
		数 量	单 价	金 额			数 量	单 价	金 额	

上表其余表头内容：

材料 名称		规格		计划采购量		最低存量	
材料 编号		型号				安全存量	
材料 等级		存放位置				最高存量	

物控主管：　　　　　　　　　　仓管员：　　　　　　　　　　制表：

(四)物料的独立需求与相关需求资料

通过前文讲述的采购需求的独立性和衍生性，可知对物料的需求有时是独立的，有时是衍生的，因而可将相应的物料称为独立需求物料和相关需求物料。下面，对这两个概念做进一步的介绍。

独立需求往往是来自用户对企业最终产品和服务的直接需求，其最明显的特征是需求的对象和数量有时确定(如订单)，有时则不确定，只能通过预测方法进行粗略估计。与之相反，相关需求则是企业内部各环节、各工序之间物料转化而发生的需求，可以根据对最终产品的独立需求准确地计算出来。例如，技能训练 4-1 中对某品牌饮料的需求数据可以预测估计出来，这是独立需求。按照这个独立需求数据的生产任务一旦确定下来，对构成这瓶饮料所需的优质鲜橙、水、饮料瓶等物料的需求数量和需要时间就可以通过计算精确地得到。对优质鲜橙、水、饮料瓶等物料的需求就是相关需求。相关需求可以是垂直方向的，如产品与其原材料、零部件之间；也可以是水平方向的，如产品与其附件和包装物之间。

综上所述，生产计划、物料清单以及库存信息是决定采购数量的主要依据。因此，确定某种物料的采购数量可以通过下列公式来计算：

某种物料的采购数量=该种物料的本期需要量+期末预计库存数量
-期初库存量-企业内部可利用资源

式中，期末预计库存数量主要是指安全库存量；企业内部可利用资源是指企业内部可以进行改制、代用、修旧利废以及上期订货本期到货未入库的在途物料。

> **注意：**
>
> 在上式中某种物料的采购数量只表示该物料在某一时期需定的数量，至于其应在何时订购、是否分批到货及何时到货，可以通过相应的订购法来计算。

二、采购量的确定方法

(一)经济订货批量法

1. 经济订货批量的含义

订货批量是指每次订购货物的数量。经济订货批量(Economic Order Quantity，EOQ)是指一定时期(通常指一年，也可以是月、季度等)内采购总成本最低时的订货批量。

订货量的大小对企业库存数量(含在制品库存、成品库存)和库存成本有很大影响。

2. 采购总成本的构成

采购总成本主要包括购买成本、订货成本、保管成本和缺货成本。

(1) 购买成本。购买成本(Purchase Cost)是指库存物料的实际购买费用，它与购买价格和购买数量有关。某项物料的购买成本有两种含义：一是当物料从外部购买时，购买价格应包含物料的运杂费及运输过程中的保险费；二是当物料由企业内部制造时，购买价格应为物料的单位生产成本。

(2) 订货成本。订货成本(Order Cost)是指库存物料在订货过程中发生的全部费用。某项物料的订货成本有两种含义：一是订购成本，即企业向外部供应商发出采购订单的成本，即提出订货申请单、分析货源、填写采购订货单、来料验收、跟踪订货以及完成交易时所发生的必需业务费用(包括订货人员的差旅费、检验仪器的折旧费用、通信费、手续费以及跟踪订单的费用等)；二是生产准备成本，即非外购而自制的情况下调整并确定整个生产过程的成本，通常包括准备工作指令、安排作业、生产前准备、生产过程及质量验收等各项费用。

一般情况下，订货费与每次订货量的大小无直接关系，只与订货次数多少有关。但在年需求量一定的情况下，每次订货量越小，则订货次数越多，总订货费用也越多。

(3) 保管成本。保管成本(Holding)也称储存成本或持有成本，是指库存物资在保管过程中所发生的一切成本费用，包括：①物料在收货、储存和搬运时发生的成本费用；②保管用具用料成本费用；③仓库建造、供暖、照明与设备配备、折旧、修理等维持仓库成本费用；④保管工人工资、福利及有关成本费用；⑤保管过程中物料毁损、陈旧、盗窃、存货价值下跌等所损失的成本费用；⑥税金及保险成本费用；⑦库存资金应支付的银行利息以及造成的机会损失费用等。

库存保管成本随着平均库存量的增加而增加，与平均库存量成正比。因此，保管成本与订货批量直接相关。

(4) 缺货成本。缺货成本(Stock out Cost)也称亏空成本，是指由于库存物料缺货造成的缺货损失费用，通常是由外部和内部中断供应所产生的。外部短缺可导致延期交货、当前的利润损失(失去销售机会而减少的盈利收入)、未来的利润损失(商誉与失去客户的损失)，以及违背合同而遭受的罚款、紧急订货而支付的特别费用和加班费等。内部短缺可导致生产损失(人员和机器的闲置)、完工日期的延误等。增大库存量，虽然可以减少缺货，但库存保管费会大大增加。

3. 经济订货批量的基本模型

经济订货批量的基本模型有以下假设条件。

(1) 单位时间内的需求量不变,即需求速率均匀且为常量。

(2) 订货提前期不变。

(3) 各次订货的订货费相同,与订货批量的大小无关,且没有数量折扣。

(4) 保管费与平均库存量成正比。

(5) 单一品种,且资金可用性无限制。

(6) 全部订货一次到货,且不允许缺货(缺货费用为0)。

其中,第(1)、(2)、(6)项的假设密切相关,是确定性条件成立的基本前提。在每一相关时间间隔(每天、每周、每月或每年)内需求是已知的,并与时间呈线性相关;库存消耗的速率是固定的;补充库存所需的时间是已知的,即订货周期及前置期是固定的。这表明在原有库存用完之前所订货品刚好到达,因此不存在缺货现象及缺货损失。

总之,理想的经济订货批量模型假设需求率不变、前置期不变、单价不变、每次订购成本不变、单位储存成本不变,且每批订货瞬间到达,故无须持有存货。其模型如图 4-3 所示。

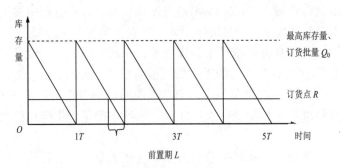

图 4-3 理想的经济订货批量模型

在理想的经济订货批量模型中,单项物料的采购总成本由购买成本、订货成本和保管成本(储存费或持有成本)三部分组成,可用下述公式来表述:

$$采购总成本=购买成本+订货成本+保管成本$$

在上述假设前提下,采购总成本与订货批量的关系如图 4-4 所示。

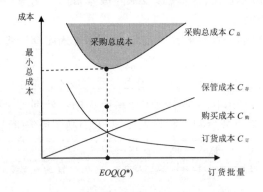

图 4-4 采购总成本与订货批量的关系

可见，在年总需求量一定的情况下，最优订货批量取决于保管成本与订货成本的高低，并反映了二者之间的平衡。

为方便起见，将上述文字公式用字母表示为：

$$C_{总} = C_{购} + C_{订} + C_{存}$$

$$TC = D \cdot P + C_0 \cdot \frac{D}{Q} + \frac{1}{2} \cdot Q \cdot H$$

$$= D \cdot P + C_0 \cdot \frac{D}{Q} + \frac{1}{2} \cdot Q \cdot PF$$

式中：D——年需求量，以单位计；

P——单位物料的购入价格，元/单位；

C_0——每次订货的订购成本，元/次；

H——每单位物品的每年保管费用，元/(单位·年)；

Q——订货批量，以单位计；

F——保管费率(%)，以单位成本系数表示的年保管成本，$F = \dfrac{H}{P}$；

TC——年度采购总成本。

为获得年总成本最低的订货批量(EOQ 或 Q^*)，可计算年采购总成本关于批量 Q 的一阶导数，并令其为零。解得 EOQ 为

$$EOQ = \sqrt{\frac{2C_0 D}{H}} = \sqrt{\frac{2C_0 D}{PF}}$$

由此可知最佳订货次数(n^*)、最佳订货间隔期(T^*)和年度最低采购总成本(TC^*)分别用公式表示为：

$$n^* = \frac{D}{EOQ} \qquad T^* = \frac{360}{n^*} \qquad TC^* = PD + \sqrt{2C_0 DH}$$

例 4-1　某厂全年需要外购某种物料 10 000 吨，购买价格为 350 元/吨，每次订货成本为 40 元，每吨物料的年保管成本为 5 元，问该厂的最佳订货批量是多少？

解：$D = 10\,000$ 吨/年，$P = 350$ 元/吨，$H = 5$ 元/(吨·年)，$C_0 = 40$ 元，则

$$EOQ = \sqrt{\frac{2C_0 D}{H}} = \sqrt{\frac{2 \times 40 \times 10\,000}{5}} = 400\,(吨)$$

$$n^* = \frac{D}{EOQ} = \frac{10\,000}{400} = 25\,(次) \qquad T^* = \frac{360}{n^*} = \frac{360}{25} = 14.4\,(天)$$

$$TC^* = D \cdot P + C_0 \cdot \frac{D}{EOQ} + \frac{1}{2} \cdot EOQ \cdot H$$

$$= 10\,000 \times 350 + 40 \times \frac{10\,000}{400} + \frac{1}{2} \times 400 \times 5$$

$$= 3\,502\,000\,(元)$$

所以，每次最佳订货量为 400 吨，每年订货 25 次，每次订货时间间隔 14.4 天，对企业最有利。此时的年库存总成本最小为 3 502 000 元。

【技能训练 4-3】

某生产机械器具的制造企业，依计划每年需要采购 A 零件 5000 个，A 零件单价为

20 元/个，年保管费率为 20%，每次订货成本是 100 元，求 A 零件的经济订货批量、最佳订货次数、最佳订货间隔期及最低采购总成本？

答案：$n^* = 10$ 次，$T^* = 36$ 天，$TC^* = 102\,000$ 元，$EOQ = 500$ 个。

例 4-2 某公司对 A 产品的需求量为 24000 件/年，订货成本为 32 元/次，储存成本为 9.6(元/年·件)，年度采购总成本只考虑订货成本和存储成本，求：

(1) EOQ 和年度最低采购总成本。

(2) 假设因为运输原因，每次订货量为 500 件，在此情况下的年度采购总成本是多少？变化的幅度是多少？又说明什么问题？

解： $D = 24\,000$ 件/年，$H = 9.6$ 元/(件·年)，$C_0 = 32$ 元/次，则

(1) $\quad EOQ = \sqrt{\dfrac{2C_0 D}{H}} = \sqrt{\dfrac{2 \times 32 \times 24\,000}{9.6}} = 400$(件)

$$
\begin{aligned}
TC^* &= C_0 \cdot \frac{D}{EOQ} + \frac{1}{2} \cdot H \cdot EOQ \\
&= 32 \times \frac{24\,000}{400} + \frac{1}{2} \times 9.6 \times 400 \\
&= 1920 + 1920 \\
&= 3840 (\text{元})
\end{aligned}
$$

(2) 当 $Q = 500$ 件时：

$$
TC = C_0 \cdot \frac{D}{Q} + \frac{1}{2} \cdot Q \cdot H = 32 \times \frac{24\,000}{500} + \frac{1}{2} \times 500 \times 9.6 = 3936 (\text{元})
$$

可见，当 $Q\uparrow = (500 - 400) \div 400 = 25\%$ 时，$TC\uparrow = (3936 - 3840) \div 3840 = 2.5\%$。

由此可以看出，当订货量的变动幅度为 25%时，年采购总成本仅增加了 2.5%，是否偶然？当实际订货量偏离经济订货批量时，只要这种偏离不超过某个合理的范围，对年采购总成本的影响就很小，这个性质称为经济订货批量的强壮性。

经济订货批量的强壮性为库存管理者带来很大的方便，具有很大的实用价值。事实上，实际应用中对于参数的估计很难做到准确，但只要误差控制在合理的范围内，就不会影响经济订货批量的应用。这也是为什么直到今天经济订货批量法仍能大行其道的主要原因。

4. 允许缺货的经济订货批量

允许缺货的情况下，企业对经济订货批量的确定就不仅要考虑购买成本、订货成本和库存成本，而且还要考虑可能的缺货成本(不易准确获得，往往根据经验估计得到)，也就是能够使四项成本总和最低的订货批量才是允许缺货情况下的经济订货批量。

假设平均缺货量为 A，单位缺货成本为 R，其他符号意义同上，则有

$$
EOQ = \sqrt{\frac{2C_0 D}{H} \times \frac{H+R}{R}} \qquad A = \sqrt{\frac{EOQ \times H}{H+R}}
$$

例 4-3 某企业每年需要购买某种原材料 10 000 吨，每吨价格为 350 元，其单位储存成本是 10 元/(吨·年)，每次订货成本为 40 元。假定批量订货，一次到货，且允许缺货，单位缺货损失费为 8 元/(吨·年)。请确定最佳订货批量及平均缺货量。

解： 已知 $D = 10\,000$ 吨/年，$P = 350$ 元/吨，$H = 10$ 元/(吨·年)，$C_0 = 40$ 元，$R = 8$ 元/(吨·年)，则

$$\text{EOQ} = \sqrt{\frac{2C_0 D}{H} \times \frac{H+R}{R}} = \sqrt{\frac{2 \times 40 \times 10\,000}{10} \times \frac{10+8}{8}} = 424.2(\text{吨})$$

$$A = \sqrt{\frac{\text{EOQ} \times H}{H+R}} = \sqrt{\frac{424.2 \times 10}{10+8}} \approx 15.35(\text{吨})$$

5. 价格折扣条件下的 EOQ

为了鼓励大批量购买，供应商往往在订购数量超过一定量时提供优惠的价格。这个事先规定的数量标准，称为折扣点。在这种情况下，折扣之前和折扣之后的价格肯定不同，买方应对享受折扣前和享受折扣后的总费用进行计算和比较，以确定是否需要增加订货量去获得折扣。

在价格折扣条件下，尽管目标函数仍是极小的采购总成本，但却无法通过求导得到。但可以按下列步骤进行确定最佳的订货批量。

首先，分别计算不同价格下的 EOQ，并确定该 EOQ 是否有效。如果该 EOQ 落在相应价格起点的最小订货量和最大订货量之间的区间，则该 EOQ 有效，否则无效。无效时，若该 EOQ 落在相邻较高价格的相应订货数量区间，则以相应较低价格起点的最小订货量作为该区间的有效 EOQ；若该 EOQ 落在相邻较低价格的相应订货数量区间，则无解。

其次，计算以每一个有效的 EOQ 订货的年库存总成本。

最后，比较以上计算出的各年采购总成本，选取总成本最小的订货量即为最佳订货批量。

例 4-4 某企业每年需要采购甲零件 10 000 只，每次订货成本为 100 元，单位价格 16 元，单位储存成本为价格的 50%。供应商为促进销售，制订采购价格折扣策略。一次购买 520 只以上(含 520 只)，价格优惠 10%；若一次购买 800 只以上(含 800 只)，优惠 20%。试确定最佳订货批量。

解： 已知 $D=10\,000$ 只/年，$P_0=16$ 元/只，$F=50\%$，$C_0=100$ 元，$P_1=16 \times 0.9=14.4$ 元/只，$P_2=16 \times 0.8=12.8$ 元/只。

根据题意，制订价格折扣区间表，如表 4-3 所示。

表 4-3　价格折扣区间

折扣点(订货量区间)	$0<Q<520$	$520 \leqslant Q < 800$	$Q \geqslant 800$
折扣价格/(元/只)	16	$16 \times 0.9=14.4$	$16 \times 0.8=12.8$
计算的区间 EOQ/只	500	527	559
该 EOQ 是否有效	有效	有效	无效，取 800
年度采购总成本/元	164 000	147 794.73	131 810

(1) 分别计算不同价格下的 EOQ，并确定该 EOQ 是否有效。

$$P_0=16, \quad \text{EOQ} = \sqrt{\frac{2C_0 D}{P_0 F}} = \sqrt{\frac{2 \times 100 \times 10\,000}{16 \times 50\%}} = 500(\text{只})$$

EOQ=500，落在 0～520 区间，即 $0<500<520$，该 EOQ 有效。

$$P_1=14.4, \quad \text{EOQ} = \sqrt{\frac{2C_0 D}{P_1 F}} = \sqrt{\frac{2 \times 100 \times 10\,000}{14.4 \times 50\%}} = 527(\text{只})$$

EOQ=527，落在 520～800 区间，即 520<527<800，该 EOQ 有效。

$$P_2=12.8, \quad EOQ = \sqrt{\frac{2C_0D}{P_2F}} = \sqrt{\frac{2\times100\times10\,000}{12.8\times50\%}} = 559(只)$$

EOQ=559，未落在 Q≥800 区间，即 559<800，该 EOQ 无效，则取 EOQ=800。

(2) 计算以每一个有效的 EOQ 订货的年采购总成本。

$$P_0=16, \quad TC_0 = P_0D + \sqrt{2C_0DH}$$
$$= 16\times10\,000 + \sqrt{2\times100\times10\,000\times16\times50\%}$$
$$= 164\,000(元)$$

$$P_1=14.4, \quad TC_1 = P_1D + \sqrt{2C_0DH}$$
$$= 14.4\times10\,000 + \sqrt{2\times100\times10\,000\times14.4\times50\%}$$
$$= 147\,794.73(元)$$

$$P_2=12.8, \quad TC_2 = P_2D + C_0\times\frac{D}{Q} + \frac{1}{2}HQ$$
$$= 12.8\times10\,000 + 100\times\frac{10\,000}{800} + \frac{1}{2}\times(12.8\times50\%)\times800$$
$$= 131\,810(元)$$

(3) 确定最佳订货批量。根据最小总成本原则，由表 4-3 可知，按照 800 只的批量订货可使年度采购总成本最低为 131 810 元，因此，确定的最佳订货批量为 800 只。

另外，以此题为例，对同一价格折扣条件下不同采购量的年度库存总成本进行比较，也可以证明前述计算决策的合理性。如选取同一折扣条件(单价为 14.4 元)下，同一档订货批量下的三个订货批量分别是 521 只、530 只和 799 只，分别计算这三种采购批量下各自的年度库存总成本分别为 147 794.99 元、147 794.79 元和 148 127.96 元。

可见，在同一折扣条件下，选取下限计算出的采购总成本低于同档下其他采购数量所对应的采购总成本，因而可以在存在数量折扣条件下，特别是当计算某个价格下的 EOQ 未能落在相应价格起点的最小订货量和最大订货量之间的区间而无效时，就可以相应价格起点的下限，即区间最小订货量作为该区间的有效 EOQ。

6. 分批均匀进货的经济订货批量(或称经济生产量 EPQ)

前面所述均为假设所订货物量一次全部到货入库，而在实际工作中，有时不可能在瞬间就完成大量进货，而是分批均匀进货，甚至一边进货一边出货(进货速度大于出货速度)，直到库存量最高。这时不再继续进货，而只是出货，直到库存量降低到安全库存量，又开始新一轮的库存周期循环，如图 4-5 所示。分批均匀进货的经济批量，仍然是追求采购总成本最低的经济订货批量。

假设进货速度为 d_1，出货速度(即为需求速度)为 d_2，且 $d_1>d_2$，T_1 为一次均匀补充库存直至最高库存量需要的时间，满足一个订货周期 T 的需用量，即 $Q = d_1T_1 = d_2T$。总采购成本最低的经济订购批量为

$$EOQ = \sqrt{\frac{2C_0D}{H}} \cdot \sqrt{\frac{d_1}{d_1-d_2}}$$

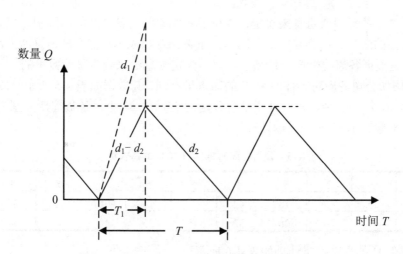

图 4-5 分批均匀进货的经济订货批量

相应的经济订购次数和订购周期为

$$N^* = \frac{D}{EOQ} = \sqrt{\frac{DH}{2C_0}} \cdot \sqrt{\frac{d_1 - d_2}{d_1}}$$

$$T^* = \frac{360}{N^*}$$

最低的采购总成本为

$$TC^* = PD + H \cdot EOQ = PD + \sqrt{2C_0DH} \cdot \sqrt{\frac{d_1}{d_1 - d_2}}$$

(二)固定期间法

固定期间法(FPR)的主要特点是：每次采购的订货间隔期间是固定的(如每个月的第一周下订单)，但是每次的订购数量都因剩余库存的不同而发生变动，一般是按期间将各天的净需求进行汇总后再进行批量调整，因而这种方法可节约成本；凭过去的经验或主观判断来选择订货间隔期的长短；每期都会有剩余存货。如果需求相对稳定，且供应商信誉良好，采用该法对双方都有利，可以考虑周期性订货。

如根据各周的生产计划需求，运用固定期间法确定采购数量，如表 4-4 所示。

表 4-4　固定期间法确定采购数量

时间/周	0	1	2	3	4	5	6	7	8	9	10	合计
净需要量			10	10		14	7	36		25		102
计划到货量			25			55			30			110
计划订货量		25			55			30				110

注：订货提前期 $L-1$ 周。

(三)固定数量法

固定数量法(FOQ)的主要特点是：以净需求为基础，每次订购的数量都相同，而订购数量的多少是凭过去的经验或直觉来决定；也可能考虑某些设备或产能的限制、模具的寿命、包装货运输方面的限制、储存空间的限制等；不考虑订购成本和储存成本这两项因素。

例 4-5 就是根据各周的生产计划需求，运用固定数量法来确定采购数量的。

例 4-5 假如公司各周对零件 H 和 E 的需求量不同，其数据如表 4-5 所示，又已知上期库存量分别为 40 个、45 个，每次订货批量分别为 55 个、48 个，备货周期分别为 1 周和 2 周，据此编制对零件 H 和 E 的采购订货计划表。

表 4-5　公司各周对零件 H 和 E 的需求量

时间/周	1	2	3	4	5	6	7	8	9	10
H 需要量	20	45	18	42	5	15	36	15	25	30
E 需要量	45	20	28	32	45	35	16	56	34	21

解：对零件 H 的采购订货计划如表 4-6 所示。

表 4-6　零件 H 的采购订货计划表

时间/周	0	1	2	3	4	5	6	7	8	9	10
H 总需要量		20	45	18	42	5	15	36	15	25	30
预计库存量	40	20	30	12	25	20	5	24	9	39	9
计划到货量			55		55			55		55	
计划订货量		55		55			55		55		

【技能训练 4-4】

试编制零件 E 的采购订货计划表，如表 4-7 所示。

表 4-7　零件 E 的采购订货计划表

时间/周	0	1	2	3	4	5	6	7	8	9	10
E 总需要量		45	20	28	32	45	35	16	56	34	21
预计库存量											
计划到货量											
计划订货量											

(四)批对批法

批对批法(LPL)的主要特点是：对每一期的净需求都产生计划订单，即每次发出的订购批量与每一期的净需求数量相同；每一期均不留库存数；如果订购成本不高且对物料没有特殊需求，那么这种方法最适用。

例 4-6　已知某公司生产的产品 A 由 3 个 B 部件和 1 个 F 部件组成。其中，B 部件由 4 个 C 零件和 1 个 D 零件构成，F 部件由 6 个 G 零件和 1 个 H 零件构成，D 零件又由 2 个 E 零件构成，H 零件又由 1 个 E 零件和 1 个 K 零件构成。已知客户对产品 A 的需求总量为 100 个，现有的零部件库存量如表 4-8 中第二列数字所示。请分别确定其他各零部件的总需要量和实际需求量(净需求量)，并填入表 4-8 中。

解：

表 4-8　产品 A 及其零部件实际需要量计算表

名　　称	库 存 量	总需要量	实际需求量(净需求量)
A	0	100	100-0=100
B	250		
C	14		
D	20		
F	16		
G	54		
H	10		
E	40		
K	6		

除了以上所讲的四种方法之外，还有一种非常重要且有效的方法——物料需求计划法(MRP)，其用法将在项目八中详细讲述。

【任务实施】

在这个任务中，核心环节是确定最佳的订货批量，"最佳"在于使得该公司在自行车内外胎采购项目上所花费的年度总成本最低。完成这个任务应该是很顺利的。

参考答案：EOQ=2000 套，最佳订货次数为 10 次，最佳订货间隔期为 36 天，年度总成本为 1 000 200 元。

按此思路，加工生产一辆自行车所需要的其他零部件中需采购的项目该如何采购，你的方案该怎样制订呢？请于课下尝试完成。

【任务小结】

在"确定采购量"任务中，我们通过一个具体的学习任务——帮助飞达自行车公司确定合适的订货批量并且制订订货方案，了解到为完成该任务需要做很多基础工作，如收集、汇总、确定采购量需用到的基础资料数据、进行年度采购总成本分析、选择确定最佳订货批量的方法。这些基础工作对于确定最佳订货批量很有帮助。

另外，我们还探讨学习了经济订货批量法、固定期间法、固定数量法和批对批法。实际上，后三种方法也为项目八中的 MRP 打下了基础。

任务二　编制采购计划

【任务目标】

知识目标：

(1)　知道采购申请的各种形式；

(2)　掌握采购计划编制的主要内容。

技能目标：

(1) 会填制采购申请单；

(2) 会编制简单的采购计划。

素质目标：

(1) 热爱采购工作，具有工作责任心；

(2) 树立为生产服务的观点，具有协同和沟通精神。

【任务描述】

在任务一"确定采购量"中，我们通过一系列基础工作，暂时对飞达自行车公司 2020 年飞达牌自行车安排了 10 000 辆的年度生产任务，进而以其所用的主要部件之一——内外胎为例，定性地为其提供了选择合适供应商的基本思路和做法，并确定了最佳的订货方案。

假设在其他零部件或物料方面该公司也提出了最佳订货方案，然后该做些什么呢？

【任务分析】

如果在其他零部件或原材料方面该公司也提出了最佳订货方案，接下来要做的当然是制订采购计划，做出采购预算。具体步骤是请购(请决策层批示)、采购、验货、付款、投入生产满足需求。

【任务资讯】

一、采购申请

(一)采购申请的提出

采购申请又称请购，是指由企业内各需求部门向负责采购的部门提出在未来一段时间内所需物品的种类以及数量等相关的信息，并填制一定的表格交给采购部门。

采购的源头是企业的某一部门或岗位提出的对某一物料的需求。我们将提出需求的某一部门或岗位称为"需求方"，如生产车间和项目建设需要原材料和半成品、办公室工作人员需要办公用品等，其中的生产车间、项目组和办公室等都是需求方。

采购申请由物料的使用者提出。提出采购申请的物料使用者就是采购申请者。

正常情况下，采购申请的时间一般是在月末、季末或年末；但是一些特殊情况，特别是紧急需求的情况，也可以随时接受申请。

(二)采购申请单(表)的形式及其内容

1. 采购申请单(表)的内容

采购申请单(表)是采购作业的起点，通常是指由使用部门或需求部门填写签发的单据。其内容通常包括以下几点。

(1) 需求单位。申请者所在的单位或部门，也就是需要物料的单位或部门。

(2) 需求品种、规格、型号。比如需求的是螺母，那么需要的是外六角螺母，还是内六角螺母，直径是 14mm 的，还是 17mm 的。

(3) 需求数量。需求单位或部门需要物料的确切数量。

(4) 需求时间。物料需求一定要在规定的时间送到需求单位，否则就会影响正常生产。

(5) 物料的用途。所需的物料做什么用，是否是必需品，如果所申请的不是必需品，那么就不需要采购。

(6) 特别要求。所需要的物料是不是有特殊的要求，比如防水、防火或者耐磨等。

2. 采购申请的文件名称

在不同的企业中，采购申请的文件名称主要有采购申请表、采购申请单、请购单、请购计划(表)和物料需求计划(表)等，但无论哪种文件名称，除了其主要内容随请购的物料特性和用途的不同而不同之外，在表现形式上大体相同，只是细节上的差别。如表 4-9 所示的某企业采购申请单和表 4-10 所示的某企业请购单。

表 4-9　采购申请单

部门：　　　　　　　　　　　　　　　　　　　　　年　　月　　日

序　号	物料名称	料　号	规　格	申购数量	库存量	单　位	需求日期	标准用量

注：本表由申购部门填写，一式两份：一份留底，一份送采购部。

表 4-10　请购单

序　号	品　名	品　牌	规　格	数　量	估计单价	预算金额	采购地	用　途

申请部门：　　　　　　　　　　　　　　　　申请人：

采购人：　　　　　　　　　　　　　　　　　局长审批：

　　　　　　　　　　　　　　　　　　　　　年　　月　　日

(三)采购申请的格式

1. 单项独立物品采购申请单

这种采购申请单用于申请采购单项独立物品，一般是临时性采购物品的采购申请单，如表 4-11 所示。

表 4-11　物品采购申请单

申购单编号：SHJD—2015-001

申请部门	实训部	申请时间	2019 年 9 月 8 日
物资名称	座机电话	型号	TCL908
技术标准	带来电显示	数量	5 部
预计价格	88 元/部	要求到位时间	2019 年 10 月 10 日
用途描述	用于校内实训基地内线		
申请原因	学院校内实训基地建设所需硬件		

申请人：汪洋　　　　　　　　　　　　　　　　日期：2019 年 9 月 8 日

2. 多项独立物品的采购申请单

这种采购申请单用于申请采购多项独立物品。一般是一个单位的申请采购物品的汇总清单。表 4-12 所示为学院实训部请购单。

表 4-12　请购单

序号	品名	品牌	规格型号	单位	数量	估计单价	预算金额	用途
1	U 盘	金士顿	2GB	只	10	65 元	650 元	资料储存
2	移动硬盘	希捷	40GB	只	2	450 元	900 元	资料储存
3	录音笔	译讯通	32M/9 小时	支	10	200 元	2000 元	资料收集
4	激光打印机	联想		台	2	1200 元	2400 元	资料打印
合　计					24		5950 元	

申请部门：学院实训部　　　　　　　　　　申请人：汪洋

采购人：　汪洋　　　　　　　　　　　　　院长审批：李伟

　　　　　　　　　　　　　　　　　　　　　　　　2019 年 10 月 20 日

3. 同一产品相关多项原材料采购申请单

这种采购申请单主要用于同一个产品(或部件)的多项相关原材料的采购申请。它实际上是该产品(或部件)的物料需求清单，各种物料互成一定比例，写在一起，方便计算和审核。表 4-13 所示为采购申请计划表。

表 4-13　采购申请计划表

序号	品名	品牌型号	单位	数量	估价/元	预算金额/元	用　途
1	资料袋		个	100	3	300	
2	中性笔	天卓 0.5mm	支	2000	2	4000	奖品(套)发放
3	笔记本		本	100	5	500	
4	计算器		台	100	80	8000	
合计						12 800	

申请人：汪洋　　　　　　　　　　　　　　　日期：2019 年 9 月 10 日

(四)采购申请的审核

1. 采购申请审核的必要性

(1)　需要考虑采购的可行性。确认本企业现有库存无法满足需求后，才能进行采购。

(2)　需要考虑采购的价值成本。生产部门只懂得生产，不懂得资源市场产品情况，而且采购不需要生产部门支付费用，因此采购的价值成本观念不强。采购部门要对企业的生产负责，要对采购申请进行审核。

(3)　需要考虑库存控制。库存数量多少对企业有很大影响，库存多了会占用资金，容易造成产品积压，增加库存管理费用；库存少了会影响正常的生产活动。库存数量多也不好少也不好，申请的数量是不是最佳的采购数量，是否考虑了库存控制，能不能多一点或少一点，这些都需要采购部门考虑。

2. 采购申请审核需要提出的问题

(1)　是不是非要采购这个品种，考虑资源市场的产品变革，有没有其他更好的替代品？市场上可能已经出现了更好的品种，生产部门并不清楚，但是采购部门清楚，因为采购部门直接同资源市场打交道，所以要考虑是否有更好的替代品。

(2)　是不是非要采购这么多的数量，考虑采购价值和成本、考虑库存控制的需要，能不能少一点或多一点？

(3)　这个品种的需求时间是不是可靠，考虑采购价值和成本、考虑库存控制的需要，可不可以推后或提前？

(4)　这个品种采购有没有什么特别要求，考虑采购价值和成本、考虑库存控制的需要，这些要求是不是必要，有没有实现的可能性？

(五)采购任务清单的形成

在规定的时间，各需求部门根据部门需要填写并向采购部门递交采购申请，然后，采购部门就要进行统计归纳，具体做法如下。

(1)　按品种汇总，把相同的品种按不同的采购要求依次分别汇总成同一个品种的不同采购要求序列。

(2)　按品种类别汇总，形成同一个大类、小类的品种序列。

(3)　按供应商汇总，形成同一个供应商的品种序列。

(4)　按采购地区汇总，形成各个地区的供应商和品种序列。

例如，表4-14所示为某企业按品种、类别、供应商和地区汇总的采购任务清单，而表4-15所示为按地区、供应商、品种和类别汇总的采购任务清单。

表4-14　按品种、类别、供应商和地区汇总的采购任务清单

品种	硬盘 1000				光驱 1000			
类别	80G　500		160G　500		8X　500		16X　500	
供应商	希捷 200	三星 300	希捷 200	三星 300	三星 300	Sony 200	三星 300	Sony 200
地区	北京	深圳	北京	深圳	深圳	北京	深圳	北京

表4-15　按地区、供应商、品种和类别汇总的采购任务清单

地区	北京				深圳			
供应商	希捷		Sony		三星			
品种	硬盘		光驱		硬盘		光驱	
类别	80G	160G	8X	16X	80G	160G	8X	16X
	200	200	200	200	300	300	300	300

这样汇总，不但弄清了需要采购什么、采购多少、到哪里去采购的问题，而且还为解决怎样采购的问题提供了线索。例如，哪些品种可以实现联合采购、哪些品种需要单独采购、哪些品种需要紧急采购等。它为制订采购战略、选择采购方法、制订采购计划、分派采购任务提供了依据。

二、采购计划的编制

编制采购计划包括两部分：采购认证计划编制和采购订单计划制订。

(一)采购认证的基本步骤

采购认证是指企业采购人员对采购环境进行考察并建立采购环境的过程。采购认证根据项目的大小、期限的长短等采取不同的认证方法。对于需要与供应商合作开发项目的采购方(如汽车业)来说，就有必要进行采购认证。采购认证的基本步骤如表4-16所示。

表4-16　采购认证的基本步骤

认证步骤	步骤内容
①认证准备	熟悉需要认证的物料项目→价格预算→研究项目质量需求标准→了解项目的需求量→准备好物料认证所需的资料
②初选供应商	确定社会供应群体范围→研究供应商提供的资料并向该群体发放调查问卷→实地考察→与供应商谈判→发放认证说明书→要求供应商提供改善报告→供应商参与竞标
③试制认证	签订试制合同→向初选供应商提供项目试制资料→供应商准备样件→过程协调监控→调整技术方案→供应商提供样件→样件评估→确定样件供应商
④中试认证	签订中试合同→向样件供应商提供项目中试资料→供应商准备小批件→过程协调监控→调整技术方案→供应商提供小批件→中试评估
⑤批量认证	签订批量合同→向中试供应商提供项目批量生产资料→供应商准备批量件→过程协调易控→调整技术方案→供应商提供批量件→批量评估
⑥认证供应评估	制订供应评估计划→采购部门绩效评估→采购角色绩效评估→供应商绩效评估→调整采购环境

(二)采购认证计划

采购认证计划包括准备认证计划、评估认证需求、计算认证容量、制订认证计划。

1. 准备认证计划

这是整个采购认证工作的起点，是采购计划的第一步，也是非常重要的环节。

(1) 接受开发批量需求。开发批量需求有两种情形：一种是现有的采购环境中可以选择的物料供应；另一种是现有采购环境无法提供的新产品，需要寻找新的物料供应商，或者需要与供应商共同开发新产品。

(2) 接受余量需求。一是由于需求的快速增长，采购环境的供应量不能支持物料采购的需求；二是该种物料的采购需求持续下降，采购处于萎缩状态，导致采购环境的供应量缩小而无法满足采购需求。这两种情况都会产生余量需求(即未被满足的需求)，因而要求对采购环境扩容。

(3) 准备认证环境资料。采购环境包括认证环境和订单环境。认证环境是对认证过程的保证。认证过程是供应商样件、小批件和批量试制过程，需要有供应商的可靠技术支持。

(4) 制订认证计划说明书。认证计划说明书包括物料项目明细、需求数量、认证周期，同时应附有开发批量需求计划、余量需求计划和认证环境等资料。

2. 评估认证需求

(1) 分析开发批量需求。开发批量需求形式多样，可按需求环节分为研发物料开发的认证需求和生产批量物料的认证需求；按采购环境分为环境内和环境外物料需求；按供应状况分为直接供应物料需求和需要定制物料需求等。

(2) 分析余量需求。对于因市场需求造成的余量需求，可以通过市场及生产需求计划得到各种物料的需求量和需求时间；对于因供应商减少造成的余量需求，可以通过分析现采购环境的总体订单容量与原订单容量的差别确定。这两种余量相加就形成总的需求余量。

(3) 确认认证需求。根据开发批量需求及余量需求的分析结果确认需求。

3. 计算认证容量

(1) 分析项目认证资料。要求计划人员具备财务、市场、技术等综合分析能力，尽可能熟悉物料采购项目的认证资料。

(2) 计算总体认证容量。供应商认证容量与订单容量是不同的。一般来说，供应商不愿做样品的认证，而只希望批量订单。因此，在供应商认证合同中，应说明认证容量与订单容量的比例，防止供应商只做批量订单，不做样件认证。计算采购环境的总体认证容量是把采购环境中所有供应商的认证容量加总，并要对某些供应商的认证容量进行适当折扣。

(3) 计算承接认证量。供应商承接认证量等于当前供应商正在履行认证的合同量。由于周期不同，一般是计算某一段时间的承接认证量。

(4) 确定剩余认证容量。某一物料的所有供应商的剩余认证容量的总和，称为该物料的剩余认证容量。可用公式表示为

$$物料剩余认证容量 = 物料供应商群体总体认证容量 - 承接认证量$$

认证容量是一个近似值，仅作参考，认证计划人员对此不可过高估计，但它能指导认证过程的操作。

采购环境中的认证容量不仅是采购环境的指标，也是企业不断创新、维持持续发展的动力源。源源不断的新产品问世是基于认证容量价值的体现。

4. 制订认证计划

(1) 对比认证需求与认证容量。如果认证需求小于认证容量，可直接按认证需求制订

认证计划；如果供应商容量远不能满足认证需求量，对于剩余的认证需求要制订采购环境之外的认证计划。

(2) 综合平衡。综合考虑市场、生产、认证容量、物料生命周期等要素，判断认证需求的可行性，通过调节认证计划尽可能地满足认证需求。对剩余认证需求需要到企业采购环境之外的社会供应群体之中寻找容量。

(3) 确认余量认证计划。对于采购环境不能满足的剩余认证需求，应与采购环境外的供应商制订认证计划，确保余量认证计划的执行。

(4) 制订认证计划。制订认证计划需确定认证物料的数量和开始认证的时间。其中：

认证物料数量=开发样品需求数量+检验测试要求数量+样品数量+机动数量

开始认证时间=要求认证结束的时间-认证周期-缓冲时间

(三)采购订单计划

采购订单计划是指在认证计划的基础上制订的实际采购清单。采购订单计划主要包括准备订单计划、评估订单需求、计算订单容量、制订订单计划四个环节。

1. 准备订单计划

(1) 接受市场需求。市场需求是启动生产供应程序的原动力，要想制订比较准确的订单计划，首先必须掌握客户订单和市场需求计划。客户订单和市场需求计划的进一步分解便得到生产需求计划。企业的年度销售计划一般在上一年的年末制订，并报送至各个相关部门，同时下发到销售部门、计划部门、采购部门，以便指导全年的供应链运转，然后再进行目标分解。

(2) 接受生产需求。生产需求对采购来说可以称为生产物料需求。生产物料需求的时间是根据生产计划产生的，通常生产物料需求计划是订单计划的主要来源。采购计划人员需要熟知生产计划以及工艺常识，以利于理解生产物料需求。编制物料需求计划的主要步骤包括：决定毛需求、决定净需求、对订单下达日期及订单数量进行计划。

(3) 准备订单环境资料。订单环境是在订单物料的认证计划完毕之后形成的。订单环境的资料主要包括：订单物料的供应商消息、订单比例信息(对多家供应商的物料来说，每一个供应商分摊的下单比例称之为订单比例，该比例由认证人员产生并给予维护)、最小包装信息、订单周期决定。

(4) 制订订单计划说明书。也就是准备好订单计划所需要的资料，其主要内容包括：物料名称、需求数量、到货日期等，附件有市场需求计划、生产需求计划、订单环境资料等。

2. 评估订单需求

评估订单需求是采购计划中非常重要的一个环节，只有准确地评估订单需求，才能为计算订单容量提供参考依据，以便制订出好的订单计划。它主要包括以下三个方面的内容。

(1) 分析市场需求。制订订单计划需要分析市场要货计划的可信度。因此，必须仔细分析市场签订合同的数量、还没有签订合同的数量(包括没有及时交货的合同)等一系列数据，同时考虑其他因素，对市场需求有一个全面的了解，这样才能制订出一个满足企业远期发展与近期实际需求的订单计划。

(2) 分析生产需求。首先要研究生产需求的产生过程，其后再分析生产需要量和要货时间，因此要对生产产品的品种、数量、规格、时间、消耗定额、库存数量进行核算。

(3) 确定订单需求。根据对市场需求和对生产需求的分析结果，可以确定订单需求。订单需求的内容是指通过订单操作手段，在未来指定的时间内，将指定数量的合格物料采购入库。

3. 计算订单容量

若不能准确地计算订单容量，就不能制订出正确的订单计划。计算订单容量主要有以下四个方面的内容。

(1) 分析项目供应资料。在目前的采购环境中，所要采购物料的供应商信息是一项非常重要的资料。如果没有供应商供应物料，那么无论是生产需求还是紧急的市场需求，一切都无从谈起。可见，供应商的物料供应是满足生产需求和紧急市场需求的必要条件。

(2) 计算总体订单容量。总体订单容量是多方面内容的组合。一般包括两方面内容：一是可供给的物料数量，二是可供给物料的交货时间。例如，供应商金城公司在 11 月 30 日之前可供应 6 万个特种开关(A 型 3 万个，B 型 3 万个)，供应商佳华公司在 11 月 30 日之前可供应 10 万个特种开关(A 型 6 万个，B 型 4 万个)，那么 11 月 30 日之前 A 和 B 两种开关的总体订单容量为 16 万个，A 型开关的总体订单容量为 9 万个，B 型开关的总体订单容量为 7 万个。

(3) 计算承接订单容量。承接订单容量是指某供应商在指定的时间内已经签下的订单量。承接订单容量的计算过程较为复杂。例如，供应商金城公司在 11 月 18 日之前可以供给 5 万个特种开关(A 型 3 万个，B 型 2 万个)，若是已经承接 A 型特种开关 2.5 万个，B 型 1.5 万个，那么对 A 型和 B 型开关已承接的订单量=A 型 2.5 万个+B 型 1.5 万个=4 万个。有时在各种物料容量之间进行借用，并且存在多个供应商的情况下，其计算比较复杂。

(4) 确定剩余订单容量。剩余订单容量是指某物料所有供应商群体的剩余订单容量的总和。可用下面的公式表示：

物料剩余订单容量=物料供应商群体总体订单容量-已承接订单量

4. 制订订单计划

制订订单计划是采购计划的最后一个环节，也是最重要的环节，主要包括对比需求与容量、综合平衡、确定余量认证计划。

(1) 对比需求与容量。在需求小于容量的情况下，依据物料的需求制订订单计划；在供应商容量小于企业物料需求量的情况下，要求在平衡环节对剩余物料的需求重新制订认证计划。

(2) 综合平衡。综合考虑市场、生产、订单容量等要素，分析物料订单需求的可行性和必要性，调整订单计划，计算容量不能满足的剩余订单需求。

(3) 确认余量认证计划。对于剩余需求，提交认证计划制订者处理，要确认能否按物料需求规定的时间和数量交货。

(4) 制订订单计划。订单计划做好之后就可以按照计划进行采购工作。一份订单包含的内容有下单数量和下单时间两个方面。

下单数量=生产需要量-计划入库量-现有库存量+安全库存量

下单时间=要求到货时间-认证周期-订单周期-缓冲时间

(四)编制采购计划

采购计划是根据生产部门或其他使用部门的采购需求制订的包括采购物料名称、采购数量、需求日期等内容的计划表格。它大体可以分为以下三个阶段。

1. 准备阶段

编制采购计划的人员要发动群众(特别是较为了解市场情况的采购员与推销员)献计献策,要在保证物料使用功能的条件下,认真审定所需采购的物料,努力降低物料采购成本。

同时,要制订数据收集工作的相关制度,做好内外部资料收集工作。对于企业内部,收集"一手"数据资料,要挖掘物料潜力,修订好物料消耗定额;预计好期末库存,以便做好物资平衡。对于企业外部,要有数据资料收集的主动意识,广泛收集如产品样本、出厂价格、产品质量、运费、市场货源、市场价格、产地、规格、数量等情况,以便有选择地安排采购计划。

另外,在编制采购计划的过程中,认真审查选定的物料在技术、经济和供应条件等方面是否合理。

2. 平衡阶段

在该阶段的主要工作是对部门需要与已有资源在数量、品种、规格上进行平衡,同时对于各类物料之间进行平衡衔接。物料平衡的实质就是如前所述的企业采购需要量的确定,其计算公式为

某种物料的采购数量=该种物料的本期需要量+期末预计库存数量-

期初库存量-企业内部可利用资源

企业通常利用物资平衡表来进行物资平衡工作,如表 4-17 所示。

表 4-17 物资平衡表

编号	物料名称	计量单位	计划期需用量①	计划期末余量②	预计期初库存③	企业可利用资源			平均余缺⑦	确定采购量⑧	备注
						合计④	原来入库量⑤	改用⑥			
						④=⑤+⑥			⑦=①+②-③-④	⑧=⑦	

【技能训练4-5】

某机械厂组装车间平均每周需到仓库提取 50 个零件 E,预计本月底库存余量为 30 个。已知该零件可用其他零件改制,数量为 35 个,本月订货 100 个,根据订货计划可知下月月初到货入库,另打算下月底预留库存 44 个。请做出该零件 E 的下个月需用平衡表。

3. 编制计划阶段

物料采购计划都是由下而上逐级进行编制,各级物料申请单位可根据各自情况提出计

划期需用量，编制出物料申请计划，并按规定时间和要求逐级汇总上报。基础单位的物料申请计划是上一级单位申请采购计划的基础，所以一定要如实填报。

总之，编制物料采购计划是从一个更高的层面上确保市场采购工作做得更为成功和完善，而这又是一项很复杂、很细致的工作。

【任务实施】

需对任务一"确定采购量"中所得到的数据进行汇总，提出采购申请，形成采购任务清单，进行综合平衡，确定最终的采购数量，进而编制采购计划。

在项目三中，我们假设飞达自行车公司对 2020 年飞达牌自行车总的生产任务安排是 10 000 辆，其所用的主要部件之一——内外胎最终由某专业轮胎厂提供，每套(内外胎各一条)价格为 50 元，其年储存成本是 0.1 元/(套·年)，每次订货成本为 10 元。

假定批量订货，一次到货。EOQ＝2000 套，最佳订货次数为 10 次，最佳订货间隔期为 36 天，年度采购总成本为 1000 200 元。

现以零库存的思想进行考虑，编制 2020 年度的内外胎采购计划，如表 4-18 所示。

表 4-18　2020 年度飞达自行车公司内外胎采购计划表

产品名称：自行车	年度：2020								材料名称：内外胎		
摘　要	第一季度		第二季度		第三季度		第四季度		全　年		
预计生产量	2000		2500		3000		2500		10 000		
材料消耗定额	2		2		2		2		2		
预计生产需求量	4000		5000		6000		5000		20 000		
加：期末预存量	0		0		0		0		0		
预计需求量合计	4000		5000		6000		5000		20 000		
减：期初预存量	0		0		0		0		0		
预计采购量	4000		5000		6000		5000		20 000		
经济订货批量	2000	2000	2000	2000	2000	2000	2000	2000	2000	2000	次数
前置期(天)	2	2	2	2	2	2	2	2	2	2	
预计订货时间	0101	0206	0313	0418	0524	0629	0804	0909	1015	1120	10次
预计到货时间	0103	0208	0315	0420	0526	0701	0806	0911	1017	1122	

【任务小结】

在"编制采购计划"任务中，我们通过一个具体的工作任务——帮助飞达自行车公司对生产加工 10 000 辆飞达牌自行车所需的零部件或原材料制订出了采购计划。在这个任务中，我们了解到为完成该任务也需要做很多基础工作，如提出采购申请、形成采购任务清单、综合物料平衡，按照既定程序制订采购计划。

任务三　编制采购预算

【任务目标】

知识目标：
(1) 知道预算的作用、种类；
(2) 掌握采购预算的几种方法。

技能目标：
(1) 会安排采购预算工作；
(2) 会运用适当方法编制采购预算。

素质目标：
(1) 热爱采购工作，具有工作责任心；
(2) 树立为生产服务的观点，具有协同和沟通精神。

【任务描述】

在"确定采购量"和"编制采购计划"任务中，我们通过一系列基础工作，暂时为飞达自行车公司安排了 10 000 辆的年度生产任务，进而以其所用的主要部件之一——内外胎为例，定性地为其确定了最佳的订货方案，然后为其所需的零部件或原材料先提出采购申请、形成采购任务清单、进行综合物料平衡，按照既定程序制订采购计划。接下来要做的自然是根据制订的采购计划，做出采购预算。

思考：如何做出采购计划和采购预算？要注意哪些问题呢？

【任务分析】

若要完成此任务，需明确以下几个问题。
(1) 什么是预算？预算的种类有哪些？
(2) 采购预算的编制步骤和方法有哪些？飞达自行车公司的采购预算该如何编制？

【任务资讯】

一、预算与采购预算概述

1. 预算的定义

所谓预算，就是一种用数量来表示的计划，是将企业未来一定时期内经营决策的目标通过有关数据系统地反映出来，是经营决策具体化、数量化的表现。

编制预算的原则：一要实事求是；二要积极稳妥、留有余地；三要比质比价。

2. 预算的种类

预算的类别不同，所起作用也不同。根据不同的分类标准，可以把预算进行不同分类。
(1) 根据时间的长短，可以将预算分为长期预算和短期预算。长期预算是时间跨度超过一年以上的预算，主要涉及固定资产的投资问题，是一种规划性质的资本支出预算。长期预算对企业战略计划执行有重要意义，其编制质量的好坏将直接影响到企业的长期目标能否实现，影响到今后较长时间内的发展。短期预算是企业一年内对财务经营等方面所进行的总体规划的说明。短期预算是一种执行预算，对业务计划的实现影响重大，如某项促销活动的预算、某次业务推广的预算等。

(2) 根据预算涉及的范围可以将预算分为全面预算和分类预算。全面预算又称为总预算，是短期预算的一种，涉及企业的产品或服务的现金收支等各方面的问题。总预算由分类预算综合而成。分类预算种类多种多样，有基于具体活动的过程预算，有各分部门的预算(对于分部门来讲，这一预算又是总预算，因此，分预算与总预算的划分是相对的)。

(3) 总预算根据其内容的不同分为财务预算、决策预算和业务预算三类。财务预算是指企业在计划期内有关现金收支、经营成果以及财务状况的预算，主要包括现金预算、预计损益表、预计资产负债表等；决策预算是指企业为特定投资决策项目或一次性业务所编制的专门预算，其目的是为了帮助管理者做出决策；业务预算则是指计划期间日常发生的各种经营活动的预算，包括销售预算、成本预算、管理费用预算等。采购预算就是业务预算的一种，它们的编制将直接影响到企业的直接材料采购预算、制造费用预算等。

3. 采购预算的含义

所谓采购预算，就是指采购部门在一定的计划期间(年度、季度或月度)对需采购的物料所编制的用款计划。传统采购预算的编制是将本期应购数量乘以各项物料的购入单价，或者按照物料需求计划(MRP)的请购数量乘以标准成本，即可获得采购金额预算。为了使预算对实际的资金调度有意义，采购预算应以现金为基础编制。也就是说，采购预算应以付款的金额来编制，而不是以采购的金额来编制。

二、采购预算的编制步骤

通常制造企业是根据企业的销售计划制订生产计划，其生产计划包括采购预算、直接人工预算和制造费用预算。因此，可将采购预算看成是企业采购部门为配合年度的销售预测或生产数量而对需求的原材料、物料、零部件等的数量及其成本的估计。采购预算如果单独编制，不但缺乏实际的应用价值，也失去了其他部门的配合，所以采购预算的编制，必须以企业整体预算制度为依据，如图4-6所示。

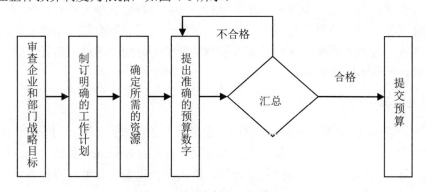

图 4-6　采购预算的编制步骤

三、采购预算的编制方法

1. 固定预算

固定预算(Fixed Budget)又称静态预算,是以预算期内正常的、可能实现的某一业务量(如生产量、销售量)水平为固定基础,不考虑可能发生的变动因素而编制预算的方法。它是最传统也是最基本的预算编制方法。固定预算法是按照预算期内可能实现的经营活动水平确定相应的固定预算数来编制预算的方法。

一般来说,固定预算只适用于业务量水平较为稳定的企业或非营利组织。

2. 弹性预算

弹性预算(Flexible Budget)是固定预算的对称,又称变动预算,是指在成本按其性态分类的基础上,以业务量、成本和利润之间的依存关系为依据,按照预算期可预见的各种业务量水平,编制能够适应不同业务量预算的方法。正是由于这种预算可以随着业务量的变化而反映各该业务量水平下的支出控制数,具有一定的伸缩性,因而称为"弹性预算"。

用弹性预算的方法来编制成本预算时,其关键在于把所有的成本划分为变动成本与固定成本两大部分。变动成本主要根据单位业务量来控制,固定成本则按总额控制。成本的弹性预算方式如下:

$$成本的弹性预算=固定成本预算数+\sum(单位变动成本预算数×预计业务量)$$

弹性预算方法适用于各项随业务量变化而变化的项目支出,如学校的货物采购项目,由于学生的招生规模变化很大,因而可以根据预算年度计划招生人数、在校学生人数测算应添置的课桌凳和床的数量、教学楼防护维修或其他采购项目。

3. 滚动预算

滚动预算又称连续预算或永续预算,是指在编制预算时,将预算期与会计年度脱离开,随着预算的执行不断延伸补充预算,逐期向后滚动,使预算期始终保持在一个固定期间的一种预算编制方法。也就是根据上一期的预算指标完成情况,调整和具体编制下一期预算,并将预算期连续滚动向前推移的一种预算编制方法。滚动预算的编制,可采用长计划、短安排的方式进行。即在编制预算时,可先按年度分季,并将其中第一季度按月划分,编制各月的详细预算。其他三个季度的预算可以粗一些,只列出各季度总数。等到第一季度结束前,再将第二季度的预算按月细分,第三、四季度及下一年度第一季度只列出各季度总数,依此类推,使预算不断地滚动下去并按预算期随着时间的推移而自行延伸来进行预算的一种方法。其基本做法如图4-7所示。

4. 零基预算

零基预算(Zero-base Budgeting,ZBB),是指不考虑过去预算项目和收支水平,以零为基点编制的预算。零基预算主要是作为计划工具,而不是控制或评估的工具。因此,作为编制具有法律效力的国家年度财政收支计划,即国家预算的预算编制方法来说,零基预算法具有明显的优越性。

和传统预算编制方法相比，零基预算具有以下优点：①有利于提高员工的"投入—产出"意识；②有利于合理分配资金；③有利于发挥基层单位参与预算编制的创造性；④有利于提高预算管理水平。

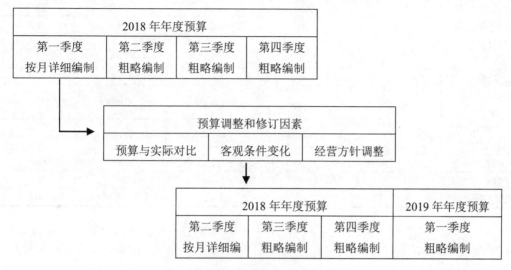

图 4-7　滚动预算编制做法示意图

5. 概率预算

概率预算(Probabilistic Budgeting)是指对在预算期内不确定的各预算构成变量，根据客观条件，做出近似的估计，估计它们可能变动的范围及出现在各个变动范围的概率，再通过加权平均计算有关变量在预期内的期望值的一种预算编制方法。

由于预算是在对企业未来各项经济活动预测和估计的基础上编制的，而影响预算对象的某些因素有可能是事先无法确定和肯定的。这就要求根据有关因素的预计值和变动的可能性(概率)，计算确定预算对象在某种状态下的期望值，然后根据期望值确定预算对象的概率预算数，这种利用概率分析方法编制的预算就称为概率预算。

概率预算属于不确定预算，但弹性预算属于确定预算。概率预算一般适用于难以准确预测变动趋势的预算项目，如开拓新业务等。

【任务实施】

飞达自行车公司所需物料诸如车架、车轮(含轮圈、车胎、辐条、气门芯等)、车座、车把、脚蹬、挡泥板、线闸等，这些物料中有些是部件、有些是零件，最终组装成一辆整车。而这些零部件有的需公司自行制造加工(自行制造也需外购原材料)，有的需要外购或由协作厂加工。因此，对于需外购的物料要先制订采购计划，进而编制采购预算。现以内外胎为例采用固定预算法编制其采购预算，如表 4-19 所示(按经济订货批次结算)。

表4-19 2020年度飞达自行车公司内外胎采购预算

产品名称：自行车			年度：2020				材料名称：内外胎			
摘　要	第一季度		第二季度		第三季度		第四季度		全　年	
预计生产量	2000		2500		3000		2500		10 000	
材料消耗定额	2		2		2		2		2	
预计生产需求量	4000		5000		6000		5000		20 000	
加：期末预存量	0		0		0		0		0	
预计需求量合计	4000		5000		6000		5000		20 000	
减：期初预存量	0		0		0		0		0	
预计采购量	4000		5000		6000		5000		20 000	
经济订货批量	2000	2000	2000	2000	2000	2000	2000	2000	2000	2000	预算合计
材料单价/元	50	50	50	50	50	50	50	50	50	50	
预算金额/万元	10	10	10	10	10	10	10	10	10	10	100

注：对于需外购的其他物料也可参考本例编制其采购预算，请同学们课下自行尝试或在教师指导下实践。

【任务小结】

在"编制采购预算"任务中，我们通过一个具体的学习任务——飞达自行车公司 2020 年外购物料的采购预算，了解到为完成该任务需要明确采购预算的方法，学会运用适当的方法进行预算的编制，为采购工作的有序进行打好基础。

项 目 测 试

【应知测试】

一、填空题

1. 确定采购量的基础资料通常有＿＿＿＿＿＿、＿＿＿＿＿＿、＿＿＿＿＿＿、物料的独立需求与相关需求资料等。

2. 采购计划的编制大体可以分为＿＿＿＿＿阶段、＿＿＿＿＿阶段和＿＿＿＿＿阶段。

3. 采购订单计划主要包括＿＿＿＿＿＿、＿＿＿＿＿＿、＿＿＿＿＿＿和＿＿＿＿＿＿四个环节。

4. 采购总成本主要包括＿＿＿＿＿＿、＿＿＿＿＿＿、＿＿＿＿＿＿和＿＿＿＿＿＿。

5. 采购预算的编制方法主要有＿＿＿＿＿＿、＿＿＿＿＿＿、＿＿＿＿＿＿、＿＿＿＿＿＿和＿＿＿＿＿＿。

6. 编制预算的原则主要有＿＿＿＿＿＿、＿＿＿＿＿＿和＿＿＿＿＿＿。

二、单选题

1. 以下哪一项不属于经济订货批量基本模型的假设条件？（　　）

A. 需求速率固定　　　B. 订货提前期固定　　C. 没有数量折扣　　　D. 多品种

2. 适用于规模较大、时间较长的工程类或大型设备采购项目的是( )。

A. 固定预算　　　　　B. 弹性预算　　　　　C. 滚动预算　　　　　D. 零基预算

3. 认证物料数量=开发样品需求数量+( )+样品数量+机动数量。

A. 检验测试要求数量　　　　　　　　B. 试生产数量

C. 开发批量　　　　　　　　　　　　D. 调整样品数量

4. 采购认证的流程是( )。

A. 选择供应商→初次试制认证→批量认证→认证评估

B. 认证准备→初选供应商→初次试制认证→中试认证→批量认证→认证供应评估

C. 环境评估→供应商评估→批量供应能力评估→供应时间评估

D. 供货渠道评估→供应商信誉认证→供应商能力认证

5. 供应商甲公司在 11 月 30 日之前可以供给 6 万个零件，其中 A 型 2 万个，B 型 4 万个，若已经承接了 A 型 2 万个，B 型 2 万个。请问承接订单容量是( )万个。

A. 6　　　　　　　　　B. 2　　　　　　　　　C. 4　　　　　　　　　D. 不确定

6. 固定数量法的主要特点是( )。

A. 每次订货量相同，订货周期不固定

B. 订货周期固定，每次订货量不固定

C. 每次订货量相同，订货周期也固定

D. 每次订货量不固定，订货周期也不固定

7. 固定期间法的主要特点是( )。

A. 每次订货量相同，订货周期不固定

B. 订货周期固定，每次订货量不固定

C. 每次订货量相同，订货周期也固定

D. 每次订货量不固定，订货周期也不固定

三、多选题

1. 物料管制卡上应记明的事项主要有( )。

A. 材料名称　　　　　　B. 材料编号　　　　　　C. 储位号

D. 领料单位　　　　　　E. 订购点

2. 一份订单包含的内容有( )两个方面。

A. 下单时间　　　　　　B. 生产时间　　　C. 下单数量　　　D. 库存数量

3. 滚动预算方法有非常明显的优点，包括( )。

A. 保持预算的完整性、继续性　　　　B. 全盘规划企业活动

C. 工作量大　　　　　　　　　　　　D. 便于及时修订预算

E. 预算与实际情况更相适应

4. 保管成本也称储存成本或持有成本，是指库存物资在保管过程中发生的一切成本费用，包括( )。

A. 保管用具、用料成本费用　　　　　B. 税金以及保险成本费用

C. 保管工人工资、福利　　　　　　　D. 库存资金应支付的银行利息

E. 物料在收货、存储和搬运时发生的成本费用

5. 以下属于 EOQ 模型假设条件的是( )。

    A. 需求速率均匀且为常量   B. 订货提前期不变   C. 允许缺货

    D. 没有数量折扣   E. 资金可用性无限制

四、判断题

1. 根据生产计划和物料清单计算出的物料采购需求就是实际的采购数量。   ( )

2. 保管成本与订货批量无关。   ( )

3. 在年需求量一定的情况下，订货费与每次订货量的大小成正比。   ( )

4. 准备认证计划是整个采购认证工作的起点，是采购计划的第一步。   ( )

5. 采购订单计划是指在认证计划的基础上制订的实际采购清单。   ( )

五、简答题

1. 决定采购量的基础资料有哪些？

2. 怎样理解 EOQ 的强壮性？

3. 在价格折扣条件下如何确定 EOQ？

4. 采购认证的基本步骤有哪些？

5. 采购预算的编制步骤有哪些？

【应会测试】

1. 永恒公司是一家制造工业产品的企业，每年需采购零件 10 000 只，购买价格为 16 元，每次订购成本为 100 元，每只零件保管成本为 8 元。求该零件的 EOQ、订货次数和订货间隔期及年度采购总成本。

2. 某企业每月需购进某种物资 500 件，每次订货成本为 40 元，每件每月储存费为 4 元。由于企业资金条件的限制，希望减少订购数量，以总存储成本和订货成本不超过最佳订购量时总存储成本和订货成本的 10% 为订购策略，求这时的最佳订货批量。

3. 某企业每年需要购买 K 型物资 1500 个，单价为 15 元/个，年保管费率为 16%，每次订货费为 200 元。要求：

(1) 计算经济订货批量 EOQ 和此时的采购总成本。

(2) 若允许缺货，且年缺货费为 5 元/个。若其他条件不变，允许缺货的经济批量是多少？平均缺货量是多少？

(3) 若存在数量价格折扣：一次订货量小于 700 个，单价为 15 元/个，订货量大于或等于 700 个，单价为 12 元/个。若其他条件不变，最佳订货批量是多少？与折扣前相比节省多少费用？

4. 某企业仓库 H 型零件年需求量为 60 000 个，一次订货费为 100 元，H 型零件的单价为 50 元，单位零件的保管费率为单价的 20%，进货速度为 6000 个/月。试计算该零件的在分批连续进货条件下的经济批量、每年的采购总成本、每年的订货次数和订货间隔周期。

5. 参考滚动预算的编制思路和方法，请做出个人的每月生活费预算。

项目五　供应商的选择与管理

【项目导入】

供应商的选择和管理是一个很重要的物流决策问题。企业应本着什么样的宗旨去选择供应商？如何去评价和考核已选定的供应商？对于评价结果不理想或考核业绩较差的供应商应采取什么样的措施等，这些都是企业在选定和管理为数众多的供应商时要考虑的问题。

【项目展开】

为了系统而直观地学习相关知识，我们可将该项目按照以下两个工作任务进行展开。

任务一　供应商的开发与选择
任务二　供应商管理

在各个工作任务中，我们都将按照任务目标、任务描述、任务分析、任务资讯、任务实施和任务小结的顺序详细讲述。

任务一　供应商的开发与选择

【任务目标】

知识目标：
(1) 了解供应商选择的标准；
(2) 知道供应商开发的过程；
(3) 掌握供应商选择的方法。

技能目标：
(1) 会运用合适的方法对供应商进行选择；
(2) 会设计适合自己企业选择供应商的标准。

素质目标：
(1) 热爱采购工作，具有工作责任心；
(2) 树立为生产服务的观点，具有协同和沟通精神。

【任务描述】

某机械公司生产的制动器需要一种特殊的冲压件，目前有 5 家供应商表示可满足供应。经过对供应商的调查之后，汇总出 5 家供应商资料统计表，如表 5-1 所示。该公司明确了选择供应商的 6 个影响因素，并确定了其权重指数，分别为价格(50%)、质量(20%)、供货期(15%)、付款条件(8%)、运输(5%)和包装(2%)。请结合该公司自身有关条件帮助其选择供应商。

表 5-1　5 家供应商资料统计表

供应商	价格 (50%)	质量保障 (20%)	供货期 (15%)	付款条件 (8%)	运输(5%)	包装(2%)
A	8000	3 个月	现货	90 天	出厂，另加 5%	无包装，估计包装费 2%
B	9500	2 年	2 个月	60 天	到厂	单件包装
C	8700	6 个月	现货	90 天	出厂(同城)	有托架，无包装
D	9000	1 年	1 个月	30 天	出厂，另加 3%	纸箱包装，3 个/箱
E	9250	1 年	3 个月	30 天	到厂	包装带托架，5 个/箱

【任务分析】

现在需要明确以下几个问题。

(1) 明确供应商的作用是什么？如何开发供应商？

(2) 进行供应商选择的时候要参考什么标准？整个过程怎样开展？

(3) 用哪种科学的方法选择供应商？

【任务资讯】

一、供应商的作用

致力于供应链管理的企业通过减少采购品种的范围、将采购量汇总到几家供应商，缩小为一个较小的供应商范围，并与这几家供应商建立长期战略联盟。例如，施乐公司和克莱斯勒公司在 20 世纪 80 年代将其供应商缩减了 90%。一个有效的供应商联盟对企业的竞争优势可以起到补充和辅助的作用，对其成功至关重要。为支持企业的全部业务和供应链战略，明智的采购经理会基于供应商的发展，培育一个健康的供应商联盟。

除了提供采购物品外，一家出色的供应商还可以提供：①产品和加工技术以支持买家的运营，特别是产品设计；②有关最新的物料、加工和设计的信息；③有关供应市场的信息，如短缺、价格上涨、政治形势，这些都会影响主要物料的供应；④满足非预期需求的能力；⑤经济批量带来的成本优势，因为供应商更愿意为不同的用户生产大量相同的产品。

二、供应商选择的标准

供应链管理模式追求供应链所有成员的完美组合以求共赢，它要设计一种风险最低的合理的供应商结构，并谋求长期稳定的合作关系。各方的利益不再是对立的而是合作型的伙伴关系。因此，它对供应商的选择管理较传统观念有着根本的不同，可分为任务相关标准和伙伴相关标准。

(一)任务相关标准

(1) 顾客观念。供应链管理要求供应商应具有为顾客着想，对顾客的需求迅速反应的观念。供应商服务水平高，表现在对顾客高度负责、主动热诚、认真服务，并且售后服务制度完备、服务能力强，能够及时发现消费者对属于自己问题的意见并迅速联合采购方改进并反馈给消费者，直至其满意为止。

(2) 提供产品与服务到位。供应商应以一致与可靠的方式提供产品与服务。在产品质量方面供应商应该做到提供的产品合格、交货准时、交货的数量准确；在信用方面供应商应认真履行自己承诺的义务，对合作的事业高度认真负责，在往来账目中做到不欠账、不拖欠。如此供购双方才能产生信任，以实现长期合作、荣辱与共的目的。

(3) 应变能力。供应商应该能够适应不断变化的商业环境，提高应急能力，随时提供符合标准的产品和服务，不会对客户的供应系统造成中断。这要求供应商在客观的硬件上做到生产技术、设备先进，设计开发能力强，产品的技术含量高，甚至能够把握本领域未来的发展方向；在主管管理上有坚强有力的领导系统、高水平的生产管理系统和质量管理保障体系。

(4) 生产设备。生产设备的评估取决于评估的目的。例如，要评估生产机械，取决于生产什么产品。总之，应该注意以下几个方面：供应商是否拥有制造所需产品的全套机械设备；若有设备上的短缺，将如何克服；设备是否先进，是否妥善保养维护(机器故障会影响交货)；工厂设备的布置是否合理；是否有明确迹象显示有较高的厂房管理水平；供应商是否应用了诸如计算机辅助设计(CAD)、计算机辅助制造(CAM)或柔性制造系统(FMS)等软件；是否有健康和安全措施的规定。

(5) 人力资源。企业人力资源的状态，将对一个企业的当前状态以及未来状态产生很大的影响。人力资源如何以及是否合理地得到利用是供应商自身能力的重要体现。例如，一线生产者和管理员工的人数及比例；每个员工都有效利用还是有多余人员无所事事；管理层人员的姓名、职称、学历、资格和经验；供应商是否拥有完整的管理和行政人员的培训方案；团队精神和权力下放的激励程度；员工的流动数量；员工对企业的态度，员工对满足客户需求的关心程度；企业文化的主旨等。

(6) 供应商的质量。质量是采购方最为看重的采购因素之一。因此，对供应商的选择需要了解供应商在质量方面所做的工作和质量保障体系的建立情况。具体包括：供应商是否达到相关国际质量认证标准(国标、ISO、行业认证)；供应商是否有产品达到某种质量标准或认证；是否已具备检验和测试所购物资材料的方法步骤；供应商具备哪些检验和测试手段；在质量方面采用什么样的统计管理和控制方法；质量控制是否包括对分包商的鉴定；供应商是否能够保证买方可以放心地免除进货时的检验，这一点对"及时供应"特别重要。

(7) 信息能力。供应商应建立有效的信息系统，与采购企业共享相关信息。通过互联网进行采购交易已经是大势所趋。供应链管理模式下应该合理考察供应商的信息能力。例如，供应商有没有网站；网站提供哪些信息；供应商的电子商务能处理什么样的业务活动；供应商是否通过互联网减少或免除文档工作、缩短订单周期、减少库存、提供有关产品和库存的实时信息、提供合作计划、集成供应链运作。

(8) 财务能力。供应商的财务状况应保证其有能力应付不同问题。财务指标是评估供应商的重要指标。通过选取相关的财务指标可以有效降低选取财务状况不稳定的供应商的风险，也可以反映供应商自身的成长性。应该建立一套评价供应商财务能力的合理机制。通常，公司内部的财务人员可以通过研究供应商过去 3 年或 4 年的年度财务报告和分类账目来进行评估。供应商的信用情况也可用银行提供的信用参考或者委托第三方机构获取相关财务状况进行评估。

(二)伙伴相关标准

(1) 着眼大局、互信互谅、长期合作。供应商应从供应链管理总渠道或供应链的系统观念着眼，与采购方沟通彼此经营的目标与动力，以此为出发点处理彼此的关系。强调与采购方之间的长期关系，是合约者而非交易者的关系。企业应与供应商之间建立互惠互利的密切合作关系，并贯彻在每一项具体的采购业务中，以鼓励续供或者吸引新的供应商。

(2) 企业文化哲学一致。供应商与企业的文化与哲学一致，具有共同目标。这样双方才可能形成真正的共同利益，供应链的各个节点才能有力地连接，达到信息的快速流通，实现价值的最完美的增加，整个供应链也才能最终畅通无阻。

(3) 共担风险，共享利益。供应商应具有与采购方共担风险、共享利益的观念。供应链模式下的供购双方是建立在高度信任的基础之上，相互之间都把对方看作自己的延伸，因此，对对方的关心程度大大提高，平时利益共享，甚至相互投资、参股，以保证双方的利益一致性。一旦一方有困难，供应链上下游的合作伙伴应该伸出援助之手。例如，海尔公司与其供应商商定在其产品萧条时期，由供应商提供部分投资以帮助海尔渡过难关，待海尔的销售高峰期到来时给予他们优先定购海尔产品的权利。

三、供应商的开发与调查

所谓供应商开发，就是要从无到有地寻找新的供应商，经过不断的积累，建立起适合企业需要的供应商队伍。供应商的开发过程一般是从需求出发，通过制订开发进度表，收集新供应商信息，联系供应商，然后到实地调查、认证等一系列步骤有条不紊地进行，做到有计划、有目的、有时间安排、有人员安排。

那么，如何从无到有地寻找到新的供应商并进入后续的开发认证环节呢？主要工作内容包括以下三个方面。

(一)发现供应商

对于公司采购部门而言，找到好的供应商，工作就轻松很多，只要按时下订单就好；如果找错了供应商，将会非常麻烦，会影响公司生产。因此，找到合适的供应商对于公司采购部门来说，是非常重要的。常用的供应商识别方法有以下几种。

1. 等待法

等待供应商或其信息出现在公司的门前、邮箱中或者电子邮箱中，这是一个简单且常用的方法。供应商及其销售代表总是在四处活动，寻求更多可以增加市场份额的机会。因此，公司最好是耐心等待，而不要急于采取行动。毕竟那些主动与公司接触的供应商可能会给公司带来一些好处，因为他们可能非常渴望与公司进行业务合作，这种积极性是很重要的。但是这些供应商却不一定是最有能力的供应商。实际上，他们中的一些可能只想利用短期内的商业机会，然后很快就消失掉了。因此，公司不能把这些供应商作为唯一来源。

另外，如果公司处于一个非常激烈的竞争环境中，公司更应该像那些供应商一样寻找新的商业机会。

2. 吸引法

如果公司具有一定的知名度，就能够很容易地吸引潜在供应商，但必须对吸引来的供应商进行仔细的鉴别。通常公司可以通过专业杂志或其他各种商业信息交换体系等，以广告的形式让供应商了解公司的采购需要。对于重要的采购物料，利用报纸广告邀请供应商报价是比较普遍的方法。目前，一些大公司经常采取这种方法。随着互联网的发展，一种新的、更有效的进行商业接触的媒体出现了。公司可以通过自己的网站向供应商传达需求信息。公司网站是公司对外展示的窗口，也是外界对公司的第一印象，而第一印象总是会保持很长时间。

3. 直接寻找法

公司可以从对供应商市场进行分析开始。这种方法可以帮助公司识别和评价潜在供应市场，以及存在的风险和机会，通过对供应市场进行细分确定最适合公司需要的细分市场(例如，国家、技术专利或供应渠道等方面)。通过这一分析，可以使公司只集中研究最有希望的细分市场，进而更容易地找到最适合的供应商。应当注意的是，公司应该把寻找供应商的努力重点放在具有最高优先级别的采购商品上，而且在数量方面要认真考虑，既不能太多也不能太少。目前，经常采用的寻找供应商的方法有：①网络(综合贸易和专业贸易的网络站点)，如采购员论坛、阿里巴巴、中国制造、中国出口、广交会网上展览等；②各地的电话黄页和白页；③媒体广告信息；④各种专业的刊物；⑤国内的相关展览会。

以上方法都能找到大量的供应商，但因为供应商的生产能力、交货时间、质量标准等将直接影响到企业的商业贸易和市场竞争，所以找好供应商后，筛选供应商就显得非常重要。

(二)筛选供应商

着手进行更全面的分析之前，公司应尽量剔除所有不可能满足采购需要的供应商。

1. 筛选供应商的目的

筛选供应商的目的是：①快速确定供应商是否值得被全面评估，以免在根本不可能被选中的供应商身上浪费时间；②在适当的情况下，将被评估的供应商数量降低到便于管理的数量。

2. 筛选供应商的标准

在筛选供应商这一步骤中，可以使用统一标准的《供应商情况登记表》来管理供应商提供的信息。这些信息应包括：供应商的注册地、注册资金、主要股东结构、生产场地、设备、人员、主要产品、主要客户、生产能力等。通过分析这些信息，可以评估其工艺能力、供应的稳定性、资源的可靠性，以及其综合竞争能力。在这些供应商中，剔除明显不适合进一步合作的供应商后，就能得出一个《供应商考察名录》。

在完成了一个或几个阶段的筛选工作后，公司就可以获得一个有限数量的供应商名单，这些供应商将是公司进一步全面评估供应商的对象。供应商筛选表如表5-2所示。

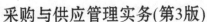
表 5-2　供应商筛选表

编号：　　　　　　　　　　　　　　　　　　　筛选日期：

采购项目		筛选供应商数量					筛选人员				
供应商名称	生产技术			设备情况			产品质量			服务水平			认证水平			管理水平		
	优	良	差	优	良	差	优	良	差	优	良	差	优	良	差	优	良	差
筛选结果																		
筛选总结																		

总经理审批意见：

日期：　　　　年　　　月　　　日

(三)调查供应商

完成供应商筛选后，针对目标供应商要进行详细的供应商调查，具体过程如下。

1. 资源市场分析与调查

资源市场分析与调查的具体内容和目的，如表 5-3 所示。

表 5-3　资源市场调查与分析比较

项目	资源市场调查	资源市场分析
内容	①资源市场的规模、容量、性质；②资源市场的环境如何，如管理制度、法制建设、市场规范化程度、经济环境和政治环境等；③资源市场中各个供应商的情况如何，对众多供应商的调查资料进行分析，可得出资源市场自身的基本情况	①确定资源市场是紧缺型市场还是富余型市场，是垄断型市场还是竞争型市场；②确定资源市场是成长型市场还是没落型市场，如果是没落型市场，要趁早准备替换产品；③确定资源市场总的水平，并根据整个市场水平来选择合适的供应商
目的	进行资源市场分析	指导企业进行资源市场的选择和选择供应商

2. 供应商初步调查

供应商初步调查是对供应商的基本情况的调查，主要是了解供应商的名称、地址、生产能力，能提供什么产品，能提供多少，价格如何，质量如何，市场份额有多大，运输进货条件如何等。

初步调查的目的，是为了了解供应商的一般情况，也就是为选择最佳供应商做准备，同时掌握整个资源市场的情况，因为许多供应商基本情况的汇总就是整个资源市场的基本情况。

(1) 初步调查的方法。初步调查的基本方法可以采用访问调查法，通过访问有关人员获得相关信息。例如，可以访问供应商单位市场部有关人员，或者访问有关用户，或有关市场主管人员,或者其他的知情人士。

进行供应商初步调查可以通过访问建立供应商卡片,详细记录获得的信息,以便企业在选择供应商时可以通过供应商卡片来选择。当然,供应商卡片也要根据情况的变化经常进行维护、修改和更新。

(2) 初步调查的主要内容。其主要内容包括:产品的品种、规格和质量水平是否符合企业需要,价格水平如何等。对可能的供应商有必要进行下面的分析:企业的实力、规模如何;产品的生产能力、技术水平、管理水平如何;企业的信用度如何;产品是竞争性商品还是垄断性商品;供应商相对于本企业的地理交通情况如何;进行运输方式分析、运输时间分析、运输费用分析,看运输成本是否合适。

供应商初步调查所获得的基本信息如表 5-4 所示。

表 5-4 供应商基本信息调查表

供应商名称(户头):			盖公章
税号:		盖税号章:	
企业曾用名:			
注册国家:		注册地区(省、直辖市、自治区):	
注册城市(市):			
联系人:		联系人职务:	
联系电话1:		联系电话2:	传真:
邮政编码:		电子信箱:	网址:
详细地址:			
以下为财务信息:			
国家:	开户行:		
银行账户:			
付款条件: ○网上支付 ○货到付款 ○订单付款			
付款方式:		结算币种:	

填表须知:①此表请用正楷字认真填写;②内容真实;③书写务必清晰准确,不得漏项。

3. 供应商深入调查

在完成对供应商的初步考察之后,公司会选择其中一些供应商做进一步的深入调查,尤其是对下面两种情况:一是准备发展成紧密关系的供应商;二是关键零部件产品的供应商。在选择这两类供应商的过程中,对供应商的实地考察至关重要。

在审核团队方面,必要时可以邀请质量部门和工艺工程师一起参与,他们不仅会带来专业的知识与经验,共同审核的经历也会有助于公司内部的沟通和协调。

在实地考察中,应使用统一的评分卡进行评估,并着重对其管理体系进行审核,如作业指导书等文件、质量记录等,要求面面俱到,不能遗漏。比较重要的项目如表 5-5 所示。

在考察中要及时与团队成员沟通,在总结会议中,总结供应商的优点和不足之处,并听取供应商的解释。如果供应商有改进意向,可要求供应商提供改进措施报告,做进一步评估。表 5-6～表 5-8 是评估中常用的表格。

表 5-5　供应商深入调查的项目及要求

项　目	工作要求
销售合同评审	要求销售部门对每个合同评估，并确认是否可按时完成
供应商管理	要求建立许可供应商清单，并要有有效的控制程序
培训管理	对关键岗位人员有完善的培训考核制度，并有详细的记录
设备管理	对设备的维护调整有完善的控制制度，并有完整的记录
计量管理	仪器的计量要有完整的传递体系，这是非常重要的

表 5-6　主要产品/服务

主要产品/服务名称	年生产数量	销售额/万元	该产品/服务占企业总销售额的比例/%	剩余产能(每月可生产的数量/单位)	产品量产时间	优势概述	说　明

表 5-7　主要客户/市场

主要客户名	行　业	地　区	销售给该地区/客户的主要产品/服务	该地区/客户占企业总销售额的比例/%	业务开始时间	说　明

表 5-8　关键生产设备

设备名称/型号	产　地	生　产　商	技术指标或优势简述	设备生产时间	数　量	同级设备购买计划

四、供应商的选择方法

选择供应商的方法很多，应根据具体的情况采用合适的方法。常用的方法主要有直观判断法、招标选择法、协商选择法、采购成本比较法和线性加权法等。

(一)直观判断法

直观判断法属于定性选择的方法，是根据征询调查所得的资料并结合采购人员的分析判断，对供应商进行分析、评价的一种方法。这种方法主要是倾听和采纳有经验的采购人员的意见，或者直接由采购人员凭经验做出判断。这种方法的质量取决于对供应商资料掌握是否正确、齐全和决策者的分析判断能力与经验。该方法运作简单、快速、方便，但是缺乏科学性，受掌握信息的详尽程度限制，常用于选择企业非主要原料的供应商。

(二)招标选择法

招标选择是采购企业采用招标的方式，吸引多个有实力的供应商来投标竞争，然后经过评标小组分析评比选择最优供应商的方法。当采购物资数量大、供应市场竞争激烈时，可以采用招标方法来选择供应商。

(三)协商选择法

协商选择法是由采购单位选出供应条件较为有利的几个供应商，同他们分别进行协商，再确定合适的供应商。协商选择法的优点是双方能充分协商，能确定更为合适的供应商，因而在商品质量、交货日期和售后服务等方面较有保证；但由于选择范围有限，不一定能得到最便宜、供应条件最有利的供应商。当采购时间紧迫、投标单位少、供应商竞争不激烈、采购物资和技术条件比较复杂时，协商选择法比较适用。

(四)采购成本比较法

对质量和交货期都能满足要求的合作伙伴，则需要通过计算采购总成本来进行比较分析。采购总成本一般是售价、订货费用、运输费用等各项支出的总和。采购成本比较法是一种通过对各个不同合作伙伴的采购总成本计算分析，选择采购总成本较低的合作伙伴的方法。

例 5-1　某公司采购某种设备，现有甲、乙两家供应商可供选择。甲的价格为 1100 元，包含运输和软件安装；乙的价格为 800 元，但需另付运输费 200 元和软件及安装费 150 元。请问应该买哪一家的产品？

分析：供应商甲的价格高于乙，但仅仅以价格进行比较是不公平的，乙的总的采购价格为 1150 元，比甲还要高出 50 元，因此，从采购成本和价格方面考虑还应选择甲。

(五)线性加权法

线性加权法的基本原理是给每个评价指标分配一个权重，每个供应商的定量选择结果为该供应商各项指标的得分与相应指标权重的乘积之和。通过对各候选供应商定量选择结果的比较，实现对供应商的选择。

选择供应商应参照一定的选择标准，也称评价指标。确定评价指标后，公司首先需要考虑的是如何将评价指标转变为可用于测量的标准，如果缺乏可测量性，公司就不能客观地评价和选择供应商。评价指标直接来源于既定的供应目标。因此，在线性加权法中，公司的供应目标以及根据供应目标所确定的评价指标的权重是两个最重要的因素。

1. 供应目标

如何设定评价指标的权重与公司采购商品的供应目标有关，供应目标是线性加权法中评价指标权重的设定基础。供应目标的优先级别取决于采购商品的性质以及该项目对公司的影响。例如，对于一些采购品，享有最高优先权的供应目标可能是获得最合适的设计和质量，而成本只是第二位要考虑的因素。这是因为这个采购品的设计和质量会对公司的竞争力以及盈利能力产生重要的影响。在其他情况下，成本又会成为极为重要的因素。例如，当采购需要支付大量资金的标准产品时，成本就会处于非常重要的位置。同样，在另一情况下，由于产品供不应求，公司最关心的可能是产品的可获得性。或者，当采购的是需要供应商售后支持的项目(如机械等)时，供应商的响应将成为公司关注的重点。

公司应该在明确采购要求和供应计划的最初阶段就确定供应目标。将供应目标与供应市场条件的评价结合起来，公司就可以制定出有效的供应策略，包括确定与采购品的一个或几个供应商之间应建立何种关系等。现在，公司就可以利用这些结果和优先级别设定评估指标及其权重了。

2. 确定权重

当确定评价指标的权重时，公司首先要考虑的问题应该是：在与采购相关的所有评价指标中，应该按照什么样的重要性顺序来排列这些指标以及如何量化其顺序？针对不同的采购对象，权重的设定相差很大。

在对供应商进行综合评定的基础上，建立科学的选择方法，根据项目类别及项目特点，首先确定在哪一等级的供应商中选择。对采购金额大、技术要求高的项目，通常在等级较高的供应商中选择；反之，则在等级较低的供应商中选择。表5-9为不同公司关于供应商的供应指标权重标准的设定表。

表 5-9　不同公司的供应指标权重设定表

沃克制造公司 (Walker Meaufacturing)		美国电话电报公司 (AT&T)		庄臣公司 (SC Johnson's Wax)		通用电话电子公司 (GTE)		康明斯公司	
因　素	权　重	因　素	权　重	因　素	权　重	因　素	权　重	因　素	权　重
质量	35%	质量可靠性	8%	质量	35%	质量	25%	质量	35%
交付	35%	交付	25%	交付	35%	价格	10%	交付	25%
价格	20%	经营问题	15%	价格	20%	客户服务	25%	价格	25%
支持	10%	认证	10%	支持	10%	产品质量	25%	主观	25%
		质量管理	12%						
		供应商合作	20%						

例 5-2　某家电公司采购某种电子元器件，现有甲、乙、丙三家供应商可供选择，该家电公司拟从中选择一家作为该电子元器件的协作厂。经过样品试制与认证，三家供应商在品质、交货日期、协作精神和价格方面的数据如表 5-10 所示，那么该选择哪一家作为协作厂？

表 5-10　三家供应商的供应指标数据

项　目	评价指标	评审单位	权重标准	认证得分		
				甲	乙	丙
1	品质	品管部	35%	95	96	95
2	交货日期	采购部	35%	96	97	93
3	协作精神	采购部	15%	90	88	90
4	价格	采购部	15%	90	92	88
合计			100%			

解：由题意可知，应采用线性权重法量化选择，选取的评价指标分别是品质、交货日期、协作精神和价格，其权重分别是 35%、35%、15% 和 15%。据此，计算结果如下：

$$T_{甲} = 95 \times 35\% + 96 \times 35\% + 90 \times 15\% + 90 \times 15\% = 93.85$$

$$T_{乙} = 96 \times 35\% + 97 \times 35\% + 88 \times 15\% + 92 \times 15\% = 94.55$$

$$T_{丙} = 95 \times 35\% + 93 \times 35\% + 90 \times 15\% + 88 \times 15\% = 92.5$$

因为乙得分最高，若不考虑其他因素，可选择乙作为协作厂。

【任务实施】

在这个任务中，核心环节是确定适当的选择评价方法。很明显，先对照 6 个评价指标给每个供应商进行打分，然后运用线性权重法选择合适的供应商。供应商的评分情况如表 5-11 所示。

表 5-11　供应商的评分情况统计

供应商	价格(50%)	质量(20%)	供货期(15%)	付款条件(8%)	运输(5%)	包装(2%)	总分
A	50	5	15	8	3	1	82
B	30	20	10	6	5	2	73
C	45	10	15	8	5	1	84
D	40	15	13	4	3	2	77
E	35	15	5	4	5	2	66

确定供应商方案：由以上供应商评分情况统计表可确定供应商 C 为主供应商；又因为 A 与 C 的得分较为接近，A 可为副供应商。

提示：上表中的打分分值只是参考，读者可根据自己的理解另行打分，请于课下尝试完成。

【任务小结】

在"供应商的开发与选择"任务中，我们通过一个具体的学习任务——帮助某机械公司选择合适的供应商，了解到为完成该任务需要做很多细节工作，如对供应商进行调查，收集汇总资料，然后选择合适的方法进行评价，根据各项指标分别比较各个供应商，最终做出选择等。总之，学会运用适当的方法选择适合企业的供应商，对保证供应非常有利。

任务二　供应商管理

【任务目标】

知识目标：

(1) 理解供应商关系管理的概念；

(2) 掌握供应商关系的分类。

技能目标：

(1) 会判断供应商关系的类型；

(2) 能对供应商进行绩效考评。

素质目标：

(1) 热爱采购工作，具有工作责任心；

(2) 具有综合考评供应商的能力。

【任务描述】

　　戴尔公司是一家国际化的计算机制造商，它通过科学的管理体制以及与供应商公平的利润分配机制支持供应商的发展，从而与供应商建立良好的战略合作伙伴关系。戴尔公司和供应商建有非常紧密的网络，每天都通过网络与供应商进行协调沟通，了解每个零部件的发展情况，并把自己新的要求及时发布在网络上，供所有的供应商进行参考，提高了与供应商之间的透明度和信息交流效率，激励供应商之间的竞争；供应商则随时向戴尔公司提供自己的最新产品发展技术、价格变化、存量等方面信息。通过网络沟通，密切了伙伴关系。

　　同时戴尔公司不断地对送货情况进行评测，并给供应商发出详尽的绩效报告，让他们准确地知道自己做了什么，与过去相比、与其他供应商相比，他们的绩效使他们处在什么位置。如果一批货送晚了，哪怕只是晚几分钟，戴尔公司也会主动签发一份书面(电子)征询函，并且提出相应的要求。戴尔公司鼓励供应商与之共同研究开发新产品，与供应商伙伴共享设计数据库技术和资源，大大加快了新技术的发展和推向市场的速度。

　　在利润上，戴尔公司除了要关注供应商的全部物流成本(包括运输、仓储、包装等费用)外，还要让其享受供货总额3%～5%的利润分配，给供应商发展机会。让各地区的供应商同时作为该地区销售代理商之一，这样供应商又可获得另外一部分相应的利润。

(资料来源：王征宇. 物流采购管理[M]. 北京：中国传媒大学出版社，2013.)

　　从上述案例可看出，戴尔公司通过与供应商进行良好的合作，建立伙伴关系，实现了双赢。那么，如何选择供应商并与其进行良好的合作，如何对供应商进行管理呢？

【任务分析】

如果你是采购部专项负责人，将面临以下问题：

(1) 如何让员工同你一样从思想上重视对供应商的管理？

(2) 怎样开展供应商管理工作？

(3) 如何对供应商进行绩效考评？对考评结果如何认识？

【任务资讯】

一、供应商管理的重要性

(一)供应商管理的概念

供应商是指那些向买方提供产品或服务并相应收取货币作为报酬的实体，是可以为企业生产提供原材料、设备、工具及其他资源的企业。供应商管理是指对供应商的了解、选择、开发、使用和控制等综合性管理工作的总称。供应商管理是一种致力于实现与供应商建立和维持长久、紧密伙伴关系，旨在改善企业与供应商之间关系的新型管理。

目前采购业务主要围绕采购过程控制和供应商关系管理两条线展开，两者之间通过供应商信誉信息和材料价格信息紧密联系着，两个业务过程的关系是相互依存、相互促进。在业务过程中，采购部门不断积累供应商信誉状况，包括供应商对采购需求的响应度、投标状况、交货准确率、产品和服务质量、技术支持等内容，不断"扶优劣汰"，持续考核和评估供应商，逐步建立优质和稳定的供应商体系。而在持续循环和优化的过程中，供应商不断提高产品的性价比，加强与采购方之间的关系；同样，对于采购方而言，通过建立优质供应商体系，解决了业务开展的资源困扰，可以不断提高供应商管理水平，减少对供应商主动维护的管理工作，提高采购业务工作效率，逐步打造整体供应链管理，实现整体控制，并降低采购总成本。

(二)供应商管理的基本流程

供应商管理流程包括多个步骤(见图 5-1)，该过程从确定进行潜在的供应商评估使用的标准开始，随后以这些标准为基础识别和筛选出想要评估的供应商，并为实现评估目标收集相关信息。

采购方应该为不同采购需求的相关评价标准设定不同的权重，并根据这些标准给不同的潜在供应商评定等级，从而得到最终的潜在供应商候选名单。评定等级工作完成后，采购方还要对所选定的供应商的优势和劣势进行分析，以预测可以从每一个供应商处得到的服务。采购方必须将评估结果记录在供应商数据库内。采购方应该与供应商分享已评定的结果，以便确定必要时可以采取何种措施帮助供应商发挥其潜力并提高供应水平。

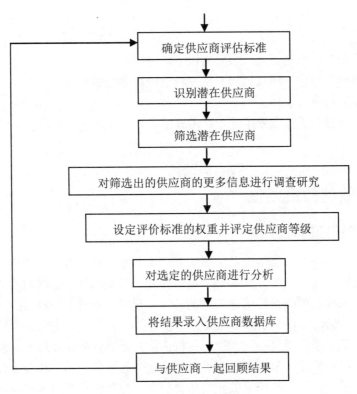

图 5-1　供应商管理的流程

二、供应商关系管理

(一)供应商关系管理的概念

供应商关系管理(Supplier Relationship Management，SRM)是企业供应链上的一个基本环节，它建立在对企业的供方以及与供应相关信息完整有效的管理与运用的基础上，对供应商的现状、历史、提供的产品或服务、沟通、信息交流、合同、资金、合作关系、合作项目以及相关的业务决策等进行全面的管理与支持。

供应商关系有两种模式：传统供应商关系与现代供应商关系。在过去，在双方交易过程中，交易价格往往成为双方力争的焦点，供应价格被视作一项主要成本(外购原材料/服务成本)，供应商管理的核心内容是如何降低价格。因此，通常采用公开招标、威胁、换人、谈判车轮战、延长付款期等方式迫使对方在价格上做出让步。尽管这些方法能够起到一定降低成本的作用，但会造成购销双方关系紧张，很难进行深入合作。在新的采购环境下，供应商关系发生了根本性变化，供应商正在从单纯的货物提供者转变为买方的战略性商业伙伴。买方更多地从双赢的目的出发帮助供应商改进流程，降低运营成本。同时买方通过减少供应商数目，一方面控制自身的供应商管理成本，另一方面增加单个供应商的采购量，以提高供应商的依赖度。

供应商关系随着经济的发展不断演变，由传统的竞争关系向双赢供需关系的方向发展。二者的区别如表 5-12 所示。

表 5-12　传统供应商关系与双赢供需关系的区别

区　别	传统供应商关系	双赢供需关系
货源情况	许多货源，大量存货	合作货源，少量存货
双方关系	短期、松懈	长期、紧密
竞争情况	恶性竞争，0-1 对策，你死我活	战略同盟，1+1>2 策略，伙伴双赢
采购运作	以最低的价格买到所需产品	采购总成本最低、整体供应链管理

　　目前，供应商关系管理在我国还处于初级阶段。但随着行业竞争的加剧，不稳定的供应商关系给企业带来的经营风险也越来越大。实践证明，战略供应商关系管理在一定程度上起到整合行业的供应链的作用，进一步优化资源配置，能够增强买卖双方的竞争优势，降低营运风险，对国内许多大型企业都有现实的借鉴意义。

【案例链接 5-1】

　　某电子公司的采购经理刚刚获悉，在提供给客户的设计方案中用到的一款器件在 3 个月前供应商就已经停产了。但制造部门已经利用该器件的库存进行了生产，并开始陆续交货。客户现在有新的订单进来，采购部门却无法获得之前所采用的器件，而这一器件的库存也已全部用完。现在需要采用新的器件重新设计方案，然后给客户确认，这一过程至少需要 1 个多月的时间，可是新订单却要求下周就交货。

　　想一想：为什么会出现这种情况？

　　双赢供需关系是指在相互信任的基础上，由双方为着共同的、明确的目标而建立的一种长期的、合作的关系，它要求双方有着共同的目标、相互信任、共担风险、共享信息、共同开发和创造。这是一种基于相互信任，通过彼此间的信息沟通，实现风险共担和利润共享的一种企业关系。

【小资料 5-1】

　　1989 年，克莱斯勒在完善与供应商关系方面又迈出了一大步，实施一项供应商成本降低计划。这项计划的意图很明确：一般汽车制造公司采用挤占供应商边际利润的方法，以达到降低自身成本的目的，而克莱斯勒则决定与供应商一起来研究如何降低零部件的成本。这项计划实施后，供应商的建议接踵而来，累计起来已有上万条。即便是一项很小的建议，只要提得合理，他们也都认真采纳。克莱斯勒由此节省的开支达 25 亿美元，而供应商也从这个计划中获得了相当的收益。

　　大量的实证研究证实了战略伙伴关系可以为企业创造新的利润空间。麦肯锡公司的一个研究结论表明：美国一个重要的机械设备设计和制造厂商，在供应商管理方面，每年投入 2.8 亿美元，因此节约的成本则为 50 亿美元。另一个年销售额大约为 100 亿美元的电子商，因战略联盟节约的成本大约为 5 亿～10 亿美元。由此可见，建立战略伙伴关系对企业意义重大。

　　（资料来源：潘波，等. 现代物流采购[M]. 北京：机械工业出版社，2005.）

(二)供应商关系的分类

　　为了建立全面、动态的供应商管理，需要对企业与供应商之间的关系有一个清楚的认识。一般来讲，企业与供应商的关系可分为以下几种。

1. 按与供应商的关系目标分类

(1) 短期目标型。短期目标型最主要的特征是双方之间的关系只是简单的交易关系，虽然双方都希望能保持比较长期的买卖关系，但所做的努力只停留在短期的交易合同上，各自关注的是如何谈判，如何提高自己的谈判技巧，努力不使自己吃亏，而不是如何改善自己的工作，使双方都能从合作中获利。

在这种合作关系下，供应商能够保证提供标准化的产品和服务，保证每一笔交易的信誉，但是当买卖关系结束后，双方的关系也就终止了。而且对于双方而言，只有相关的业务人员保持联系，其他部门的人员一般不参与双方之间的合作。

(2) 长期目标型。长期目标型的特征是建立一种合作伙伴关系，双方的工作重点是从长远的利益出发，相互配合，不断改进产品质量和服务水平，共同降低成本，以提高整条供应链的运作水平。同时，双方的合作范围遍及各自公司的多个部门。例如，由于长期的合作，企业可以对供应商提出新的技术要求，而如果供应商目前还没有这种能力，采购方就可以对供应商提供必要的技术和资金方面的支持，而且供应商的技术创新和发展也会促进企业产品改进。

在这种合作关系下，企业和供应商都认识到保持双方的长期关系是有好处的，双方都对为了共同的利益而改善各自的工作抱有极大的兴趣，并在此基础上建立起超越买卖关系的合作。

(3) 渗透型。渗透型是在长期目标型的基础上发展起来的，其管理思想是把对方看成自己公司的延伸，是自己的一部分，因此，双方对对方的关心程度大大地提高了。

为了保持这种关系，企业和供应商之间会在产权关系上采取适当的措施，如相互投资、参股等，以保证双方利益的一致性，在组织上有时也会采取相应的手段，双方都有机会加入对方的有关业务活动。日本的许多企业大都采取这样的方式来维持和发展双方的关系，比如丰田汽车就拥有众多供应商的股份。

(4) 联盟型。联盟型的供应商关系是从供应链管理的角度提出来的。其特点就是从更长的纵向链条上来管理链上成员之间的关系。在这种情况下，整个供应链管理的难度增加了，相应地也对供应链上各个企业的管理提出了更高的要求。正是这种由供应链管理带来的管理水平的提高，使得人们对于建立这样一种联盟关系充满了期待。

在这种关系的形成过程中，由于供应链上成员的增加，往往需要一个处于供应链核心地位的企业出面协调各成员之间的关系，这样的企业常常被称为"盟主"或"链主"。

(5) 纵向集成型。纵向集成型被认为是最复杂的供应商关系类型，即把供应链上的成员整合起来，像一个企业一样，但各成员是完全独立的企业，决策权属于自己。

在这种关系中，要求每个企业充分了解供应链的目标、要求，以便在充分掌握信息的条件下，自觉做出有利于整个供应链整体利益的决策。

2. 按供应商的重要程度分类

按供应商的重要程度分为"伙伴型"供应商、"优先型"供应商、"重点型"供应商和"商业型"供应商，如图 5-2 所示。

(1) "伙伴型"供应商是指如果本公司认为供应商有很强的产品开发能力，同时该采购业务对本公司非常重要，而且供应商认为本公司的采购业务对其也很重要，那么，这样的供应商就是"伙伴型"供应商。

(2) "优先型"供应商是指如果供应商认为本公司的采购业务对其非常重要，但该项业务对于本公司却并不是十分重要，这样的供应商无疑有利于本单位，则是本单位的"优先型"供应商。

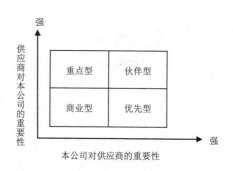

图 5-2　重要程度的供应商分类

(3) "重点型"供应商是指如果供应商认为本公司的采购业务对其无关紧要，但该采购业务对于本公司却是十分重要的，这样的供应商就是本公司需要注意改进的"重点型"供应商。

(4) "商业型"供应商是指对于那些对供应商和本公司来说均不是很重要的采购业务，相应的供应商可以很方便地选择和更换，那么与这些采购业务相对应的供应商就是普通的"商业型"供应商。

三、供应商绩效考评管理

供应商的考评是对已经通过认证的、正在为企业提供服务的供应商进行的定时监控、考核和评比。供应商考评的目的在于了解供应商的表现、促进供应商提升供应水平，并为奖惩供应商提出依据，确保供应商为企业提供优质的产品和服务。同时进行优胜劣汰，不断推陈出新，淘汰不合格的供应商，开发有潜质的供应商，为日后更好地完成供应活动打下良好的基础。

供应商的考评分为对潜在供应商的考评和现有供应商的考评。

(一)对潜在供应商的考评

1. 考评指标

对潜在供应商的考评指标主要集中于制造条件与技术水平、质量控制与售后服务、生产能力、管理能力和财务实力等。

2. 考评方法

对潜在供应商的考评方法包括：通过调查表的形式了解供货商的制造条件、技术水平和生产能力等指标。

(二)对现有供应商的考评指标

供应商的考评指标是对供应商进行综合评价的依据和标准。对现有供应商的考评，不同行业、企业同环境下的供应商评价标准会不同，但总的来说主要从产品、价格、供应状况及服务水平几个方面加以考虑。

1. 质量指标

(1) 产品质量指标。供应商产品质量指标是供应商考评的最基本指标，包括来料批次合格率、来料抽检缺陷率、来料在线报废率、供应商来料免检率等。其中，来料批次合格率是最为常用的产品质量考核指标之一。产品质量检查可分为两种，一种是全检，一种是抽检。全检工作量太大，一般采用抽检的方法。相关指标的计算公式为

来料批次合格率=(合格来料批次÷来料总批次)×100%

来料抽检缺陷率=(抽检缺陷总数÷抽检样品总数)×100%

来料在线报废率=来料总报废数(含在线生产时发现的)÷来料总数×100%

来料免检率=(来料免检的种类数÷该供应商供应的产品总种类数)×100%

退货率=(退货量÷采购进货量)×100%

(2) 工作质量指标。工作质量指标，可以用交货差错率和交货破损率来描述，其公式为

交货差错率=(期内交货差错量÷期内交货总量)×100%

交货破损率=(期内交货破损量÷期内交货总量)×100%

2. 供应指标

供应指标是同供应商的交货表现及供应商企划管理水平相关的考核因素，主要是考察供应商的准时交货情况，主要有准时交货率、未按时交货率、交货周期(交货周期是指自订单开出之日到收货之时的时间长度，常以天为单位)、订单变化接受率、总供货满足率、总缺货率等。相关指标的计算公式为

准时交货率=(按时按量交货的实际批次÷订单确认的交货总批次)×100%

订单变化接受率=(订单增加或减少的交货数量÷订单原定的交货数量)×100%

总供货满足率=(期内实际完成供货量÷期内应当完成供货量)×100%

总缺货率=(期内实际未完成供货量÷期内应当完成供货量)×100%

3. 价格指标

价格就是供货的价格水平。考核供应商的价格水平，可以和市场同档次产品的平均价和最低价进行比较，分别用市场平均价格比率和市场最低价格比率来表示。其公式为

平均价格比率=(供应商的供货价格-市场平均价) ÷市场平均价×100%

最低价格比率=(供应商的供货价格-市场最低价) ÷市场最低价×100%

4. 支持、配合与服务指标

支持、配合与服务指标主要考核供应商的协调精神。在和供应商的相处过程中，常常因为环境的变化或具体情况的变化，需要把工作任务进行调整变更，这种变更可能会导致供应商的工作方式的变更，甚至导致供应商做出一点牺牲。这时可以考察供应商在这方面积极配合的程度。相关的指标具体如下。

(1) 投诉灵敏度。投诉灵敏度主要是指供应商对订单、交货、质量投诉等反应是否及时，答复是否完整，对退货、挑选等是否及时处理。

(2) 沟通。沟通主要是指供应商是否派出合适的人员主动与本公司进行沟通，沟通手段是否符合本公司的要求。

(3) 合作态度。合作态度主要是指供应商是否将本公司看成是重要客户，是否能整体

配合并满足本公司的要求。

(4) 共同改进。共同改进主要是指供应商是否积极参与本公司相关的质量、供应、成本等改进活动，配合本公司开展质量体系审核等。

(5) 售后。售后主要是指供应商在供货任务完成后是否主动走访本公司，是否主动解决或预防问题发生，是否及时安排技术人员对发生的问题进行处理。

(6) 参与开发。参与开发主要是指供应商是否能参与本公司的前端研发设计及其他相关研发项目，且参与开发的过程表现如何。

(7) 其他支持。其他支持是指供应商是否积极接纳本公司提出的有关参观、访问事宜，是否积极提供本公司要求的新产品报价与送样，是否保证不与影响到本公司切身利益的相关公司或单位进行合作等。

(三)对现有供应商的考评方法

对供应商考评的方法很多，有定性分析法、定量分析法以及定性与定量相结合的方法。

1. 定性分析法

定性分析法主要是评估人员根据以往的资料和经验，对评估对象做出分析从而对供应商进行考评。如本项目任务一中提到的直观判断法、协商选择法就属于这样一种方法。该方法操作简单迅速，但有些时候不够精确。

2. 定量分析法

定量分析法主要采用定量计算的方式来进行供应商的考评，如本项目任务一中提到的采购成本分析法，这种方法需要准确的定量数据，在这个基础上用科学的方法进行分析与评估，最后确定每个供应商的考评结果。该方法准确科学，但系统全面的数据很难收集到，而且有些指标根本无法用数据来衡量。具体步骤为：①根据考评目标确立供应商考评的指标体系；②确定每个指标的权重系数；③进行综合评判。其公式如下：

$$Z_i = \sum y_{ij} \cdot W_j$$

式中：Z_i——第 i 个供应商综合评价值；

　　　y_{ij}——第 i 个供应商第 j 项指标的评价值；

　　　W_j——第 j 项指标的权重。

综合评价值越高，说明供应商总体绩效越好。表 5-13 为供应商考评的综合实例应用。

表 5-13　供应商绩效考评应用表

供应商名称			联系人		
地址与邮编			联系电话		
指　标	权　重	测量方法		得　分	考核人
价格	最高分 40 分 标准分 20 分	1. 根据市场最高价、最低价、平均价、自行估价制定一个标准价格，对应分数为 20 分； 2. 每高于标准价，标准分扣 2 分，每低于标准价 1%，加 2 分； 3. 同一个供应商供应几种物料，得分平均计算			

续表

指 标	权 重	测量方法	得 分	考 核 人
质量	30分	以交付批退率来考核： 批退率=退货批次÷交货总批数 得分=30分×(1-批退率)		
交货	20分	以逾期率考核： 逾期率=逾期批次÷交货批数 得分=20分×(1-逾期率) 另：逾期一天，扣1分；逾期造成停工待料1次，扣2分		
配合度	10分	出现问题，不太配合解决，每次扣1分，公司会议正式批评 或抱怨1次扣2分，顾客批评1次扣3分		

注：得分在85~100分者为A级，A级为优秀供应商，可加大采购量；得分在70~84分者为B级，B级为合格供应商，可正常采购；得分在60~69分者为C级，C级为辅助供应商，需进行辅助，减量采购或暂停采购；得分在59分以下者为D级，D级供应商为不合格供应商，应予以淘汰。

(资料来源：北京中交协物流人力资源培训中心编译. 采购绩效测量与商业分析[M].
北京：机械工业出版社，2011.)

3. 定性与定量相结合的方法

在对供应商进行考评时，有些指标是定量指标，有些指标是定性指标，采用定性与定量相结合的综合评判法，可使得考评结果更加准确、全面。在大的企业集团中，对供应商进行管理评价一般是由采购经理领导进行的。采购部门根据不同标准对供应商进行分类，并根据其供应情况计算出企业设定的评价指标。在此基础上，得出对某一个供应商的总体评价，所以常常采用综合评判法。常用的方法如下。

(1) 线性权重法。这是目前最常用的综合评判方法，如本项目任务一中提到的线性加权法。其基本原理为：给每个指标分配一个权重，每个供应商的定量评价结果为该供应商各项指标的得分与相应准则权重的乘积之和。通过对各候选供应商加权结果的比较，进行供应商排名。

(2) 层次分析法。层次分析法(Analytic Hierarchy Process，AHP)是美国匹茨堡大学运筹学教授萨蒂(Thomas L. Salty)于20世纪80年代提出的一种定性与定量分析相结合的多因素决策分析方法。这种方法将决策者定性的经验判断数量化和结构化，在决策目标、准则以及备选方案结构复杂且缺乏必要数据的情况下使用更为方便，因而在实践中得到广泛应用。

AHP的基本思路与人们分析、判断一个复杂的决策问题的过程大体上是一样的。该方法在供应商选择领域也得到了广泛的应用，它克服了综合评分法将各备选方案同时判断、难以给出准确的相对优劣判断结果的困难，同时，也非常便于确定准则(或指标)的相对权重。

(3) 多目标数学规划法。这种方法是确定各目标的权重，从而将多目标规划问题转化为单目标规划问题的方法。在各自权重非负的情况下，所转化的单目标优化问题的最优解是原多目标优化问题的非劣解。

(四)供应商考评步骤

(1) 确定考评对象。企业与供应商的关系具有多种类型，在考评之前必须确定考评哪种类型的供应商，一般来说考评的大多是愿意与企业建立供应链合作关系的供应商。

(2) 制定考评目标。进行供应商考评，首先应建立考评目标，例如，以提高供货质量为目标、以降低成本为目标或以整体绩效综合评价为目标等。目标确定之后才能对供应商进行考评。

(3) 组建考评小组。企业还应建立考评小组，组员以来自采购、质量、生产、技术等与供应商合作关系密切的部门的成员为主，组员必须有团队合作精神。评价小组必须同时得到制造商企业和供应商企业最高领导层的支持。

(4) 建立考评指标体系。供应商的综合评价指标体系是企业对供应商进行综合评价的依据和标准，根据考评目标不同应建立不同的指标体系。指标体系的确立要注意系统全面性、简明科学性、稳定可比性、灵活可操作性的原则。

(5) 选择考评方法。考评供应商的方法很多，但大多选用综合评判法。

(6) 供应商考评。评价供应商的一个主要工作是调查、收集有关供应商的全方位信息。在收集供应商信息的基础上，就可以利用一定的工具和技术方法对供应商进行评价了。

(7) 考评结果分析。对考评的最终结果进行认真分析，包括总体上的服务水平，采购成本的大小和结构，现有供货能力与企业要求和目标的差距等问题。然后对所有这些问题的原因进行分析，提出相应的改进措施，进一步分析改进过程中的制约因素是什么，对这些制约因素应采取什么样的措施才能消除。这个过程非常重要，它涉及今后供应商的使用、激励以及与供应商建立何种关系等问题。

(五)供应商考评结果的处理

企业对供应商的管理不是单向的，而是需要和供应商建立合作伙伴关系，以便共同发展。因此，很多企业应将评价结果反馈给供应商，共同探讨提高合作效率的途径。通过对供应商的考评可以看出不同的供应商与企业合作的效果，企业可以根据分项指标和综合指标来加以分析，对不同的供应商采用不同的处理方案。具体结果如下。

(1) 继续深入合作。对于考评的各项指标及综合指标都比较好的供应商，企业应进一步加强与其合作，并设法与其建立长期的战略合作伙伴关系，采用更强的激励措施，使其更好地为企业服务。

(2) 维持现有状态。有些供应商的总体考核结果较好，但个别指标需加以改进，这种情况下，应继续与其合作，但应指出其不足，并要求他加以改进。有些供应商尽管存在问题较多，但对企业很重要，若能对其不足之处加以改进，达到企业要求的，也可继续维持与其合作。

(3) 减少对其采购量或淘汰。对于存在问题较多的供应商，可暂停或减少对其采购量，根据其改进结果做出继续使用或淘汰的决定。

【小资料5-2】 供应商考核方案

一、考核目的

为保证本公司所需物资得到有效、及时供应，保证本公司产品质量的稳定和提高，特制订此方案以不断改善公司的采购工作，提高供应商的供货能力。

二、适用范围

适用于向本公司提供产品(外购、外协)及服务的供应商的评估考核及选择。

三、职责划分

副总经理负责供应商考核结果的裁决，采购部人员负责供应商交期指标与其他部分指标的评分量，质量管理部负责供应商所供应产品的质量及其他相关方面的评分。

四、考核实施细则

1. 考核类别

考核分为月度考核与年度考核两种。

2. 考核项目及评分标准

对供应商的考核，主要从产品质量状况、产品交付情况、产品价格水平、服务质量与管理能力五个方面进行，其评分标准如表 5-14 所示。

表 5-14　公司对供应商的考核项目及评分标准

考核内容及权重		考核标准	评分		考核
考核内容	权重	评分标准	最高分	最低分	得分
产品质量状况	60%	考核指标：进料检验合格率、现场生产不良退货率 1. 从进料检验合格率达到( )%，每低 1%，减( )分 2. 现场生产不合格率低于( )%，每高 1%，减( )分			
支付情况	15%	准时交货率达到( )%，每低 1%，减( )分			
价格水平	10%	与同类产品采购价格的市场平均水平相比较，划分为偏高( )分、居中( )分、偏低( )分三个等级			
服务质量	10%	满意度评价达到( )分，每低 5 分，减( )分			
管理能力	5%	主要从管理人员的流动率、员工培训状况、企业发展前景等方面进行考核，具体考核标准根据公司相关规定进行			

四、考核结果及运用

将对供应商的考核结果分为 4 个级别，具体内容如表 5-15 所示。

表 5-15　公司对供应商的考核结果

考核得分	供应商级别	结果运用
90～100 分	一级供应商	优先采购
80～89 分	二级供应商	继续合作，但要求其对不足之处予以改善
70～79 分	三级供应商	要求其对不足之处予以改善，根据改善后的结果决定是否对其进行采购、减少采购等
69 分以下	四级供应商	暂停或减少对其的采购数量，并通知供应商提高供货能力，改进供货工作

(资料来源：周鸿. 采购部规范化管理工具箱[M]. 北京：人民邮电出版社，2008.)

【任务实施】

在本任务中，我们应该明确，这种由单纯的供应商身份向供货及销售代理商双重身份的转变，使物品采购供应—生产制造—产品销售各环节更加紧密结合，也真正实现了由商务合作向战略合作伙伴关系的转变，从而实现了风险共担、利润共享的双赢目标。与供应商的这种战略伙伴关系，开发了供应商的核心能力，供应商把自己熟悉的供货领域的新产品面市情况、性能/价格比等信息及时反馈给戴尔公司，有利于完善产品的性能和新产品的研发。供应商在和戴尔公司的合作中与其融为一体，分享了企业高速成长的优厚回报。

【任务小结】

在"供应商管理"任务中，我们通过一个具体的工作任务——明确戴尔公司确定合适的供应商并进行供应商关系管理，进而制定采购策略。为完成这个任务，首先应该了解和掌握供应商选择和管理的有关问题，包括供应商选择、供应商开发、供应商考评等，其中重点要弄清楚供应商考评方法、步骤、指标体系。

项 目 测 试

【应知测试】

一、填空题

1. 常用的供应商识别方法有_____、_____和_____。

2. 供应商调查过程可分为_____、_____和_____三个阶段。

3. 选择供应商常用的方法主要有_____、招标选择法、_____、_____和线性加权法等。

4. 对现有供应商的考评指标包括_____、_____、_____和支持、配合与服务指标。

5. 对现有供应商的考评方法主要有_____、_____和_____三种。

二、单项选择题

1. 资源市场调查的目的是(　　)。

    A. 选择资源市场　　　　　　　　　　B. 资源市场分析

    C. 选择供应商　　　　　　　　　　　D. 供应商初步调查

2. 选择供应商时，由采购单位选出供应条件较为有利的几个供应商，同他们分别进行协商，再确定合适的供应商，这种方法叫(　　)。

    A. 直观判断法　　　B. 招标选择法　　　C. 协商选择法　　　D. 评估选择法

3. (　　)的供应商关系是从供应链管理的角度提出来的。

    A. 联盟型　　　　　B. 长期目标型　　　C. 渗透型　　　　　D. 纵向集成型

4. 如果本公司认为供应商有很强的产品开发能力，同时该采购业务对本公司非常重要，而且供应商认为本公司的采购业务对其也很重要，那么这类供应商就是(　　)供应商。

    A. 重点型　　　　　B. 优先型　　　　　C. 商业型　　　　　D. 伙伴型

5. 供应商考评的对象是(　　)。

    A. 已经通过认证，正在为企业服务的供应商

    B. 未通过认证的供应商

C. 企业已决定取消合作关系的供应商

D. 初选的供应商

三、多项选择题

1. 除了提供采购物品外，一家出色的供应商还可以提供(　　)。

   A. 产品设计　　　　　　　　　　　B. 最新的物料信息

   C. 满足非预期需求　　　　　　　　D. 批量成本优势

2. 在供应商选择标准中，以下属于任务相关标准的是(　　)。

   A. 企业文化哲学一致　　　　　　　B. 顾客观念

   C. 应变能力　　　　　　　　　　　D. 信息能力

3. 对潜在供应商的考评指标主要集中于(　　)、管理能力和财务实力。

   A. 制造条件　　　　　　B. 技术水平　　　　　　C. 质量控制

   D. 售后服务　　　　　　E. 生产能力

4. 以下属于考评供应商产品质量指标的是(　　)。

   A. 来料批次合格率　　　B. 交货差错率　　　　　C. 来料抽检缺陷率

   D. 交货破损率　　　　　E. 来料在线报废率

5. 对供应商考评结果的处理措施有(　　)。

   A. 继续深入合作　　　　B. 维持现有状态　　　　C. 要求其改善不足之处

   D. 减少对其采购量　　　E. 淘汰

四、简答题

1. 供应链管理模式下对供应商的选择有哪些要求？

2. 供应商考评的指标有哪些？

3. 供应商管理的流程是怎样的？

4. 传统供应商关系与双赢供需关系的区别是什么？

【应会测试】

一、业务题

1. 某商品流通企业进货统计资料如表5-16所示。该企业采用加权综合评分法选择下期合适的供应商。评价项目和分数分配为：产品质量占40分，价格占35分，合同完成率占25分。则下期合适的供应商是哪家？

表5-16　某商品流通企业进货统计资料

供 应 商	收到商品数量/件	验收合格数量/件	单价/元	合同完成率/%
甲	1200	1100	98	96
乙	4000	3800	96	97
丙	600	590	100	96
丁	900	880	98	95

2. 某企业采用10分制评分法对甲、乙、丙、丁、戊五个项目分别在技术水平、产品质

量、价格、交货准确率和售后服务五个方面进行评分，如表5-17所示。请据此确定最优项目。

表5-17　某企业项目评分表

项　目	技术水平	产品质量	价　格	交货准确率	售后服务	得　分
权重	0.3	0.3	0.2	0.1	0.1	
甲	9	8	8	8	9	
乙	8	9	6	7	8	
丙	9	8	7	9	8	
丁	8	7	8	6	9	
戊	7	9	8	9	8	

二、实训题

假设某学院拟开设一个平价超市，售卖日用品和食品，需要对供应商进行调查并选择。

(1) 学生分组。将学生分为不同的小组，每组为4～6人，选出一名组长，以组为单位完成实训报告。

第一组：对乳制品、饮料类供应商进行调查并选择；

第二组：对饼干、面包类供应商进行调查并选择；

第三组：对洗化类供应商进行调查并选择；

第四组：对糖果、烟酒类供应商进行调查并选择；

第五组：对调味品类供应商进行调查并选择；

第六组：对休闲食品类供应商进行调查并选择。

(2) 对供应商的基本情况、产品和价格进行调查。

(3) 根据调查结果，制作供应商调查表，如表5-18所示。

表5-18　第×组××××类供应商调查表

供应商名称：			供应商编码：		
所属国家或地区：			地址：		
邮编：		电话：		E-mail：	
产品种类	价　格	业内口碑	售后服务	品牌认可度	供货能力

(4) 确定评价指标体系；选定考评办法，确定考评方案(见表5-19)，对供应商进行考评，然后根据考评等级进行相应处理；将考评方案进行展示；教师点评。

A级供应商(90.1～100分)：优秀供应商，予以付款、订单和免检的优惠奖励。

B级供应商(80.1～90分)：良好供应商，批量进货，提请供应商改善不足之处。

C级供应商(70.1～80分)：合格供应商，少量订货。

D级供应商(70分以下)：不合格供应商，不予合作。

表 5-19　第×组××××类供应商评价表

供应商 名称	价格 (30%)	品质 (30%)	售后服务 (10%)	品牌认可度 (10%)	供货能力 (20%)	得　分

项目六　采购谈判与采购合同管理

【项目导入】

采购合同在采购中起着决定性的作用，为使采购合同(特别是长期采购合同)的履行更具计划性和准时性，需用采购订单的形式来细化采购合同。而签订采购合同，签发订单，确定各个条款，往往需要经过采购谈判。有效的采购谈判不仅可以最大限度地维护企业的利益，同时也会使谈判达到双赢的均衡点，双方有望成为战略合作伙伴。

【项目展开】

为了系统而直观地学习相关知识，我们可将该项目按照以下三个工作任务进行展开。

任务一　采购谈判
任务二　采购合同管理
任务三　采购订单管理

在各个工作任务中，我们都将按照任务目标、任务描述、任务分析、任务资讯、任务实施和任务小结的顺序详细讲述。

任务一　采购谈判

【任务目标】

知识目标：
(1) 掌握采购谈判的原则；
(2) 掌握采购谈判的策略与技巧。

技能目标：
(1) 能进行采购谈判的准备；
(2) 在实际谈判中会运用采购谈判的策略与技巧。

素质目标：
(1) 热爱采购工作，具有工作责任心；
(2) 具有敏捷的思维、雄辩的口才。

【任务描述】

　　李明是一家零售店经理，正在与一家啤酒批发点的王主任进行业务磋商。李明的零售店每年5—10月的啤酒销售旺季在该啤酒批发点订购的啤酒多达7000箱(12瓶/箱)，加上淡季的进货量，全年进货总量已达到了近9000箱。现在李明希望啤酒批发点提供的啤酒每瓶削价0.02元。显然，如果零售价格不变，每瓶的进价减价0.02元，全年即增收利润可达2160元。别小看这节省的2160元进货成本，节省就是利润，如果在其他商品的进货上都能节省进货成本，那全年的增收就很可观了。

为了在啤酒等进货项目上节省进货成本，李明认真地对零售店每年的啤酒销售情况进行了统计分析，并对零售店的选址环境、竞争情况做了一些分析后，打算与啤酒批发点的王主任好好地谈一谈。那么该怎样谈呢？

【任务分析】

现在需要明确以下几个问题。

(1) 什么是谈判？为什么要谈判？该怎样进行？

(2) 谈判要做哪些准备工作？有什么策略或技巧吗？可能会受到哪些条件变化的影响？

(3) 谈判结束之后，还要做什么？

【任务资讯】

一、采购谈判概述

(一)采购谈判的概念

采购谈判是指企业在采购时与供应商所进行的商务贸易谈判。采购方希望以自己认为比较理想的价格、产品质量和供应服务条件来获取供应商的产品和服务，而供应商则希望以自己认为比较理想的价格和服务条件向采购方提供自己的产品和服务。在双方的意见未统一以前，就需要通过谈判来解决，这就是采购谈判。另外，在采购过程中，由于业务操作失误发生了货物的货损、货差、货物质量和数量问题而在赔偿问题上产生争议要进行的谈判，也属于采购谈判。

由此可以看出采购谈判的目的：一是希望获得供应商提供质量好、价格低的产品；二是希望获得供应商提供比较好的服务；三是希望在发生物资差错事故损失时获得合理的赔偿；四是当发生纠纷时能够妥善解决，不影响双方的关系。

(二)采购谈判的原则

采购谈判原则是采购谈判的指导思想，采购谈判的总原则就是谋求买卖双方的"皆大欢喜"，即双赢原则。在采购谈判中，买卖双方要以诚实守信、平等互惠、礼貌合作等基本思想来指导自己的谈判行为。

1. 合作原则

合作原则就是要求谈判双方以最精练的语言表达最充分、真实、相关的信息，它包括以下四个准则。

(1) 量的准则，要求所说的话包括交谈所需要的信息，不应包含超出的信息。

(2) 质的准则，要求不要说自知是虚假的话，不要说缺乏足够证据的话。

(3) 关系准则，要求所说的话内容要关联并切题，不要漫无边际地乱说。

(4) 方式准则，要求所说的话清楚、明白、简练、井井有条，避免晦涩和歧义。

谈判的双方虽然在立场上是对立的，但更多的是把谈判过程看成是一种合作的过程，把合作的原则作为采购谈判的基本原则。从"尽可能多地占有大块蛋糕"到"先把蛋糕做大，再去分蛋糕"是谈判人员对采购谈判认识的一次质的飞跃，在这种认识的基础上，采购谈判的合作原则有了更为具体的体现。

2. 礼貌原则

礼貌原则与合作原则互为补充。在谈判过程中，人们为了实现各自的目的，保持谈判双方良好的关系，一般都会遵循合作的原则，同时也不失礼貌。礼貌原则包括六个准则。①得体准则，即指减少表达有损于他人的观点；②慷慨准则，即指减少表达利己的观点；③赞誉准则，即指减少表达对他人的贬损；④谦逊准则，即指减少对自己的表扬；⑤一致准则，即指减少自己与别人在观点上的不一致；⑥同情准则，即指减少自己与他人在感情上的对立。

【案例链接 6-1】

在一个街边服装店，一对老年顾客挑选了一件肥大的上衣，售货员见老人挑的这件衣服过于肥大，就说："这件衣服您不能穿。"老人感到奇怪，就随口问道："怎么不能穿？"售货员说："这件衣服能装您俩。"老人一听，不高兴了，怒气冲冲地质问道："什么叫装俩？你这是卖衣服的呢，还是卖棺材的？"平心而论，售货员是好意，觉得衣服过于肥大不适合这位老人穿，但由于说话不得体，不仅生意没有做成，反而招致不愉快。

3. 自愿平等原则

自愿是指有独立能力的交易各方能够按照自己的意愿来进行谈判并做出决定。自愿原则是采购谈判各方进行合作的前提和保证。只有自愿，谈判双方才会有合作的诚意，才会进行平等的竞争。平等原则是指采购谈判各方均以平等的姿态出现，无论其谈判实力强弱，都不应轻视对手。

4. 合法原则

所谓合法，包括两个基本方面：一是谈判各方所从事的交易项目必须合法；二是谈判各方在谈判过程中的行为必须合法。在采购谈判及合同签订的过程中，要遵守国家的法律、法规和政策。与国家的法律、法规和政策相抵触的采购谈判，即使各方出于合作、礼貌和平等自愿而达成一致，也是无效的。

对外贸易的采购谈判，还应遵守国际法并尊重对方国家的有关法规、贸易惯例等。对外采购谈判最终签署的各种文书具有法律效力，受法律保护。

5. 利益共享原则

如果参加交易的一方或几方在交易中无利可图，那么，它们也就失去了采购谈判的动力，采购谈判自然不能顺利开展。因此，在采购谈判中，谈判的任何一方都要给合作伙伴让渡一定的、合理的利益，而不是占有过多的经济利益，通过自己的妥协和付出来换取自己希望得到的利益。

(三)采购谈判的影响因素

采购谈判是一种既"合作"又"对立"的过程。为获得更多有形和无形的利益,形成了谈判双方的"冲突",这种既"合作"又"冲突"的特点构成了采购谈判的二重性。二重性决定了采购谈判成功的基础是谈判实力。谈判实力指的是影响谈判地位、谈判关系、谈判效果等方面因素的总和。谈判实力的大小受多方面因素的影响,常见的影响因素有以下几个方面。

1. 交易内容对双方的重要性

虽然谈判双方都希望采购交易成功,但谈判双方对交易成功的渴望是不一样的,如果交易成功对某一方更重要,则该方在谈判中的实力就弱。比如,严冬刚过,有大量羽绒服囤货的商家急于将过季的羽绒服售出,否则,既占用了资金,又要支付大量的仓储费用,而且还要承担因样式可能过时继续积压滞销的风险。所以,在买卖双方的谈判中,卖方就处于不利的地位,谈判实力相对较弱。

2. 各方对交易内容和交易条件的满足程度

交易中的某一方对交易内容和交易条件的满足程度越高,在谈判中的实力就越强。例如,在货物买卖谈判中,如果卖方对买方在货物质量、数量、交货时间、交货方式和地点等方面的要求都能充分予以保证和满足,则卖方的谈判实力就强;反之,则谈判实力就弱。

3. 市场竞争状态

在采购交易中,如果买方较多,则有利于卖方,卖方的谈判实力会增强。从微观经济学的角度讲,即卖方垄断的市场对卖方有利,因为卖方拥有"物以稀为贵"的优势;而在买方垄断的市场,买方可以通过"货比三家"挑选卖方的产品和服务。

4. 对于商业行情的了解程度

在信息社会,商业信息是企业无形的资源财富。谈判双方谁掌握的商业行情和信息多,了解的情况详细,谁就在谈判中占有主动地位,谈判实力就强。如果信息不对称,谈判失败也就不足为奇了。

【案例链接6-2】

20世纪80年代我国光冷加工的水平较低,为改变这种状况,国家决定为南京仪表机械厂引进联邦德国劳(LOH)光学机床公司的光学加工设备。南京仪表机械厂的科技情报室马上对劳公司的生产技术进行了情报分析。在与劳公司谈判时,劳公司提出要对我方转让24种产品技术,我方先前就对劳公司的产品技术进行了研究,只从24种产品中挑选出13种产品引进,因为这13种产品技术已经足以构成一条先进完整的生产线。同时我方也根据对国际市场情报的掌握提出了合理的价格。这样,我国既买到了先进的设备又节约了大量的外汇。事后,劳公司的董事长R.柯鲁格赞叹道:"你们这次商务谈判,不仅使你们节省了钱,而且把我们公司的心脏都掏去了。"

可见,平时注意对情报的收集和处理,在谈判中往往能够游刃有余,获得成功。

(资料来源:曹宁.采购与供应谈判案例精选.2012-11-20.)

5. 企业的信誉和实力

企业的信誉和实力不等同于谈判实力，但它是形成谈判实力的基础。企业诚实守信、主动承担社会责任，其信誉和社会知名度就会高，企业实力就会强，相应的支持和影响因素就多，谈判实力也强；反之，则会影响谈判实力的发挥，在谈判中处于不利地位。

6. 对谈判时间因素的反应

在采购谈判中，哪一方有充分的耐心，能安心坐下来长时间商谈，不急于结束谈判，谈判的胜算就在哪一方，其谈判实力就强；反之，在时间上拖不起，越是急于结束谈判完成交易的谈判方，越是处于不利地位，其谈判实力就弱。

7. 谈判的艺术和技巧

谈判人员如果能充分调动有利于自己的各种因素，避免不利因素，就能加强谈判实力。如谈判人员外塑形象、内强素质，拥有良好的职业操守、复合的知识结构、灵活的应变能力和高超的谈判技巧，自然能够增强谈判实力；反之，就会削弱谈判实力。

二、采购谈判的内容

(一)品质和质量条件

符合买卖双方所约定的要求或规格就是好的质量。在实际工作中，质量条件通常有以下几种表达方式。

1. "规格"交易

所谓"规格"是反映产品品质的技术指标，如成分、含量、纯度、大小、长短、粗细等方面的指标，各种产品的品质特性不同，其规格也不相同。谈判时以规格作为产品品质和质量，并作为谈判条件，一般来说是比较准确的，所以大多数商品采购都采用这种方法。

2. "标准"交易

商品标准，是指经有关的商业团体或政府机关统一制定并公布的规格或等级。不同的标准反映了商品品质和质量的差异。我国现行的商品标准主要有"国际标准"(如 ISO9000 系列标准)、"国家标准"(以下简称"国标")和"部颁标准"。此外，还有"企业标准"和供需双方协商的"协议标准"。在有商品标准的前提下，交易谈判时，只需说明商品的标准，就可以表达谈判双方对商品品质和质量提出的要求。这种表示法也是以"规格"表示法为基础的。应注意的是：在提出交易的标准要求时，应明确所适用标准的制订时间，不能适用已过时失效的标准。

3. "商标"或"标牌"交易

商标是生产者或商家用来识别所生产或出售的商品的标志，可以由一个或几个具有特色的字母、数字、文字或图案组合而成。牌名是企业给商品赋予的名称，如联想电脑、英特尔处理器、康师傅方便面等，一个牌名可用于一种产品，也可以用于一个企业的所有产品。商标和牌名之所以能被用来表示产品的品质和质量，是因为它们所表示的商品在品质和质量上稳定可靠、规格上统一，为广大消费者所熟悉、了解和接受，有些商品在市场上有一定的知名度。在采购谈判中，往往只要说明牌名或商标，谈判双方即能明确商品的品质和质量情况，不必再说明等级、标准或提出样品。

4. "样品"交易

样品大多是由卖方提出。如果买方来样，为了防止将来买方无理挑剔，最好采用凭"对等样品"成交的方法。对等样品是指卖方按照买方的来样复制出来的样品，交由买方确认后作为交易的依据。应注意的是：取样要有一定的代表性，要保留好复样。

5. "等级"交易

产品的等级，是同类产品质量差异的分类。根据生产和贸易实践，通常用"一、二、三"或"甲、乙、丙"或"A、B、C"或"正、副"等数码、文字或符号来表示产品的等级，以反映同类产品中的品质和质量差异。在制订了产品等级的情况下，买卖商品只要标明其等级，就可以表达谈判双方对商品品质和质量提出的要求。但要注意：有些产品虽属于同一个等级，但由于厂家不同，产品的等级内涵可能会有所差异。

(二)数量

采购商品的数量也是采购谈判的一个重要议题。采购数量较小，往往很难使供应商满意。所以在谈判时，应尽量笼统，不要透露明确的订购数量，如果因此而导致谈判陷入僵局，应将话题转到其他项目。在没有把握决定采购数量时，采购人员不应订购供应商所希望的数量，否则很容易造成资金的占用和空间的浪费。一旦存货滞销，将影响企业的经济效益。另外，在采购谈判时，谈判双方要明确计量单位，正确计算重量(毛重和净重)。特别是在国际采购谈判中，由于各国采用的度量衡制度不同，同一计量单位所代表的数量也不相同，因而要掌握好各国度量衡之间的换算关系，并且明确规定使用哪一种度量衡制度，以免造成误会和争议。

(三)包装

在采购谈判时，应关注商品包装的效用。包装可分为两种：内包装(Packaging)和外包装(Packing)。内包装用来保护、陈列或说明商品，而外包装仅用于在仓储及运输过程中对商品的保护。在商品的运输和展示过程中，包装通常都扮演着非常重要的角色。

(四)价格

价格是采购谈判的中心内容，是谈判双方最为关心的问题。通常，双方都会进行反复的讨价还价，最后才能敲定成交价格。价格谈判也包括折扣(让利)、促销活动、广告赞助、进货奖励、退货损失、市场价格波动风险、商品保险费用、售后服务费用、技术培训费用、安装费用等项目的谈判。

在国内货物买卖中，谈判双方主要就价格问题进行磋商。在国际贸易中，除了要明确货币的种类，还要明确以何种贸易术语成交，如工厂交货、船上交货等。

(五)货款支付

货款的支付问题主要涉及支付货币和支付方式的选择。在国际货物买卖中使用的支付方式主要有汇付、托收和信用证等。汇付，又称汇款，是付款人通过银行，使用各种结算工具将货款汇交收款人的一种结算方式；托收(Collecting)是出口人在货物装运后，开具以进口方为付款人的汇款人的汇票(随附或不随附货运单据)，委托出口地银行通过它在进口地的分行或代理行代出口人收取货款的一种结算方式。信用证(Letter of credit，L/C)是一种由银行依照客户的要求和指示开立的有条件的承诺付款的书面文件。不同的支付方式，买卖双方可能面临的风险大小不同，在进行采购谈判时，应根据情况慎重选择。

付款条件与采购价格息息相关，在国内一般供货商的付款条件是月结 30～90 天，采购人员应计算对本企业最有利的付款条件。对于惯于外销的供货商，一般的付款期限较短，有的甚至要求现金。但这全凭采购人员的经验与说服力。

(六)交货期

一般而言，交货期越短越好，因为交货期短，订货频率会增加，订购数量就相对减少，故存货的压力也会大为降低，仓储空间的需求也相对减少。至于有长期承诺的采购数量，采购人员应要求供货商分批送货，减少库存的压力。产品交货期已成为采购方选择和评价供应商的第一要素。

(七)检验、索赔和不可抗力的仲裁条件

仲裁条件的约定有利于买卖双方预防争议的解决，保证合同的顺利履行，维护交易双方的权利，是采购谈判中比较重要的商议内容。

三、采购谈判的程序

采购谈判是由一系列环节组成的。通常，采购谈判的程序包括采购谈判的准备、开局阶段、正式谈判和签订合同四个阶段。

(一)采购谈判的准备阶段

在前期准备阶段，应注意做好以下几项工作：一是从资金、技术、生产、市场等几个方面，做好对采购项目进行全方位综合分析，主要包括预算、需求、生产、市场、风险分析；二是要根据综合分析情况，制定项目采购的最终方案，并确定项目采购清单；三是根据项目分析情况和采购项目清单，编制谈判邀请函；四是制作谈判文件；五是邀请参加谈判的供应商；六是成立由技术专家、采购单位和有关方面的代表组成的谈判小组。

如果是竞争性谈判，还需对参加谈判的供应商进行资格预审。根据资格审查情况，确定参加谈判的供应商名单，并向其发售竞争性谈判文件；再根据谈判工作需要，确定工作人员。另外还要邀请有关部门，如监督机关、公证机关对谈判过程实施监督。

(二)采购谈判的开局阶段

开局阶段是指谈判双方见面后到进入具体实质性谈判之前的那段时间和经过，主要包

括建立谈判气氛、交换意见和开场陈述方案三个内容。

1. 建立谈判气氛

在开局阶段，谈判人员的任务之一就是要为谈判建立一个合适的气氛，为以后各阶段的谈判打下良好的基础。

2. 交换意见

谈判人员在谈判最初的几分钟，通过愉快的、非业务性的话题，建立了谋求一致的谈判气氛，接着双方将就本次谈判交换意见，意味着谈判的正式开始。双方能否很好地交换意见，不仅直接影响到能否继续巩固发展已经建立起来的谈判气氛，还决定着后续谈判能否顺利进行。因此，探讨交换意见是十分必要的。

3. 开场陈述方案

开场陈述有两个目的：一是陈述各方立场，二是探测对方意图。因而，开场陈述应把握以下几点：陈述的内容、陈述的方式以及对方对建议的反应。开场陈述的内容是指谈判人员要巧妙地应用策略，准确无误地阐述己方的立场和观点。这时，必须把彼此的观点向对方阐明。一般来说，开场陈述有以下内容：①己方对问题的理解，即认为这次会谈应涉及的问题；②己方的利益，即希望通过洽谈所取得的利益；③己方的首要利益，即阐明哪些方面对己方来说是至关重要的；④己方可向对方做出让步的事情，己方可以采取何种方式为双方获得共同利益做出贡献；⑤己方的立场，包括双方以前合作的结果，己方在对方所享有的信誉，今后双方合作可能出现的机会和障碍。

(三)正式谈判阶段

正式谈判阶段又称实质性谈判阶段，是指开局阶段结束以后，到最终签订协议或谈判失败为止，双方就交易的内容和条件所进行谈判的时间和过程。正式谈判阶段是整个谈判过程的主体，一般要经历询盘、发盘、还盘和接受四个环节。从法律的角度来看，每一个环节之间有着本质的区别。询盘和还盘不是必须经过的程序，买卖双方完全可以依据实际情况，不经过询盘直接发盘，或不经过还盘而直接接受。发盘和接受则是谈判获得成功和签订合同必不可少的两道程序。

1. 询盘

询盘(Inquiry)是指交易一方为出售或购买某项商品而向交易的另一方询问该商品交易的各项条件。在国内采购中，询盘一般没有特定的询盘对象，通常是利用报纸、广播、电视公开询盘，如我们经常见到的出售和购买物品的告示。在国际采购中，由于距离远、信息传递不方便，一般有特指的询盘对象。

询盘的目的，主要是寻找买主或卖主，而不是同买主或卖主洽商交易条件，有时只是对市场的试探。在急需买卖时，也可将自己的交易条件稍加评述，以便尽快找到买主或卖主。但询盘只是询问，是正式进入谈判过程的先导。询盘可以是口头形式，也可以是书面形式，它既没有约束性，也没有固定格式。

2. 发盘

在国际贸易实务中，发盘(Offer)也叫发价、报盘、报价，指交易的一方(发盘人)向另一方(受盘人)提出各项交易条件，并愿意按这些条件达成交易的一种表示。发盘可以是应对方询盘的要求发出，也可以是在没有询盘的情况下，直接向对方发出。发盘一般是由卖方发出的，但也可以由买方发出，业务上称其为"递盘(Bid)"，多数由卖方发出。

发盘在法律上称为要约，在发盘的有效期内，一经受盘人无条件接受，合同即告成立，发盘人承担按发盘条件履行合同义务的法律责任。发盘有实盘和虚盘两种。

(1) 实盘。实盘是发盘人承诺在一定期限内，受发盘内容约束，非经接盘人同意，不得撤回和变更；如接盘人在有效期限内表示接受，则交易达成，实盘内容即成为买卖合同的组成部分。一个完整的实盘应包括明确肯定的交易条件，如商品名称、规格、数量、价格、支付方式、装运期等，还应有实盘的有效期限并应明确发盘为实盘。

(2) 虚盘。虚盘是发盘人有保留地表示愿意按一定条件达成交易，不受发盘内容约束，不作任何承诺，通常使用"须经我方最后确认有效"等语以示保留。虚盘是发盘人所做的不肯定交易的表示。凡不符合实盘所具备的上述四个条件的发盘，都是虚盘。虚盘无须详细的内容和具体条件，也不注明有效期，它仅表示交易的意向，不具有法律效力。

虚盘的特点：①虚盘的发盘人不受虚盘的约束，发盘人不承担完全按照发盘内容签约的义务；②可以根据市场的变化，挑选有利的成交时机和最好的贸易伙伴，以取得较为有利的卖价；③可以不必有完备的内容和有效时期的规定；④较为灵活自由，附有保留条件，并可以用术语"以最后的确认有效"或"我方有权先售"等，免除了受盘人只要接受就必须成交的义务。

可见，虚盘与实盘是有很多区别的，主要表现在以下几点，如表 6-1 所示。

表 6-1　虚盘与实盘的区别

区别要点	虚　盘	实　盘
意思表示	一般很含糊，无肯定表示，如"中间价格""数量可能不会太多"等	非常明确
合同要件	如商品的品质、数量、交货期、价格条款及支付方式等内容一般不齐全	齐全完备
模糊字眼	有些报盘虽然意思明确，要件齐全，但带有一定的保留条件，也属于虚盘，如"以我方最后确认为准""仅供参考"等	无此字眼

3. 还盘

还盘(Counter-offer)又称还价，是受盘人对发盘内容不完全同意而提出修改或变更的表示，是对发盘条件进行添加、限制或其他更改的答复。还盘只有受盘人才可以做出，其他人做出无效，在法律上叫反要约。

还盘实际上是受盘人以发盘人的地位发出的一个新盘。原发盘人成为新盘的受盘人。同时，还盘又是受盘人对发盘的拒绝，发盘因对方还盘而失效，原发盘人不再受其约束。

还盘可以在双方之间反复进行，还盘的内容通常仅陈述需变更或增添的条件，对双方同意的交易条件不再重复。

4. 接受

接受(Acceptance)是受盘人无条件地同意发盘人在发盘中提出的交易条件的肯定表示。

构成法律上的一项有效接受，其必备条件包括以下四项：

(1) 接受必须由特定的人做出；

(2) 接受必须以某种方式明确表示出来；

(3) 接受必须在发盘有效期内送达发盘人；

(4) 接受必须与发盘相符。

接受在法律上称为"承诺"，接受一经送达发盘人，合同即告成立。双方均应履行合同所规定的义务并拥有相应的权利。如果交易条件简单，接受中无须复述全部条件；如果双方多次互相还盘，条件变化较大，还盘中仅涉及需变更的交易条件，则在接受时宜复述全部条件，以免疏漏和误解。

(四)签订合同阶段

当谈判成交时，双方应及时握手以结束谈判。但在握手时，主谈人应对所有的达成一致的问题加以清理，以防止遗漏，为最后的签约做好准备。这时可以讲："很高兴双方达成协议，使艰苦的洽谈得以结束。让我们双方清理一下已达成的协议，以便形成文字。若有遗漏允许补充"，或"我们很高兴与贵方达成协议，我们将向上级汇报我们的洽谈结果，若有什么问题再商量，请贵方原谅。"这样既能留有余地，又不失礼节。

最后，应将所有谈判的结果形成文字，包括技术附件和合同文本，并约定好签约的时间和方式等具体操作性问题。

四、采购谈判的策略

1. 避免争论策略

避免争论策略是指在谈判中出现分歧是很正常的事，出现分歧时应始终保持冷静，防止感情冲动，尽可能地避免争论。可以冷静地倾听对方的意见，即当对方说出你不愿意听或对你很不利的话时，不要感情冲动或生气地立即打断以及反驳对方，应耐心地听完对方的发言，必要时还可承认自己某方面的疏忽。也可婉转地提出不同意见，不应直截了当地提出自己的否定意见，这样会使对方在心理上产生抵触情绪，反而迫使对方千方百计维护自己的意见；而应先同意对方的意见，然后再做探索性的提议。或者当某个问题成了彼此继续谈判的绊脚石，使谈判无法再顺利进行，应在双方对立起来之前就及时休会，从而避免引起更进一步的僵持和争论。休会的策略为固执型的谈判人员提供了请示上级的机会，也可借机调整双方思绪，以利于问题在心平气和的友好氛围中得以最终的圆满解决。

2. 抛砖引玉策略

抛砖引玉策略是指在谈判中，一方主动提出各种问题，但不提供解决的办法，让对方来解决。这一策略不仅体现了对对方的尊重，而且又可摸清对方的底细，争取主动。这种策略在以下两种情况下不适用：①谈判出现分歧时，对方会误认为你是故意在给他出难题；②若对方是一个自私自利、寸利必争的人，就会乘机抓住对他有利的因素，使你方处于被动地位。

3. 留有余地策略

在实际谈判中，不管你是否留有余地或真的没留什么余地，对方总认为你是留有余地的，所以在对方最看重的方面做了让步，可在其他条款上争取最大利益。例如，你的报价即使分文不赚，对方却还是会觉得你方利润不薄，你不做让步，他便不会签约。因此在价格上适当地做些让步，你就有可能为自己争取到最好的付款条件。在以下两种情况下尤其需要这种策略：①对付寸利必争的谈判方；②在不了解对方的情况下。

4. 避实就虚策略

避实就虚策略是指你方为达到某种目的和需要，有意识地将洽谈的议题引导到相对次要的问题上，借此来转移对方的注意力，以求实现你的谈判目标。例如，对方最关心的是价格问题，而你方最关心的是交货问题。这时，谈判的焦点不宜直接放到价格和交货时间上，而应放到运输方式上。

在讨价还价时，你方可以在运输方式上做出让步，而作为双方让步的交换条件，要求对方在交货时间上做出较大的让步。这样，对方感到满意时，你方的目的也达到了。

5. 保持沉默策略

保持沉默，是处于被动地位的谈判人员常用的一种策略，是为了给对方造成心理压力，同时也起缓冲作用。但是如果运用不当，反而适得其反。例如，在还价中沉默常被认为是默认；沉默时间太短则意味着你被慑服。在对方咄咄逼人时，谈判者适当地运用沉默可缩小双方的差距。在沉默中，行为语言是唯一的反应信号，是对方十分关注的内容，所以应特别加以运用(倒茶等)，以达到保持沉默的真正目的。

6. 忍气吞声策略

谈判中占主动地位的一方有时会以一种咄咄逼人的姿态表现自己，这时如果表示坚决反对或不满，对方会更加骄横甚至退出谈判。这时可对对方的态度不做任何反应，采取忍耐的策略，则可慢慢地消磨对方的棱角，挫其锐气，以柔克刚，反而能变弱为强。因为被动方忍耐下来，对方在得到默认的满足之后，反而可能会因此而通情达理，公平合理地与你谈判。

7. 多听少讲策略

多听少讲是忍耐的一种具体表现方式，也就是让对方尽可能多地发言，充分表明他的观点，这样做既能表示尊重对方，也可使你根据对方的要求，确定应对对方的具体策略。

例如，卖方为了说明自己产品的优越性而夸夸其谈，结果会让买方觉得是自卖自夸，产生逆反心理。如果让买方先讲，以满足对方需求为前提，再做恰当的介绍，重在说明该产品能给买方带来哪些好处和方便，这样就可大大减少买方的逆反和戒备心理，有助于促成交易。

8. 情感沟通策略

从心理学角度讲，满足人的感情和欲望是人的一种基本需求。在谈判中充分利用感情因素以影响对方，则不失为一种可取的策略。例如，可利用空闲时间，主动与谈判对方一起聊天、娱乐、讨论对方感兴趣的话题，也可馈赠小礼品、请客吃饭、提供食宿的方便。还可通过帮助解决一些私人问题，从而达到增进了解、联系感情、建立友谊，从侧面促进谈判的顺利进行。

9. 先苦后甜策略

例如，供应商想要在价格上多一些余地，你方可先在包装、运输、交货、付款方式等多方面提出较为苛刻的方案作为交换条件。在讨价还价过程中，再逐步地做出让步。供应商鉴于采购方的慷慨表现，往往会同意适当地提价。而事实上这些"让步"是你方本来就打算给供应商的。

但要注意的是这一策略只有在谈判中处于主动地位的一方才有资格使用。

【案例链接6-3】

美国一位工程师在某公司当电气技师时，他的一项发明获得了专利。公司经理向他表示愿意购买这项专利，并问他要多少钱。当时，这位工程师想：只要能卖5000美元就很不错了。但他并没有急于说出卖价，反而对经理说："我想，我的这项发明专利权对公司的价值怎样，您心里肯定有数，您打算出多少钱呢？"经理报价说："40万美元，怎么样？"

你知道这名工程师用的是哪种谈判策略吗？你对经理的表现如何评价？

【任务实施】

在这个任务中，核心环节是完成采购谈判，李明选择了以下做法。

(1) 弄清楚此次谈判的目的——降低啤酒的进货价格，节省就是利润。那么，就要在零售店的选址环境上、服务区域内的同行竞争者、每年啤酒的销售情况、消费人群特征、对方的经营情况及其竞争者情况等多方面做出 SWOT 分析或采购市场五种竞争力分析，明确自己的谈判地位，做到知己知彼，再做出是否谈判的决定。

(2) 模拟谈判过程，设想对方可能会怎样回应，是礼貌地拒绝？或表示要考虑考虑？或接受他的意见？或提出一些折中的解决办法？对对方不同的回应，自己该怎样应对？需要用到哪些谈判策略或技巧？

(3) 经过认真的准备，李明在与对方的谈判中获得成功，批发点的王主任答应了李明的要求，每瓶啤酒削价 0.02 元，但同时李明也做出了一些让步，与该批发点签订了 5 年的订货合同——今后 5 年之内，李明每年从该批发点进货 10 000 箱啤酒。

(4) 按此思路，李明打算在诸如啤酒的其他畅销品进货项目上进行新的谈判，以期更多地降低进货成本，增加效益。

【任务小结】

在"采购谈判"任务中，我们通过一个具体的工作任务——帮助李明获得啤酒进货项目削价谈判的成功，了解到为完成该任务需要做很多基础工作，如采购谈判的准备、谈判策略、谈判技巧等。

请同学们分组模拟此次谈判过程，体会谈判准备、谈判策略与谈判技巧的运用。

任务二　采购合同管理

【任务目标】

知识目标：

(1) 了解采购合同的特征、形式、内容和签订程序；

(2) 掌握采购合同纠纷的解决途径。

技能目标：

(1) 会判断当事人的违约行为类别；

(2) 能够签订采购合同和处理采购合同纠纷。

素质目标：

(1) 具有法制观念；

(2) 具有拟定合同条款能力。

【任务描述】

经过与王主任的沟通和协商，李明取得了谈判的成功，将每瓶啤酒的进货价削减了0.02元，但同时李明也做出了一些让步，与该批发点签订了5年的订货合同——今后5年内，李明每年从该批发点进货10 000箱啤酒。这份合同是怎样签订的？

【任务分析】

若要完成此任务，需明确以下几个问题：

(1) 什么是合同？什么是采购合同？采用何种形式较为稳妥？具体内容是什么？

(2) 这份采购合同的效力如何？违约者将承担怎样的责任？产生纠纷该怎样解决？

(3) 如果在履约中，一方出了变故不能履约，该合同能进行变更或解除吗？

【任务资讯】

一、采购合同概述

(一)采购合同的概念

在了解采购合同之前，必须弄清什么是合同，进而弄清它与采购合同之间的关系。

1. 合同

合同也叫契约，有广义和狭义之分。广义的合同是指发生一定债权、债务的协议；狭义的合同是双方当事人之间为实现某特定目的而确定、变更、终止双方债权关系的协议。

《中华人民共和国民法典》(以下简称《民法典》)规定，合同是民事主体之间设立、变更、终止民事法律关系的协议。因此，合同具有法律效力，签订合同是一种法律行为。合同上规定签约者应履行和应获得的权利和义务(不能列入与法律相抵触的条款)，受到国家法律的承认、维护和监督，违反时要受到法律的制裁。

2. 采购合同

采购合同是采购方与供应方经过双方谈判、协商达成一致意见而签订的调整"供需关系"的协议。它是双方解决纠纷的依据，也是法律上双方权利和义务的证据，双方当事人都应遵守和履行采购合同。采购合同具有以下几个法律特征。

(1) 当事人双方订立的采购合同，以转移财产所有权为目的。

(2) 采购合同是双务、有偿合同。双方互负一定义务，供货人应当保质、保量、按期交付合同订购的标的物，采购人应当按合同约定的条件接收标的物并及时支付货款。

(3) 买卖合同是诺成合同。除了法律有特殊规定的情况外，当事人在合同上签字盖章后合同即成立，并不以实物的交付为合同成立的条件。

(二)采购合同的形式

采购合同有多种表现形式。《民法典》规定，当事人订立合同，可以采用书面形式、口头形式和其他形式。因此人们除按法律、行政法规规定采用书面形式的合同外，均可采用口头形式或其他形式订立采购合同或协议。在实践中，书面形式是当事人采用最为普遍的一种合同约定形式。

(三)采购合同的内容

采购合同的内容也称采购合同的条款，是指合同双方当事人的具体权利和具体义务。一份完整的采购合同通常包括约首、正文和约尾三部分。

1. 约首

约首是合同的首部，包括合同的名称、合同号码、订约日期、订约地点、买卖双方的名称和地址，以及序言等内容。序言主要是写明双方订立合同的意义和执行合同的保证，对双方都有约束力等。双方的名称应用全称，不能用简称，地址要详细列明，因涉及法律管辖权问题，所以不能随便填写。在我国出口业务中，除在国外签订的合同外，一般都是以出口公司所在地为签约地址。

2. 正文

正文是合同的主体部分，规定了双方的权利和义务，包括合同的各项交易条款，如商品名称、品质规格、数量包装、单价和总值、交货期限、支付条款、保险、检验、索赔、不可抗力和仲裁条款等，以及根据不同商品和不同的交易情况加列的其他条款，如保值条款、溢短装条款和合同适用的法律等。因此，零售企业采购合同的条款，应当在力求具体明确，便于执行，避免不必要纠纷的前提下，具备以下主要条款：①商品的品种、规格和数量；②商品的质量和包装；③商品的价格和结算方式；④交货期限、地点和发送方式；⑤商品验收办法；⑥违约责任；⑦合同的变更和解除的条件。

此外，采购合同应视实际情况，增加若干具体的补充规定，使签订的合同更切实际，行之有效。

3. 约尾

约尾是合同的尾部，包括合同文字的效力、份数、订约的时间和地点及生效的时间、附件的效力以及双方签字等，这也是合同不可缺少的重要组成部分。合同的订约地点往往要涉及合同的适用法律及管辖权的问题，因此要慎重对待。我国的出口合同的订约地点一般都在我国，有时有的合同将订约的时间和地点在约首订明。

【资料链接6-1】

订单玉米采购协议书

甲方：_____

乙方：_____

经双方自愿协商，甲方负责基地玉米收购，乙方负责安排优质玉米种植基地。双方达成如下协议，并共同遵守。

一、订单玉米收购品种、数量

1. 收购品种：_____。

2. 收购数量：_____千克。

二、质量等级要求

1. 品种纯度达到95%以上。

2. "_____玉米"容重、水分、杂质等指标达到三级以上标准。

三、收购价格

对于质量符合"_____玉米"标准二等以上的玉米，其收购价格为_____元/千克，二等以下、三等以上的玉米收购价格为_____元/千克。

四、合作方式

乙方负责优质玉米基地的选定和相关技术服务。甲方对乙方的玉米按本协议第一、第二条质量规定进行检验，合格的由甲方入库。

五、货款及结算

由甲方负责收购货款，并按照玉米实际入库数量和本协议规定价格，即时与乙方结算。

六、不可抗力

任何一方由于不可抗力原因不能履行合同时，应在不可抗力事件结束后3日内向对方通报，以减轻可能给对方造成的损失，在取得有关机构的不可抗力证明后，允许延期履行、部分履行或者不履行。

七、其他

1. 本协议未尽事宜，由双方协商解决。

2. 本协议一式两份，经甲乙双方法人代表签字盖章后生效。协议双方各执一份。

甲方(盖章)：_____ 乙方(盖章)：_____

代表人(签字)：_____ 代表人(签字)：_____

_____年_____月_____日 _____年_____月_____日

二、采购合同的签订方式

《民法典》规定当事人订立合同可以采取要约、承诺方式或其他方式。实践中，当事人双方相互协商签订合同的过程，通常分为两个阶段，包括提出订立合同的建议和接受订立合同的建议，在《民法典》中称为"要约"和"承诺"。经过要约与承诺，当事人意思表示真实一致时，合同即可成立。

(一)要约

1. 要约的概念及特征

要约是希望和他人订立合同的意思表示，是订立合同的当事人一方向另一方发出的缔结合同的提议。发出该提议的人为要约人，另一方为受要约人或相对人。根据《民法典》规定，要约的意思表示应当符合下列条件。

(1) 内容具体确定。

(2) 表明经受要约人承诺，要约人即受该意思表示约束。

2. 要约邀请

要约邀请是邀请或者是希望他人向自己发出要约的意思表示。要约邀请一般是向不特定的人发出的。拍卖公告、招标公告、招股说明书、债券募集方法，基金招股说明书、商业广告和宣传、寄送的价目表等，性质均为要约邀请。但若商业广告和宣传的内容符合要约的条件(如悬赏广告)，则视为要约。

要约邀请与要约不同，要约是一个一经承诺就成立合同的意思表示，而要约邀请只是邀请他人向自己发出要约，自己如果承诺才成立合同。要约与要约邀请，虽然在理论上有很大区别，但事实上往往很难区分。要约与要约邀请的区别如表 6-2 所示。

表 6-2　要约与要约邀请的区别

项　目	目　的	对　象	方　式	条　件
要约	当事人希望和他人订立合同的意思表示，以订立合同为直接目的	针对特定的相对人	采用对话和信函等方式	标的额、标的物数量、质量、价款报酬、履行期限等条件很具体
要约邀请	希望对方向自己发出要约的意思表示	针对不特定的相对人	通过电视、报刊等媒介手段	无具体条件

3. 要约的生效时间

要约到达受要约人时生效。要约的生效时间适用《民法典》第一百三十七条的规定：以对话方式做出的意思表示，相对人知道其内容时生效。以非对话方式做出的意思表示，到达相对人时生效。以非对话方式做出的采用数据电文形式的意思表示，相对人指定特定系统接收数据电文的，该数据电文进入该特定系统时生效；未指定特定系统的，相对人知道或者应当知道该数据电文进入其系统时生效。当事人对采用数据电文形式的意思表示的生效时间另有约定的，按照其约定。

4. 要约的撤回

要约的撤回是指在要约发生法律效力之前，要约人为使其不发生法律效力而取消要约的行为。《民法典》规定：要约可以撤回。同时规定要约撤回的规则适用本法第一百四十一条的规定：行为人可以撤回意思表示。撤回意思表示的通知应当在意思表示到达相对人前或者与意思表示同时到达相对人。

撤回要约是在要约尚未生效的情形下发生的。如果要约已经生效，则不能撤回，但可以撤销。

5. 要约的撤销

要约的撤销是指在要约发生法律效力之后，要约人使其丧失法律效力而取消要约的行为。《民法典》规定：要约可以撤销。撤销要约的意思表示以对话方式做出的，该意思表示的内容应当在受要约人做出承诺之前为受要约人所知道；撤销要约的意思表示以非对话方式做出的，应当在受要约人做出承诺之前到达受要约人。

为了保护当事人的利益，《民法典》同时规定有下列情形之一的，要约不得撤销：①要约人以确定承诺期限或者其他形式明示要约不可撤销；②受要约人有理由认为要约是不可撤销的，并已经为履行合同做了合理准备工作。

要约的撤回与要约的撤销都是否定了已经发出去的要约。其区别在于：要约的撤回发生在要约生效之前，而要约的撤销则发生在要约生效之后。

6. 要约的失效

要约的失效也可以称为要约的消灭或者要约的终止，是指要约丧失法律效力，要约人与受要约人均不再受其约束。要约人不再承担接受承诺的义务，受要约人也不再享有通过承诺使合同得以成立的权利。

有下列情形之一的，要约失效：①要约被拒绝；②要约被依法撤销；③承诺期限届满，受要约人未做出承诺；④受要约人对要约的内容做出实质性变更。

【技能训练6-1】

甲公司向乙公司发出要约，欲向其售出一批货物。要约发出后，甲公司因进货渠道发生困难而欲撤回要约。甲公司撤回要约的通知应当(　　　)。
A. 在要约到达乙公司之前到达乙公司　　B. 在乙公司发出承诺之前到达乙公司
C. 与要约同时到达乙公司　　　　　　　D. 在乙公司发出承诺的同时到达乙公司

(二)承诺

1. 承诺的概念

承诺是受要约人同意要约的意思表示。做出这种意思表示的人成为承诺人。承诺应当由受要约人向要约人做出，并表示对要约完全无异议的接受。要约人的要约一经受要约人即承诺人的承诺，合同即告成立。

承诺应当以通知的方式做山。但是，根据交易习惯或者要约表明可以通过行为做出承诺的除外。

2. 承诺期限

承诺应当在要约确定的期限内到达要约人。要约没有确定承诺期限的，承诺应当依照下列规定到达：①要约以对话方式做出的，应当即时做出承诺，但当事人另有约定的除外。②要约以非对话方式做出的，承诺应当在合理期限内到达。所谓合理期限，是指依通常情形可期待承诺到达的期间，一般包括要约到达受要约人的期间、受要约人做出承诺的期间、承诺通知到达要约人的期间。③要约以信件或者电报做出的，承诺期限自信件载明的日期或者电报交发之日开始计算。信件未载明日期的，自投寄该信件的邮戳日期开始计算。④要约以电话、传真等快速通讯方式做出的，承诺期限自要约到达受要约人时开始计算。

3. 承诺的生效时间

承诺自通知到达要约人时生效。《民法典》规定：以通知方式做出的承诺，生效的时间适用《民法典》第一百三十七条的规定。承诺不需要通知的，根据交易习惯或者要约的要求做出承诺的行为时生效。承诺生效时合同成立。

4. 承诺的撤回

承诺人发出承诺后反悔的，可以撤回承诺。《民法典》规定：承诺可以撤回。承诺的撤回适用本法第一百四十一条的规定。

撤回承诺的通知应当在承诺生效前到达要约人。

5. 承诺的逾期与迟到

受要约人超过承诺期限发出承诺，或者在承诺期限内发出承诺，按照通常情形不能及时到达要约人的，为新要约；但是，要约人及时通知受要约人该承诺有效的除外。

受要约人在承诺期限内发出承诺，按照通常情形能够及时到达要约人，但因其他原因致使承诺到达要约人时超过承诺期限的，为迟到的承诺。除要约人及时通知受要约人因承诺超过期限不接受该承诺的以外，该迟到的承诺为有效承诺。

6. 承诺的内容

承诺的内容应当与要约的内容一致，被称为镜像规则。但严格执行镜像规则不能适应市场发展的需要。在实践中，受要约人可能对要约的文字乃至内容做出某些修改，此时承诺是否具有法律效力需根据具体情况予以确认。《民法典》规定：受要约人对要约的内容做出实质性变更的，为新要约。有关合同标的、数量、质量、价款或者报酬、履行期限、履行地点和方式、违约责任和解决争议方法等内容的变更，是对要约内容的实质性变更。承诺对要约的内容做出非实质性变更的，除要约人及时表示反对或者要约表明承诺不得对要约的内容做出任何变更外，该承诺有效，合同的内容以承诺的内容为准。

三、采购合同的成立与效力

(一)采购合同成立的时间和地点

1. 采购合同成立的时间

由于合同订立方式的不同，合同成立的时间也有不同。

(1) 承诺生效时合同成立。这是大部分合同成立的时间标准。

(2) 当事人采用合同书形式订立合同的，自双方当事人均签名、盖章或按手印时合同成立。在签名、盖章或按手印之前，当事人一方已经履行主要义务，对方接受时，该合同成立。

(3) 当事人采用信件、数据电文等形式订立合同，要求签订确认书的，签订确认书时合同成立。

(4) 当事人一方通过互联网等信息网络发布的商品或者服务信息符合要约条件的，对方选择该商品或者服务并提交订单成功时合同成立，但是当事人另有约定的除外。

2. 采购合同成立的地点

由于合同订立方式的不同，合同成立地点的确定标准也有不同。

(1) 承诺生效的地点为合同成立的地点。这是大部分合同成立的地点标准。

(2) 采用数据电文形式订立合同的，收件人的主营业地为合同成立的地点；没有主营业地的，其经常居住地为合同成立的地点。当事人另有约定的，按照其约定。

(3) 当事人采用合同书形式订立合同的，最后签名、盖章或者按手印的地点为合同成立的地点。

【案例链接6-4】

法国某建筑商A于2019年8月与美国生产商B联系，要求生产商B向其报5万吨钢缆的价格，并明确告诉B，此报价是为了计算向某项工程的投标，投标将于同年10月1日开始进行，10月10日便可得知投标结果。同年9月10日，美国生产商B向A发出要约，要约中条件完整，但既没有规定承诺期限，也没有注明要约是不可撤销的。同年9月中旬，国际市场钢丝价格上涨，在此情况下，B于10月2日向A发出撤销其9月10日要约的传真。同年10月10日，当A得知自己中标的消息后，立即向B发出传真，对9月10日要约表示承诺。但B争辩其已于10月2日撤销了要约，因此合同不成立。双方发生了纠纷。经仲裁，依据《联合国国际货物买卖合同公约》的规定确定合同未成立，因为B已在A做出有效承诺之前撤销了其要约。

请分析该合同签订的过程。

(二)采购合同的效力

采购合同的效力是指依法成立的采购合同具有法律约束力。在实践中，采购合同是否具有效力，分为有效、效力待定、无效和可撤销的采购合同四种形式。

1. 有效的采购合同

有效的采购合同是指采购方与供应商订立的合同符合国家的法律规定和要求，具有法律效力，受到国家法律保护的采购合同。《民法典》规定："依法成立的合同，自成立时生效，但是法律另有规定或者当事人另有约定的除外。"由于大多数采购合同都是有效合同，因此合同的成立与合同的生效是同时发生的。对于附条件或期限的合同，虽依法成立，但条件成熟或期限到达时才生效。有效的采购合同必须具备三个条件：①行为人具有相应的民事行为能力；②意思表示真实；③不违反法律、行政法规的强制性规定，不违背公序良俗。

2. 效力待定的采购合同

合同效力待定，是指合同成立以后，因存在不足以认定合同有效的瑕疵，致使合同不能产生法律效力，在一段合理的时间内合同效力暂不确定，由有追认权的当事人进行补正或有撤销权的当事人进行撤销，再视具体情况确定合同是否有效。处于此阶段中的合同为效力待定的采购合同。效力待定的合同表现为以下三类。

(1) 限制民事行为能力人订立的合同。限制民事行为能力人签订的合同要具有效力，一个最重要的条件就是，需经过其法定代理人的同意、追认。这种合同一旦经过法定代理人的同意、追认，就具有法定效力；在没有经过同意、追认前，该合同虽然成立，但是并没有实际生效。

(2) 无权代理人以他人名义订立的合同。这是一种无权代理行为。所谓无权代理的合同，就是无代理权的人擅自代理他人从事民事行为，而与相对人签订的合同。因无权代理而签订的采购合同有以下三种情形：①根本没有代理权而签订的采购合同；②超越代理权而签订的采购合同；③代理关系中止后签订的采购合同。

《民法典》规定："行为人没有代理权、超越代理权或者代理权中止后，仍然实施代理行为，未经被代理人追认，对被代理人不发生效力。相对人可以催告被代理人自收到通知之日起30日内予以追认，被代理人未做表示的，视为拒绝追认。行为人实施的行为被追认前，善意相对人有撤销的权利。撤销应当以通知的方式做出。"

(3) 无处分权人处分他人财产而订立的合同。无权处分是指无处分权人以自己名义擅自处分他人财产，包括财产的赠与、转让或设定抵押等。财产只能由享有处分权的人处分，即使是共有财产，共有人也只能依法处理其占有的份额，无权处分他人占有的份额。依据有关规定，无权处分行为是否发生效力，取决于权利人追认或处分人是否取得处分权。

3. 无效的采购合同

无效的采购合同是指合同无效，是自始、确定、当然无效。无效的采购合同有以下几种情形：①无民事行为能力人签订的采购合同；②合同双方以虚假的意思签订的采购合同；③违反法律、法规强制性规定的采购合同；④违背公序良俗的采购合同；⑤双方恶意串通，损害他人合法权益的采购合同。

无效的采购合同始终没有转变为有效合同的可能，是一种绝对无效的合同，因此，合同尚未履行的，不得履行；已经开始履行的，应立即终止履行；如果合同已履行完毕的，也必须恢复到合同履行前的状况。

无效的采购合同所引起的法律后果：①一方当事人应该将其已从对方获取的财产返还给对方当事人，并恢复合同签订前的财产关系状况。不能返还或没有必要返还的，应当折价补偿。②双方当事人依各自的错误状况和程度承担所需承担的责任。如果一方当事人给另一方当事人造成损失的，有过错的当事人应承担赔偿另一方当事人损失的责任。③法律另有规定的，依照其规定。

4. 可撤销的采购合同

可撤销的采购合同是指在订立时，当事人的意思表示不真实，或一方当事人使对方在违背其真实意思表示的情况下签订的采购合同。它是一种相对无效的合同。

可撤销的采购合同的范围限定为意思表示不真实的合同，主要有以下三个方面：①因重大误解订立的采购合同；②乘人之危导致显失公平而订立的采购合同；③以欺诈、胁迫的手段订立的采购合同。对此三个方面，利益受损害方有权请求人民法院或者仲裁机构予以撤销。

【案例链接 6-5】

2018—2019 年，A 厂多次向 B 厂供应某物料，累计价款 1194 万余元。双方每次供货、提货时，均记载了该物料的数量和价款，但始终未签订书面采购合同，也未约定付款的具体期限。期间，A 厂曾多次向 B 厂催收部分货款，但未提出清偿全部货款及利息的要求。与此同时，双方供、提该物料的业务仍在继续进行；B 厂在提货时也曾多次向 A 厂支付过部分货款。至今，两厂间仍有 590 余万元货款未结清。A 厂遂向法院提起诉讼，要求 B 厂清偿全部货款和利息，并赔偿其经济损失。

你认为 A、B 两厂的买卖行为有合同吗？法院会怎样判决？

四、采购合同的变更与解除

(一)采购合同的变更

1. 采购合同变更的概念

采购合同的变更，是指对已生效的采购合同的内容进行修改或补充，不改变原采购合同的关系和本质事项。

把握采购合同变更这一概念，应当注意以下几个问题：①从原则上说，采购合同的变更必须经当事人双方协商一致，并在原来采购合同的基础上达成新的协议。②采购合同内容的变更是指合同关系的局部变化，也就是说合同变更只是对原合同关系做某些修改和补充，而不是对合同内容的全部变更。③采购合同的变更，也会产生新的债权、债务关系。合同变更是指在保留原合同的实质内容的基础上产生一个新的合同关系，而变更之外的债权、债务关系仍继续生效。

2. 采购合同变更的要件

(1) 原已存在有效的合同关系。合同的变更是改变原合同关系，无原合同关系便无变更的对象，因此合同变更以原已存在的合同关系为前提。

(2) 采购合同内容发生变化。采购合同内容的变化包括：标的物数量的增减，标的物品质的改变，价款或者酬金的增减，履行期限的变更，履行地点的改变，履行方式的改变，结算方式的改变，所附条件的增添或去除，单纯债权变为选择债权，担保的设定或取消，违约金的变更，利息的变化等。

(3) 经当事人协商一致。《民法典》规定："当事人协商一致，可以变更合同。"

(4) 法律、行政法规规定变更合同应当办理批准、登记等手续的，应遵守其规定。

3. 采购合同变更的方式

采购合同的变更，可由一方向另一方提出，并要求对方在规定的期限内答复。在规定的期限内，对方若回复同意合同变更则变更，若回复不同意合同变更则不变更。《民法典》

规定：当事人对合同变更的内容约定不明确的，推定为未变更。据此，若对方在规定的期限内未答复，属于对合同变更的内容约定不明确，则可推定为对方不同意变更。

4. 采购合同变更的法律后果

采购合同变更后，对变更前已履行部分没有追溯力，对变更前未履行部分可向对方请求赔偿或变更合同的条件。也就是说，合同变更的实质在于使变更后的合同代替原合同，因此合同变更后，当事人应按变更后的合同内容履行，但未变更的权利、义务继续有效，已经履行的债务不因合同的变更而失去合法性。

合同的变更不影响当事人要求赔偿的权利。原则上，提出变更的一方当事人对对方当事人因合同变更所受损失应负赔偿责任。

【案例链接6-6】

某食品公司与某建筑公司签订了《工程承包合同》，合同约定由建筑公司承建食品公司的厂房，包工包料，工期180天，逾期一天交房，建筑公司按承包款的0.1%承担违约金。施工过程中，由于建筑工程公司使用了劣质水泥，食品公司进行干预，要求部分重建，但建筑公司不同意，遂自行撤离了工地。20天后，食品公司怕影响工程进度，找到建筑公司要求继续施工，建筑公司提出按期完工已经不可能，要求顺延20天。双方签订了《补充协议》：合同工期顺延20天，建筑公司立即恢复施工，其余条款不变。恢复施工期间，建筑公司没有使用劣质水泥，并修复了之前有质量问题的工程。完工后，食品公司起诉建筑公司，要求其承担延期交房的违约责任。

你认为该食品公司的主张合法吗？为什么？

(二)采购合同的解除

1. 采购合同解除的含义

合同的解除是指合同有效成立后，在一定条件下通过当事人的单方行为或者双方合意终止合同效力而消灭合同关系的行为。采购合同的解除是指未履行的采购合同或采购合同还未履行部分不再履行，使希望发生的权利、义务关系消亡，采购合同履行终止。

2. 采购合同解除的条件和方式

(1) 法定解除。出现法律规定的解除合同条件而解除合同，其解除为法定解除。

《民法典》规定，有下列情形之一的，当事人可以解除合同：①因不可抗力致使不能实现合同目的；②在履行期限届满之前，当事人一方明确表示或者以自己的行为表明不履行主要债务；③当事人一方迟延履行主要债务，经催告后在合理期限内仍未履行；④当事人一方迟延履行债务或者有其他违约行为致使不能实现合同目的；⑤法律规定的其他情形。综上所述，法定解除有五种情形：不可抗力、预期违约、迟延履行、根本违约和其他情形。

(2) 约定解除。约定解除是指当事人以合同形式，约定为一方或双方保留解除权的解除。《民法典》规定：当事人协商一致，可以解除合同。当事人可以约定一方解除合同的事由。解除合同的事由发生时，解除权人可以解除合同。

约定解除也可采取合同(解除协议)方式，因此应具备合同的有效要件，即当事人具有相应的民事行为能力，意思表示真实，内容不违反法律、法规和社会公共利益，采取适当的形式。

一方依法选择解除合同的，只要书面向对方发出解除合同的通知，当通知到达对方时，合同解除。有权解除合同的一方也可以要求人民法院或仲裁机构确定解除合同。

3. 采购合同解除的法律后果

采购合同解除后，原合同确定的当事人的权利、义务关系就不再存在。尚未履行的合同终止履行；已经履行的，根据履行情况和合同性质，当事人可以请求恢复原状或者采取其他补救措施，并有权请求赔偿损失。

合同因违约解除的，解除权人可以请求违约方承担违约责任，但是当事人另有约定的除外。合同解除不影响合同中结算和清理条款的效力。

五、采购合同纠纷的解决

采购合同纠纷往往是因合同当事人一方或双方违约造成的，不论哪一方违约，均应承担相应的违约责任。因此，若要解决合同纠纷，就要先弄清楚哪一方违约，哪一方应承担违约责任。

(一)违约责任

违约责任即当事人违反采购合同的责任，是指采购合同当事人因自己的过错不履行或不完全履行采购合同而应当承担的经济制裁。此外，在采购合同不履行或不完全履行的问题上，由于失职、渎职或其他违法行为造成重大事故或严重损失的直接责任者，则依法应负经济、行政责任直至刑事责任。

1. 违约责任行为

当事人承担违约责任的条件是其具有违约责任行为，这些违约责任行为具有以下特点。

(1) 要有不履行采购合同的事实。这是认定违约责任的前提条件。不履行采购合同的事实，主要包括：①当事人一方未支付价款或报酬；②当事人迟延支付价款或报酬；③当事人一方不履行非金钱债务或者履行非金钱债务不符合约定；④质量不符合约定等。

(2) 不履行采购合同的事实，必须是由当事人一方或双方的过错引起的。当事人的过错，按违约的主观故意性分为故意违约和过失违约；按发生违约的时间分为实际违约和预期违约。

【知识拓展 6-1】

当事人的违约行为分类

1. 按违约的主观故意性分为故意违约和过失违约

(1) 故意违约是指当事人明知自己的某一行为将给合同履行造成不良后果，却放任此种行为的发生，如收到货物，无故拒付货款等。

(2) 过失违约是指当事人应当预见自己的某种行为可能给合同履行造成不良后果，但由于疏忽大意而没有预见；或者虽然已经预见到了，但因轻信此种后果可能避免，而没有采取必要的措施，致使后果发生，造成不履行或不能完全履行合同义务的事实。

但不论是故意还是过失违约，都要承担违约责任。

2. 按发生违约的时间分为实际违约和预期违约

(1) 实际违约，即实际发生的违约行为。实际违约包括三种具体形态，如表6-3所示。

表6-3　实际违约的具体形态

具体形态		内　容
不履行	不能履行	指债务人在客观上已经没有履行能力，如在提供劳务的合同中，债务人丧失了劳动能力；在以特定物为标的的合同中，该特定物灭失
	拒绝履行	指合同履行期到来后，一方当事人能够履行而故意不履行合同规定的全部义务
迟延履行		指合同债务已经到期，债务人能够履行而未履行
不适当履行	指债务人虽然履行了债务，但其履行不符合合同的约定	瑕疵给付　指履行有瑕疵，侵害对方履行利益，如给付数量不完全、给付质量不符合约定、给付时间和地点不当等
		加害给付　指因不适当履行造成对方履行利益之外的其他损失，如出售不合格产品导致买受人的损害

(2) 预期违约也称先期违约，是指在合同履行期限到来之前，一方无正当理由但明确表示其在履行期到来后将不履行合同，或者其行为表明其在履行期到来后将不可能履行合同。预期违约的特点和形态如表6-4所示。

表6-4　预期违约的特点和具体形态

项　目	内　容	
特点	(1)当事人在合同履行期到来之前的违约； (2)侵害的是对方当事人期待的债权而不是现实的债权； (3)与实际违约后果不同(主要造成对方信赖利益的损害)	
两种形态	明示毁约，是指一方当事人无正当理由，明确地向对方表示将在履行期限届满时不履行合同	其要件为：①一方当事人明确肯定地向对方做出毁约的表示；②须表明将不履行合同的主要义务；③无正当理由
	默示毁约，是指在履行到来之前，一方以自己的行为表明其将在履行期限届满后不履行合同	其特点为：债务人虽然没有表示不履行合同，但其行为表明将不履行合同或不能履行合同。例如，特定物买卖合同的出卖人在合同履行期限届至前将标的物转卖给第三人，或买受人在付款期到来之前转移财产和存款以逃避债务

2. 当事人承担违约责任的原则

在采购合同有效的前提下，根据下列原则追究当事人的违约责任。

(1) 过错责任原则。过错责任是指由于当事人主观上的故意或者过失而引起的违约责任。在发生违约事实的情况下，只有当事人有过错，才能承担违约责任，否则，将不承担违约责任。过错责任原则包含下列两个方面的内容：①违约责任由有过错的当事人承担。一方当事人有过错的，由该方自己承担；双方都有过错的，由双方分别承担。②无过错的违约行为，可依法减免责任(如不可抗力造成的违约)。

(2) 赔偿实际损失的原则。实际损失是指违约方因自己的违约行为而在事实上给对方造成的经济损失。一般情况下，实际损失包括财物的减少、损坏、灭失和其他损失及支出的必要费用，还包括可得利益的损失。当因违约方的违约行为造成对方经济损失时，违约方应当向对方承担赔偿责任。

(3) 全面履行的原则。全面履行是指违约方承担经济责任(如支付违约金或者赔偿金等)后仍应按合同要求全面履行。也就是说，违约方承担了经济责任后并不能代替合同的履行，不能自然免除合同的法律约束力，不能免除过错方继续履行合同的责任。只要受害方要求继续履行合同，除了法律另有规定外，违约方又有能力履行，就必须继续履行未完成的合同义务。

3. 违约责任的形式

《民法典》规定：当事人一方不履行合同义务或者履行合同义务不符合约定的，应当承担继续履行、采取补救措施或者赔偿损失等违约责任。据此，违约责任有三种基本形式，即继续履行、采取补救措施和赔偿损失。当然，除此之外，违约责任还有三种基本形式，即第三人替代履行、违约金和定金责任。

(1) 继续履行。继续履行也称强制实际履行，是指违约方根据对方当事人的请求继续履行合同规定的义务的违约责任形式。

(2) 采取补救措施。《民法典》规定：可采取修理、重作、更换、退货、减少价款或者报酬等补救措施。

(3) 赔偿损失。《民法典》规定：当事人一方不履行合同义务或者履行合同义务不符合约定，造成对方损失的，损失赔偿额应当相当于因违约所造成的损失，包括合同履行后可以获得的利益。但是，不得超过违约一方订立合同时预见到或者应当预见到的因违约可能造成的损失。

(4) 第三人替代履行。《民法典》规定：当事人一方不履行债务或者履行债务不符合约定，根据债务的性质不得强制履行的，对方可以请求其负担由第三人替代履行的费用。

(5) 支付违约金。违约金是指当事人在合同中约定的一方或各方违约时，违约方要支付给守约方一定数额的货币，以弥补守约方损失同时兼有惩罚违约行为作用的违约责任方式。当事人如果既约定了违约金，又约定了定金的，一方违约时，对方可选择其一，不能同时并用。

承担违约责任后，是否还要继续履行或采取补救措施，可由合同各方协商确定。但是，当事人就迟延履行约定违约金的，违约方支付违约金后，还应当履行债务。

违约金具有补偿的性质，当事人之间约定的违约金低于或者过分高于违约造成的损失，当事人可以请求人民法院或仲裁机构予以增加或者适当减少。

(6) 定金。定金是指合同当事人为了确保合同的履行，依据法律规定或者当事人双方的约定，由当事人一方在合同订立时或者订立后履行前，按照合同标的额的一定比例(不超过 20%)，预先给付对方当事人的金钱或其替代物。它是作为债权担保的一定数额的货币，它属于一种法律上的担保方式，目的在于促使债务人履行债务，保障债权人的债权得以实现。签合同时，对定金必须以书面形式进行约定，同时还应约定定金的数额和交付期限。给付定金一方如果不履行债务，则无权要求另一方返还定金；接受定金的一方如果不履行债务，需向另一方双倍返还定金。债务人履行债务后，依照约定，定金应抵作价款或者收回。

(二)采购合同纠纷的处理

采购合同纠纷的解决有四种途径，即协商、调解、仲裁和诉讼。

1. 协商

合同双方当事人如果在履行合同过程中出现了纠纷，首先应按平等互利、协商一致的原则加以解决。按照法律规定，应该首先通过协商解决纠纷。对于需债务人偿还债务而其一时又无力偿还的，可以采取分期偿还或实物抵债的方式协商解决。

2. 调解

调解是指合同双方当事人自愿在第三方(即调节人)的主持下，在查明事实、分清是非的基础上，由第三方对纠纷双方当事人进行说明劝导，促使他们互谅互让，达成和解协议，从而解决纠纷的活动。

3. 仲裁

仲裁是指合同双方当事人发生争执，协商不成时，根据有关规定或者当事人之间的协议，由一定的机构以中间人或第三者的身份，对双方发生的争议在事实上做出判断，在权利和义务上做出裁决。

4. 诉讼

当发生合同纠纷后，双方当事人协商不成，可以向法院起诉，通过诉讼的方式来解决纠纷，但应注意以下几方面的问题。

(1) 诉讼时效。合同的诉讼时效就是指合同的一方当事人在法定期间不行使自己的权利，即丧失了请求法院依诉讼程序强制义务人履行义务的权利。采购合同作为民事合同的一种，诉讼时效适用于《民法典》中普通诉讼时效的规定，即诉讼时效期间为三年。法律另有规定的依照其规定。诉讼时效期间自从权利人知道或者应当知道权利受到损害以及义务人之日起计算。

(2) 诉讼管辖。法律规定，因合同纠纷提起诉讼，由合同履行地或者合同签订地人民法院管辖。根据这一规定，当事人应当向有管辖权的人民法院提起诉讼。

(3) 诉讼保全。诉讼保全是一种民事诉讼法律制度，是指法院对于可能因当事人一方行为或者其他原因，使判决不能执行或者难以执行的案件，可以根据对方当事人的申请，或依职权而对一方当事人的财物采取查封、扣押、冻结、提供担保等措施。

(4) 调解及判决。法院受理一方当事人的起诉后，首先要进行调解，如果经过调解双方达成了协议，调解协议即具有法律效力，双方要认真执行，否则，法院将强制执行。如果法院调解不成，则要做出判决或裁定，当事人对判决或裁定不服的，可以在收到判决书之日起 15 日内或接到裁定书之日起 10 日内向上一级法院提起上诉，如果超过了上诉期当事人没有上诉的，那么一审判决或裁定即发生法律效力，当事人必须执行。二审法院做出的判决、裁定，是终审的判决、裁定，当事人必须执行。当然，如果当事人认为已生效的判决、裁定确有错误，在不停止判决、裁定执行的情况下，还可以通过审判监督程序，向原审人民法院或上级人民法院申请再审。

【任务实施】

　　为完成这个任务，首先应明确采购合同的法律特征、采购合同的表现形式及其签订方式，同时，特别要注意合同条款的细节内容、违约条款、变更或解除合同条款及争议解决方式条款。当然，合同主体合法、内容合法、双方意思表示真实，该合同就具有了法律效力，双方就要受该合同约束，认真履行合同义务，享有合同权利。那么，就请先设计出这份啤酒进货合同吧，注意合同条款的细节。

【任务小结】

　　在"采购合同管理"任务中，我们通过一个具体的学习任务——签订采购合同，了解到为完成该任务需要具备的合同知识，如采购合同的概念及法律特征、表现形式、签订方式——要约与承诺、合同效力、合同变更与解除、合同纠纷及解决等。当然，仅具备这些知识还不够，还需要通过模拟训练来体会和强化，感受到"商场如战场"的经营风云。

任务三　采购订单管理

【任务目标】

知识目标：
(1) 了解订单与采购合同的区别与联系；
(2) 掌握采购订单的格式。
技能目标：
(1) 会签发采购订单；
(2) 能够进行采购订单流程管理。
素质目标：
(1) 具有法制观念；
(2) 具有成本意识。

【任务描述】

　　在任务一中，李明与批发点的王主任签订了 5 年期的啤酒进货合同。但由于每年的进货旺季为 5—10 月，其他月份为进货淡季，因此每年的 10 000 箱进货量不可能一次性完成，需分期分批进货。那么，这份合同该怎样执行呢？以怎样的形式体现呢？是否以订单形式执行？

【任务分析】

若要完成此任务，需明确以下几个问题。

(1) 采购合同是否就是我们通常说的采购订单？二者有何异同？

(2) 采购订单的格式是怎样的？

(3) 采购订单如何操作？

【任务资讯】

一、采购订单概述

采购合同的履行与管理往往通过采购订单的形式来细化。采购订单往往又伴随着订单和物料的流动，贯穿于整个采购过程，其作用是执行采购合同，实施订单计划，从采购环境中购买物料，为生产过程输送合格的原材料和配件，同时对供应商群体的绩效表现进行评价反馈。

(一)采购订单的含义

采购订单也称采购合同，一般在选择供应商后订立采购订单。采购订单描述了所采购物料的重要细节，如物料名称、数量、规格、质量要求、价格、交货方式、送达地址等，这些信息构成了订单的主体内容，一般位于订单的正面。

> **【知识拓展6-2】 采购订单与采购合同的区别和联系**
>
> 1. 区别
>
> (1) 采购订单、采购合同的定义。采购订单是企业根据产品的用料计划和实际能力以及相关的因素，所制订的切实可行的采购订单计划，并下达至订单部门执行，在执行的过程中要注意对订单进行跟踪，以使企业能从采购环境中购买到企业所需的商品，为生产部门和需求部门输送合格的原材料和配件。
>
> 采购合同是具有权利、义务内容的经济合同。合法、有效的合同有法律约束力，其对合同双方当事人有法律效力，可以强制执行，违反合同必须承担法律责任。合同对双方当事人规定的义务是双方当事人在平等的地位上，依各自的自由意志选择的结果，可以确实约束控制双方的行为、保护双方的利益。
>
> (2) 订单、合同的条款内容。订单更多的是某一时间购进一批具体的产品；合同是约定产品质量、付款期限、售后服务、违约责任等双方权利、义务的内容。
>
> (3) 订单、合同的时效。一般来说，合同的时效为合同约定的期限内，如1年、2年、5年等；订单的时效短于合同期限，在完成订单的整个周期后就终止，如15天、30天等。
>
> 2. 联系
>
> 订单条款是依据合同条款制定的，合同条款约定订单条款的内容。订单是合同生效、实施的体现载体。因此人们经常认为合同就是订单，订单就是合同，订单也具有法律效力。

(二)采购订单的格式

一般而言,采购订单包括订单头部、订单正文和订单尾部三部分。

1. 订单头部

订单头部包括订单名称、订单编号、采供双方的企业名称、签订地点和签订时间等。

2. 订单正文

订单正文是订单的主体部分,规定了双方的权利和义务,包括订单的各项交易条款,如采购物料的名称、品质规格、数量包装、单价和总值、交货期限、支付条件、保险、检验、索赔、不可抗力和仲裁条款等,以及根据不同商品和不同的交易情况加列的其他条款,如保值条款、溢短装条款和合同适用的法律等。可见,采购订单的各项条款内容与采购合同并无二致,在此不再赘述,只是采购订单在某些条款的内容和形式上更注重细节。

3. 订单尾部

订单尾部包括订单份数、生效日期、签订人的签名及采供双方的公司公章等。不同行业企业、不同的物料项目,其订单形式各有不同。表 6-5 是采购订单的一份样单。

表 6-5　某企业采购订单

订单编号:　　　　　　　　　　生产单号:
供方地址:　　　　　　　　　　负 责 人:
联系电话:　　　　　　　　　　传真号码:
需方地址:　　　　　　　　　　负 责 人:
联系电话:　　　　　　　　　　传真号码:

供应商:

请供应以下产品:

序　号	货物名称	规格及型号	单　位	数　量	单价/元	小计/元

合计: 人民币(大写)　　　　　　　　小写:

品质要求:

订货日期:　　　　　　　　　　交货日期:
交货方式:　　　　　　　　　　付款方式:
交货地址:
供方确认人:　　　　　　　　　需方审批人:
_____年___月___日　　　　　_____年___月___日
表格编号: UPPU-006　　　　　(请确认并签名,加盖公章后传真回我公司,谢谢!)

(三)开口合同

如果要重复地从一个供应商那里订购一种或一组物料,则可以发出综合采购订单,也称开口合同或开放式订单。该合同不规定一个准确的采购数量,而是根据上一年的履约情况和下一年的经营计划每年签订一次。除了数量信息外,它与正常的采购订单相同。签了开口合同之后,实际的采购数量则通过"开口合同下的发货通知单"来下达。开口合同下的发货通知单样本如表 6-6 所示。

表6-6　开口合同发货通知单

×××公司			编　号:	
发出日期:			开口合同号:	
电话:			合同/订单更改号:	
传真:			更改日期:	
供应商:			代号:	
零 件 号	零件名称	数　量	单　位	交 货 期
当前两个月的需求量:				
		发货指示:		
今后三个月的预测量:				
发货到:		联系人:		
地址:		电话:	传真:	
采购员:		采购部负责人:		

第一联:供应商　　第二联:采购　　第三联:财务　　第四联:物流

二、采购订单的操作流程

采购订单操作一般包括八个过程:订单准备、选择供应商、签订订单、订单执行与跟踪、物料检验、物料接收、付款操作和供应评价。

(一)订单准备

在接到采购部门的请购单之后,采购人员首先要进行订单准备操作。订单准备工作主要包括:熟悉需要采购订单操作的物料、价格确认、确认物料的质量需求标准、确认物料的需求量、制定订单说明书。

(二)选择供应商

订单人员在完成订单准备之后,要查询采购环境信息系统,寻找适应本次物料项目供应的供应商群体,通过与其沟通的情况确定意向供应商,并向其发放订单说明书。接到订单说明书后,供应商对有关资料进行分析,即可向订单人员回复是否接单。必要时可通过采购谈判评估选择供应商。据此,订单人员就可决定本次订单计划投向的供应商,必要时上报主管审批。

(三)签订订单

1. 订单制作

一般企业都有固定标准的订单格式,而且这种格式是供应商认可的,订单人员只需在标准订单中填写相关参数(如物料名称代码、计量单位、数量、单价、总价和交货期等)及一些特殊说明后即完成了订单制作。

2. 订单审批

订单审批一般由专职人员负责,主要审查订单人员是否严格执行订单计划,采购价格是否是指定的价格,采购数量是否符合订单计划的物料数量,交货期是否在一定范围内,是否符合到货日期要求等。

3. 与供应商签订订单

经过审批的订单,可以传给供应商确定并签字盖章。签订订单的方式多种多样,如采供双方面对面洽谈,现场盖章签字;或者通过传真方式传递与回传;或者使用 E-mail 方式,由采购方向供应商发出订单 E-mail,供应商回复表示接受并完成签字。如果建立了专用的订单管理信息系统,完成订单信息的传递就会更为快速、有效。

(四)订单执行与跟踪

订单签订后,就可以转入订单执行期。对于加工型供应商要进行备料、加工、组装、调试等方面的过程;对于存货型供应商,只需从库房里调集相关产品并进行适当处理,即可发货。

订单跟踪是采购人员的重要职责,订单跟踪的目的有三个:促进合同正常执行、满足企业的商品需求、保持合理的库存水平。在实际订单操作过程中,合同、需求、库存三者之间会产生矛盾,突出地表现为由于各种原因合同难以执行、需求不能满足导致缺货、库存难以控制。恰当地处理供应、需求、缓冲余量之间的关系是衡量采购人员能力的关键指标。为确保采购的质量,订单人员应对工艺文件、原材料、加工过程、组装调试及包装入库进行跟踪。对于长期稳定的供应商可以免去跟踪环节。

(五)物料检验

根据订单安排,采购方要对供应商的交货进行检验,因此要根据物料项目的品种、特征确定好检验日期和检验地点。例如,一些大型机械设备、电子装置,往往需要到现场检验;有些轻小型物品可以由供应商送货检验。同时还要安排好检验人员,在遵循检验制度的前提下,对不同物料进行不同程度的灵活检验。例如,对重要物料或质量稳定性较差物料进行严格检验,对一般物料进行正常检验,对那些不重要物料或质量稳定性持续较好物料可放宽检验,以提高检验效率。

另外,对在检验中发现的问题及时做出适当处理,考虑退货或换货、是否可以代用、与供应商沟通进行质量改进,或者罚款、质量整改、降级使用,甚至取消供应商资格等。

1. 物料质量检验的方法

(1) 全数与抽样检验。全数检验就是对待检产品100%地逐一进行检验,又称全面检验或100%检验。这种质量检验方法适用于生产批量很少的大型机电设备产品,对大多数生产批量较大的产品,如电子元器件产品就很不适用。当质量检验具有破坏性时,例如电视机的寿命试验、材料产品的强度试验等,全数检验更是不可能的。

抽样检验是从一批交验的产品(总体)中,随机抽取适量的产品样本进行质量检验,然后把检验结果与判定标准进行比较,从而确定该产品是否合格或需再进行抽检后裁决的一种质量检验方法。

(2) 计数与计量检验。计数检验是指在抽样的样本中,记录每一个个体有某种属性或计算每一个个体中的缺陷数目的检查。计数检验的计数值质量数据不能连续取值,如不合格数、疵点数、缺陷数等。

计量检验即通过各种计量器具获得质量数据,其计量值质量数据可以连续取值,如长度、容积、重量、浓度、温度、强度等。

(3) 理化与感官检验。理化检验是应用物理或化学的方法,依靠量具、仪器及设备装置等对受检物进行检验。理化检验通常测得检验项目的具体数值,精度高,人为误差小。理化检验是各种检验方式的主体,受到人们的特别关注。

感官检验就是依靠人的感觉器官对质量特性或特征做出评价和判断。例如,对产品的形状、颜色、气味、伤痕、污损、锈蚀和老化程度等,往往要靠人的感觉器官来进行检查和评价。因此,感官检验的结果往往依赖于检验人员的经验,并有较大的波动性。虽然如此,但由于目前理化检验技术发展的局限性以及质量检验问题的多样性,感官检验在某些场合仍然是质量检验方式的一种选择或补充。

(4) 破坏性与非破坏性检验。破坏性检验后,受检物品不再具有原来的使用功能,如寿命试验、强度试验以及爆炸试验等。破坏性检验只能适用抽样检验方式。

(5) 固定与流动检验。固定检验就是集中检验,是指在生产企业内设立固定的检验站,各工作现场的产品加工以后送到检验站集中检验。流动检验就是由检验人员直接去工作现场检验。

(6) 验收与监控检验。验收检验存在于生产全过程,如原材料、外购件、外协件及配套件的进货检验,半成品的入库检验,产成品的出厂检验等。验收检验的目的是判断受检对象是否合格,从而做出接收或拒收的决定。

监控检验也叫过程检验,目的是检定生产过程是否处于受控状态,以预防由于系统性质量因素的出现而导致的不合格品的大量出现。例如，生产过程质量控制中的各种抽样检验就是监控检验。

2. 物料质量检验的实施

(1) 进货检验(Incoming quality control，IQC)，主要是指企业购进的原材料、外购配套件和外协件入厂时的检验，这是保证生产正常进行和确保产品质量的重要措施。为了确保外购物料的质量，入厂时的验收检查应配备专门的质检人员，按照规定的检查内容、检查方法及检验数量进行严格认真的检验。从原则上说，供应厂所供应的物料应该是"件件合格、台台合格、批批合格"。如果不能使用全检，只能使用抽样检验时，也必须预先规定有科学可靠的抽检方案和验收制度。

进货物料经检验合格后，检验人员应做好检验记录并在入库单签字或盖章，及时通知库房收货，做好保管工作。如检验后不合格，应按不合格品管理制度办好全部退货或处理工作(退货或处理的具体工作可由归口责任部门负责)。对于原材料、辅材料的入厂检验，往往要进行理化检验，如分析化学成分、机械性能试验、金相组织鉴定等工作，验收时要着重材质、规格、批号等是否符合规定。

(2) 过程检验(In process quality control，IPQC)，也称为工序检验，其目的是为了防止出现大批不合格品，避免不合格品流入下道工序继续进行加工。因此，过程检验不仅要检验产品，还要检定影响产品质量的主要工序要素(如 4M1E)。

过程检验通常有三种形式：首件检验、巡回检验和末件检验。

首件检验，也称为"首检制"，长期实践经验证明，首检制是一项尽早发现问题、防止产品成批报废的有效措施。通过首件检验，可以发现诸加工夹具严重磨损或安装定位错误、测量仪器精度变差、看错图纸、投料或配方错误等系统性原因的存在，从而采取纠正或改进措施，以防止批次性不合格品发生。通常在下列情况下应该进行首件检验：①一批产品开始投产时；②设备重新调整或工艺有重大变化时；③轮班或操作工人变化时；④毛坯种类或材料发生变化时。首件检验一般采用"三检制"的办法，即操作工人实行自检，班组长或质量员进行复检，检验员进行专检。首件检验后是否合格，最后应得到专职检验人员的认可，检验员对检验合格的首件产品，应打上规定的标记，并保持到本班或一批产品加工完为止。

巡回检验，就是检验工人按一定的时间间隔和路线，依次到工作地或生产现场，用抽查的形式，检查刚加工出来的产品是否符合图纸、工艺或检验指导书中所规定的要求。在大批量生产时，巡回检验一般与使用工序控制图相结合，是对生产过程发生异常状态实行报警，防止成批出现废品的重要措施。当巡回检验发现工序有问题时，应进行两项工作：①寻找工序不正常的原因，并采取有效的纠正措施，以恢复其正常状态；②对上次巡检后到本次巡检前所生产的产品，全部进行重检和筛选，以防不合格品流入下道工序(或用户)。巡回检验是按生产过程的时间顺序进行的，因此有利于判断工序生产状态随时间过程而发生的变化，这对保证整批加工产品的质量是极为有利的。为此，工序加工出来的产品应按加工的时间顺序存放，这一点很重要，但常被忽视。

末件检验，即一批产品加工完毕后，全面检查最后一个加工产品，如果发现有缺陷，可在下批投产前把模具或装置修理好，以免下批投产后被发现，因需修理模具而影响生产。

(3) 最终检验(Finally quality control，FQC)，又称完工检验，它是指在某一加工或装配车间全部工序结束后的半成品或成品的检验。

对于半成品来说，往往是指零部件入库前的检验。半成品入库前，必须由专职的检验人员根据情况实行全检或抽检，如果在工序加工时生产工人实行100%的自检，一般在入库前可实行抽样检验，否则应由专职检验人员实行全检后才能接收入库。但有的企业在实行抽样检验时，如发现不合乎要求，也要进行全检，重新筛选。

成品最终检验是对完工后的产品进行全面的检查与试验。其目的是防止不合格品流到用户手中，避免对用户造成损失，也是为了保护企业的信誉。对于制成成品后立即出厂的产品，成品检验也就是出厂检验；对于制成成品后不立即出厂，而需要入库贮存的产品，在出库发货以前，尚需再进行一次"出厂检查"。例如，某些军工产品，完工检验常常分为两个阶段进行，即总装完成后的全面检验与靶场试验后的再行复验。成品检验的内容包括：产品性能、精度、安全性和外观。只有成品检验合格后，才允许对产品进行包装。在许多企业中，FQC的工作是由他们的QA(quality audit，品质保证)完成的，在这里的QA实际做的是FQC的工作，但是他们的检测相对于生产线的检验更为全面、准确，其检验员的业务素质和仪器设备要求相对较高。

(六)物料接收

物料接收是整个采购过程的一部分，有的企业收货部门直接划归为采购部管辖，有的企业则把收货部门划归仓库或物流部，但收货部门仍可间接对采购部负责。在日常工作中两个部门有着紧密的联系。因此，在每项物料接收之前，为保证订单操作过程稳定有序和物料按期到货且有存货空间，采购部要与供应商确认检验送货日期，还要与仓储部(或物流部)协调送货事务，以便仓储部(或物流部)安排接收计划。然后，即可通知供应商送货，由库房安排接收及验收入库。

(七)付款操作

在实际采购过程中，企业要按照采购合同或订单中规定的付款时间进行付款，但要注意一些问题。例如，要查看物料检验入库信息，确认物料检验是否通过并完成入库，还有付款单的编制、主管的审批、付款方式、收款提醒等，以确保安全付款。

(八)供应评价

在实际采购中，供应商能否严格按照供货合同或订单送货，以及供货质量、绩效或是否调整等问题，需要进行评估认定。因此，可以成立供应商评价小组，制定供应商评价指标体系，对供应商进行评价。根据评价结果及结论，对评价绩效较好的供应商，继续与其续约或分配给其较大的供应份额；对评价绩效一般的供应商，继续与其续约或促其改进，提高供应绩效；对评价绩效较差的供应商，减小其供应份额或取消其供应商资格。

【任务实施】

为完成这个任务，首先要知道什么是采购订单，清楚采购订单的格式和操作流程。这样，我们就知道该怎样签订并执行这份采购进货合同。

签订啤酒进货的开口合同——即啤酒进货的开放性订单，明确每年的啤酒进货量至少10 000 箱，旺季每一个月进一次货，淡季每两个月进一次货，根据上个月的销售情况和下个月的销售预期进行调整每次进货量。那么，就请先设计一份采购订单吧。

【任务小结】

在"采购订单管理"任务中，我们通过一个具体的学习任务——通过签订开放式订单(开口合同)帮助李明有效执行进货合同，了解到为完成该任务需要了解一些业务知识，如采购订单的格式、采购订单与采购合同的异同、采购订单的操作过程等。可见，采购订单与采购合同在实践中都具有法律效力。

项 目 测 试

【应知测试】

一、填空题

1. 谈判包括＿＿＿＿＿＿＿＿＿、＿＿＿＿＿＿＿＿＿、＿＿＿＿＿＿和＿＿＿＿＿四要素。

2. 采购谈判的二重性决定了采购谈判成功的基础是＿＿＿＿＿＿＿。

3. 采购谈判的程序包括＿＿＿＿＿＿＿、＿＿＿＿＿＿、＿＿＿＿和＿＿＿＿四阶段。

4. 采购谈判的开局阶段包括三个主要内容，分别是＿＿＿＿＿＿＿、＿＿＿＿＿和＿＿＿＿＿。

5. 发盘在法律上称为＿＿＿＿＿＿，在发盘的有效期内，一经＿＿＿＿＿无条件接受，合同即告成立，＿＿＿＿＿承担按发盘条件履行合同义务的法律责任。发盘有＿＿＿＿和＿＿＿＿两种。

6. 采购合同的效力主要有＿＿＿＿＿＿＿＿＿＿＿、＿＿＿＿＿＿＿＿＿＿＿、＿＿＿＿＿＿＿＿和＿＿＿＿＿＿＿＿＿＿四种表现形式。

7. 采购合同纠纷的解决有四种途径，即＿＿＿＿＿、＿＿＿＿＿、＿＿＿＿和＿＿＿＿。

二、单选题

1. 在采购谈判中，(　　)与合作原则通常是互为补充的。

　　A. 自愿平等　　　B. 礼貌原则　　　C. 合法原则　　　D. 利益共享

2. 对方最关心的是价格问题，而你方最关心的是交货问题。这时，谈判的焦点不宜直接放到价格和交货时间上，而应放到运输方式上。这是采购谈判常用到的(　　)策略。

　　A. 抛砖引玉　　　B. 忍气吞声　　　C. 避免争论　　　D. 避实就虚

3. 定金的数额一般不超过采购合同标的额的(　　)。

A. 10%　　　　　B. 15%　　　　　C. 20%　　　　　D. 30%

4. 在下列合同中, (　　)合同是无效的采购合同。

　　A. 一方以欺诈、胁迫的手段订立的采购合同

　　B. 因重大误解而订立的采购合同

　　C. 双方恶意串通, 损害他人合法权益的采购合同

　　D. 乘人之危导致显失公平的采购合同

5. 以下不属于订单签订工作内容的是(　　)。

　　A. 订单说明书制作　　　　　　　B. 订单制作

　　C. 订单审批　　　　　　　　　　D. 签订订单

三、多选题

1. 以下属于采购谈判礼貌原则的是(　　)。

　　A. 得体准则　　　　　　B. 谦逊准则　　　　　　C. 关系准则

　　D. 同情准则　　　　　　E. 赞誉准则

2. 违约责任有多种形式, 包括(　　)。

　　A. 继续履行　　　　　　B. 采取补救措施　　　　C. 赔偿损失

　　D. 违约金　　　　　　　E. 定金

3. 下列情况中均为意思表示不真实而签订的采购合同, 可撤销的是(　　)。

　　A. 重大误解　　　　　　B. 显失公平　　　　　　C. 欺诈手段

　　D. 胁迫手段　　　　　　E. 恶意串通

4. 下列属于合同约首部分内容的是(　　)。

　　A. 合同名称　　　　　　B. 合同号码　　　　　　C. 商品名称

　　D. 付款条件　　　　　　E. 卖方名称

5. 以下属于订单准备工作内容的是(　　)。

　　A. 价格确认　　　　　　B. 采购量确认　　　　　C. 订单制作

　　D. 订单说明书制作　　　E. 订单审批

四、判断题

1. 如果交易成功对某一方更重要, 则该方在谈判中的实力就弱。　　　　　　(　　)

2. 企业的信誉和实力等同于谈判实力。　　　　　　　　　　　　　　　　(　　)

3. 要约的撤回, 指在要约发生法律效力之后, 要约人使其丧失法律效力而取消要约的行为。　　　　　　　　　　　　　　　　　　　　　　　　　　　　　　(　　)

4. 承诺自通知发出时生效。　　　　　　　　　　　　　　　　　　　　　(　　)

5. 当事人如果既约定了违约金, 又约定了定金的, 一方违约时, 对方可选择其一, 不能同时并用。　　　　　　　　　　　　　　　　　　　　　　　　　　　　(　　)

五、简答题

1. 采购谈判的内容有哪些?

2. 实盘和虚盘有哪些区别?

3. 要约与要约邀请有哪些区别?

4. 要约的撤回与要约的撤销有何区别？

5. 采购订单与采购合同的区别和联系是什么？

【应会测试】

一、案例分析

1. A县的甲公司与B县的乙公司于2019年7月3日签订一份空调购销合同，约定甲公司向乙公司购进100台空调，每台空调的单价为2000元。乙公司负责在B县代办托运，甲公司于货到后立即付款，同时约定若发生纠纷由合同履行地法院管辖。乙公司于7月18日在B县的火车站发出了该100台空调。甲公司由于发生资金周转困难，于7月19日传真告知乙公司自己将不能履行合同。乙公司收到传真后，努力寻找新的买家，于7月22日与C县的丙公司签订了该100台空调的合同。合同约定：丙公司买下这100台托运中的空调，每台单价为1900元，丙公司于订立合同时向乙公司支付1万元定金，在收到货物后15日内付清全部货款；在丙公司付清全部货款前，乙公司保留对空调的所有权；如有违约，违约方应承担合同总价款20%的违约金。乙公司同时于当日传真通知甲公司解除与甲公司签订的合同。铁路运输过程中于7月21日遇上泥石流，30台托运中的空调毁损。丙公司于7月26日收到70台完好无损的空调后，又与丁公司签订合同准备将这70台空调全部卖给丁公司。同时丙公司以其未能如约收到100台空调为由拒绝向乙公司付款。

请回答下列问题：

(1) 乙公司在与甲公司的合同履行期届满前解除合同的理由是什么？在解除合同的情形下，乙公司能否向甲公司主张违约责任？

(2) 假设甲公司以乙公司解除合同构成违约为由向法院起诉，请问哪个法院有管辖权？为什么？

(3) 遭遇泥石流而毁损的空调损失应由谁承担？为什么？

(4) 乙公司认为丙公司拒绝付款构成违约，决定不返还其定金，还要求其支付3.8万元的违约金，问其主张能否得到支持？为什么？

(5) 丙公司与丁公司所签合同的效力如何？为什么？

2. 大兴公司与全宇公司签订委托合同，由大兴公司委托全宇公司采购500台彩电，并预先支付购买彩电的费用50万元。全宇公司经考察发现，甲市和平区的天鹅公司有一批质优价廉的名牌彩电，遂以自己的名义与天鹅公司签订了一份彩电购买合同，双方约定：全宇公司从天鹅公司购进500台彩电，总价为130万元，全宇公司先行支付30万元定金；天鹅公司采取送货方式，将全部彩电运至乙市松南区，货到验收后一周内全宇公司付清全部款项。天鹅公司在发货时，工作人员误发成505台。在运输途中，由于被一车追尾，20台彩电遭到不同程度的损坏。全宇公司在松南区合同约定地点接收了505台彩电，当即对发生损坏的20台彩电提出了质量异议，并将全部彩电交付大兴公司。由于彩电滞销，大兴公司一直拒付货款，致全宇公司一直无法向天鹅公司支付货款。交货两个星期后，全宇公司向天鹅公司披露了是受大兴公司委托代为购买彩电的情况。

请回答下列问题：

(1) 天鹅公司事先并不知晓全宇公司受大兴公司委托购买彩电，知悉这一情况后，天鹅公司能否要求大兴公司支付货款？为什么？

(2) 全宇公司与天鹅公司订立的合同中的定金条款效力如何？为什么？

(3) 大兴公司多收的 5 台彩电应如何处理？为什么？

(4) 如追尾的肇事车辆逃逸，20 台受损彩电的损失应由谁承担？为什么？

二、业务题

资料背景：2019 年 1 月 8 日，长江公司物资仓库的物料控制员张某在进行管控巡视时发现塑料线圈(规格：φ3，物料代码：CJ-1)的库存量已临近 50kg(最低储量限额)，遂向物资科主管王科长汇报并请示申购补货。王科长确认后示意张某编制请购单，要求申购 300kg(最高储存量为 350kg)，预计到货所需时间为 3 天。张某查到长期合作的供应商金轮公司为合适供应商，其单价为 50 元/kg。公司李经理同意申购并签字。然后张某将该请购单送交采购科，采购科林某据此编制订单并经科长曹某和经理签字后寄送金轮公司。

要求：

(1) 编制"请购单"；

请购单

日期：　　　　　　　请购部门：　　　　　　　　　　　NO：

物料代码	物料名称	规 格	需求数量	库存数量	请购数量	预定进货时间	备 注

经理：　　　　　　　　　　主管：　　　　　　　物料控制员：

(2) 根据"请购单"编制"订单"。

订　单

订货日期：　　　　　　　　　　　　　订单号：

供货单位：　　　　　　　　　　　订购单位(盖章)：

物料代码	物料名称	规 格	计量单位	订购数量	单价(元/单位)	金额(元)	备 注

经理：　　　　　　　　　　主管：　　　　　　　制单人：

项目七　采购成本控制

【项目导入】

在项目六中，我们学会了通过采购谈判签订采购合同和签发采购订单。因价格直接影响着采购成本。所以不论是在采购订单中，还是在采购合同中，价格条款往往都是核心条款之一。对采购成本的管理与控制，是企业的重点工作之一。

【项目展开】

为了系统而直观地学习相关知识，我们可将该项目按照以下两个工作任务进行展开。

任务一　采购价格管理

任务二　采购成本管理

在各个工作任务中，我们都将按照任务目标、任务描述、任务分析、任务资讯、任务实施和任务小结的顺序详细讲述。

任务一　采购价格管理

【任务目标】

知识目标：

(1) 了解采购价格的表现形式；

(2) 掌握采购价格的影响因素。

技能目标：

(1) 能进行采购价格的调查与询价；

(2) 掌握供应商的定价方法。

素质目标：

(1) 热爱采购工作，具有工作责任心；

(2) 树立为生产服务的观点，具有成本观念。

【任务描述】

在项目六的任务一中，李明通过谈判成功地将啤酒的进货价格削减了 0.02 元/瓶，并顺利签下了合同。试想一下，对方之所以同意了李明的要求，仅仅是因为担心失去了这个客户才忍痛压价的吗？非也！有没有这样一种可能：啤酒批发点的王主任能够同意 0.02 元/瓶的压价，是因为他能够承受，不但能承受，而且他通过与上游厂家或供应商进行谈判也可压低进货价格，所以王主任也有可能是个胜利者。那么，王主任为什么能够将他的啤酒进货价格压低呢？是因为其上游厂家或供应商在削价后仍有得赚，他们深知自己的生产经营成本，只要他们有利可赚，稍微压价、薄利多销是可取的，所以以什么样的价格进货，不要单纯地考虑自己的赚头，还要考虑供应商的承受能力，了解供应商的定价。

那么，供应商是怎样定价的呢？

【任务分析】

现在需要明确以下几个问题。

(1) 什么是采购价格？采购价格有哪些表现形式？有哪些影响因素？

(2) 供应商是怎样定价的？有哪些具体的定价方法？

(3) 采购价格的确定方式有哪些？

【任务资讯】

一、采购价格概述

确定最优的采购价格是采购管理的一项重要工作，采购价格的高低直接关系到企业最终产品或服务价格的高低。因此，在确保满足其他条件的情况下，力争最低的采购价格是采购人员的最重要的工作。

(一)采购价格的概念与表现形式

采购价格是指企业进行采购作业时，通过某种方式与供应商之间确定的所需采购的物品和服务价格。

依据不同的交易条件，采购价格会有不同的表现形式。采购价格一般由成本、需求以及交易条件决定，通常有以下几种表现形式。

1. 送达价与出厂价

送达价是指供应商的报价中包含负责将商品送达采购企业的仓库或指定地点时，期间发生的各项费用均由供应商承担。例如，国际贸易术语中的 CIF 价格术语，即到岸价中包含运费(包括在出口厂商所在地至港口的运费)和货物抵达买方之前一切运输保险费，还包括其他如进口关税、银行费用、利息以及报关费等。这种送达价通常由国内的代理商，以人民币报价方式(形同国内采购)向外国出口商进口货品后，出售给采购方，一切进口手续皆由代理商办理。

出厂价是指供应商的报价不包括运送责任，即由采购企业自行组织运输，将所需物料由供应商处运回。这种情形通常出现在采购方企业拥有运输工具或供应商加计的运费偏高时，或当卖方市场时，供应商不再提供免费的运送服务。

2. 现金价与期票价

现金价是指以现金或相等的方式支付货款。但是"一手交钱，一手交货"的方式并不多见，按零售行业的习惯，月初送货、月中付款或月底送货、下月中付款，即视同现金交易，并不加计延迟付款的利息。现金价可使供应商免除交易风险，企业亦享受现金折扣。例如，在美国零售业的交易条件若为 2/10、n/30，即表示 10 天内付款可享受 2%的折扣，否则 30 天内必须付款。

期票价是指采购企业以期票或延期付款的方式来采购商品。通常采购企业会加计迟延付款期间的利息于售价中。如果卖方希望取得现金周转，会将加计的利息超过银行现行利率，以使供应商舍弃期票价而采取现金价。另外，从现金价加计利息变成期票价，可用贴现的方式计算价格。

3. 净价与毛价

净价是指供应商实际收到的货款，不再支付任何交易过程中的费用，这点在供应商的报价单条款中，通常会写明。

毛价是指供应商的报价因为某些因素可以加以折让。例如，供应商会因为企业采购金额较大，而给予企业某一百分率的折扣。例如，采购空调设备时，商家的报价已包含货物税，只要买方能提供工业用途的证明，即可减免增值税50%。

4. 现货价与合约价

现货价是指每次交易时，由供需双方重新议定价格，若签订了买卖合同，亦以完成交易后即告终止。在企业众多的采购项目中，采用现货交易的方式最频繁；买卖双方按交易当时的行情进行，不必承担签约后价格可能发生的巨幅波动的风险或困扰。

合约价是指买卖双方按照事先议定并在合约中确定的价格进行交易，合约价格涵盖的期间依契约而定，短则几个月，长则一两年。由于价格议定在先，经常造成与时价或现货价的差异，在买卖时发生利害冲突。因此，合约价必须有客观的计价方式或定期修订，才能维持公平、长久的买卖关系。

5. 定价与实价

定价即物品标示的价格。使用定价时，供应商可以通过调整折扣率反映时价，无须提供新的报价单给采购方，因此，定价只是名义价格，而非真实价格。

实价即买方实际支付的价格。特别是供应商为了达到促销的目的，经常提供各种优惠的条件给买方，如数量折扣、免息延期付款、免费运送等，这些优惠都会使企业的采购价格降低。

(二)影响采购价格的因素

采购价格的高低受各种因素的影响，不论是国内采购还是国际采购，地区差异、商业环境不同、供应关系以及规格、服务(如机器设备的长期服务)、运输及保险、交货期限等，都对价格的波动有相当大的影响。

1. 供应商成本的高低

供应商成本的高低是影响采购价格的最根本、最直接的因素。供应商进行生产，其目的是获得一定利润，否则生产无法继续。因此采购价格通常在供应商成本之上，两者之差即为供应商的利润，供应商的成本是采购价格的底线。因此，那种认为采购价格的高低全凭谈判双方对弈的结果、可以随心所欲而定的想法是错误的。尽管经过谈判可使供应商大幅降价的情况时有出现，但这只是因为供应商报价不实、虚价水分较大的缘故。

2. 采购物料的规格与品质

采购企业对采购物料的规格要求越复杂，采购价格就越高。采购价格的高低与采购物料的品质也有很大的关系。如果采购物料的品质一般或质量低下，供应商会主动降低价格，以求赶快脱手，有时甚至会贿赂采购人员。采购人员千万不要只追求价格最低，或为了一己私利接受贿赂，忽略了质量，应该以企业利益为重，确保采购物料能满足本企业的需求，物料质量能满足产品的设计和工艺要求。

3. 采购物料的供需关系

采购价格通常也会受到供需关系的影响。当企业需采购的物料紧俏时，则供应商处于主动地位，它会趁机抬高价格；当企业采购的物料供过于求时，则采购企业处于主动地位，可以获得最优的价格。

4. 生产季节与采购时机

当采购企业处于生产的旺季时，对原材料需求紧急，在此不得不承受更高的价格。避免这种情况的最好办法是提前做好生产计划，并根据生产计划制订出相应的采购计划，为生产旺季的到来提前做好准备。

5. 采购数量的多少

如果采购数量大，采购企业就会享受供应商的数量折扣，从而降低采购的价格。因此，大批量、集中采购或联合采购是降低采购价格的有效途径。

6. 交货条件

交货条件也是影响采购价格的非常重要的因素，交货条件主要包括运输方式、交货期的缓急等。如果货物由采购方来承运，则供应商就会降低价格，反之就会提高价格。有时为了争取提前获得所需货物，采购方也会适当提高采购价格。

7. 付款条件

在付款条件下，供应商通常都规定有现金折扣、期限折扣，以刺激采购方能提前或现金付款。

二、采购价格的确定

确定适当的采购价格目标，主要在于确保所购物料的成本，以期能获得有力的竞争地位，并在维持买卖双方利益的良好关系下，使物料供应稳定持续，这是采购人员的主要责任。为此，在确定采购价格时，应首先进行采购价格调查，根据调查信息进行询价，最终确定采购价格。

(一)采购价格的调查

1. 调查的主要范围

企业所使用的物料品种繁多，规格复杂，有关采购价格资料的收集、调查、登记、分析十分困难，要想对所有需要采购的物料做采购价格调查，显然是不可能的。因此，企业要对所需采购的物料进行分类，如根据80/20法则找到那些"重要的少数"：即在数量上仅占物料总数的约 20%，而在价值上却占到总价值约 80%的物料。假如企业能掌握住这"重要的少数"，就可以达到降低采购成本的目的，这就是重点管理法。

根据一些企业的实践经验，通常把以下六大项目列为主要的采购价格调查范围。

(1) 选定主要原材料 20～30 种，其价值占全部总值的 70%甚至 80%以上。

(2) 常用材料、器材，属于大量采购项目的。

(3) 性能比较特殊的材料、器材(包括主要零配件)；一旦供应脱节，就可能导致生产中断的采购。

(4) 突发事件紧急采购。

(5) 波动性物资、器材采购。

(6) 计划外资本支出、设备器材的采购，数量巨大、影响经济效益深远的采购。

其中的(1)、(2)、(5)三项，记录其每日行情的变动，做详细细目调查；(3)、(4)、(6)三项属于特殊性或例外性采购范围，价格差距极大，列为专业调查重点。

2. 信息收集方式

据统计，采购人员大约有 27%的时间从事信息收集。信息收集的方法主要有以下三类。

(1) 上游法，即了解拟采购的产品是由哪些零部件或材料组成的，也就是查询制造成本及产量资料。

(2) 下游法，即了解采购的产品用在哪些地方，也就是查询需求量及售价资料。

(3) 水平法，即了解采购的产品有哪些类似产品，也就是查询替代品或新供货商的资料。

【课堂讨论 7-1】

结合生活实际(如买车、买房、买计算机或买手机，需在事前调查价格)谈谈，你对采购价格调查信息收集方式的看法，并指出不同收集方式的优点。

3. 信息的收集渠道

信息收集的常用渠道有：杂志、报纸等媒体，信息网络或产业调查服务业，供货商、顾客及同业，参观展览会或参加研讨会，加入协会或公会。

4. 信息处理方式

企业可将采购市场调查所得资料信息加以整理、分析和讨论，在此基础上提出调查报告和商业环境分析，对本企业提出有关改进建议(如提供采购方针的参考或采购策略，以降低采购成本)，并根据调查结果，初步确定采购价格，研究更好的采购方法。

(二)询价

询价是采购企业向供应商表达采购意向，并希望供应商做出报价的过程。询价时必须特别注意是否已给供应商提供足够的资料，以便使供应商尽快做出报价。为了避免日后造成采购人员各执己见，以及在品质等方面认知上的差异，采购人员在询价前要做好充分准备，保证所提供的资料正确有效，制定出完整、正确的询价单(函)。

1. 询价单(函)

一份完整的询价单(函)至少应包含以下几个主要部分：①询价项目的品名与料号；②询价项目的数量；③询价项目的规格书，包括材料规格、样品、色泽等有助于供应商报价的信息，用以描述物料品质；④询价项目的品质规范要求，包括品牌、同级品、商业标准、材料与制造方法规格、性能或功能规格、工程图、市场等级、样品、工作说明书等；⑤询价项目的报价基础要求，如报价的币值与贸易条件；⑥询价项目的交货期要求；⑦询价项目的包装要求；⑧买方的付款条件；⑨运送地点与交货方式；⑩询价项目的售后服务与保证期限要求等。表 7-1 是一份采购询价单。

表 7-1 采购询价单

日期：_____   NO._____

申请单位		申请日期		需用日期			请购单号	
编　号	品　名	规　格	申请数量	库 存 量	月平均用量	前次采购单价	前次采购厂商	
厂商								
厂牌								
电话								
定价								
报价								
议价								
付款方式								
拟办								

总经理：　　　　　财会：　　　　　　　主管：　　　　　　　填单：

2. 询价的方式

询价的方式通常有以下两种。

(1) 口头询价。口头询价即由采购人员以电话或面对面的方式向供应商说明采购项目的品名、规格、单位数量、交货期限、交货地点、交货方式、付款及报价有效期等资料。这种方式简单、快捷，可以免除以书面方式询价所耗费的询价单(函)邮寄时间。不过，这种方式适用于双方经常交易、规格简单、标准化的询价项目。

(2) 书面询价。口头询价可能发生语言沟通上的误会，且口说无凭，如果将来发生报价或品质规格上的误差，不但浪费时间，也容易引发交易纠纷。为了避免发生此类问题，对于那些规格复杂且不属于标准化的询价项目，以采用书面询价为宜。同时，尽量使用传真机或计算机将询价单(函)发送给供应商，快速有效。

在询价的过程中，为使供应商不致发生报价上的失误，通常采购人员应附辅助性的文件，如工程发包的规范书、物料分期运送的数量明细表等。有时采购方对于形状特殊且无标准规格的零件或物品，也会提供样品给供应商参考。

经过询价以后，采购人员可以从发回报价的供应商中选取信誉可靠、条件优惠的供应商，再对性能、质量、交货等方面做综合比较，然后通过比价与供应商议价，最终确定采购价格。可以说，询价是个综合过程，这一过程也包含了询价、比价、议价和定价。企业在采购日常采购品或者是对企业来说不太重要的零部件时，可以采用这种方式。而对于那些重要、关键的采购品或者是基于使供应商感到公平的考虑，可以采用招标或谈判等方式确定采购价格。

3. 询价的注意事项

询价时应注意以下事项：①凡属一般采购，采购部均应选择至少三家符合采购条件的供应商作为询价对象；②如确属货源紧张、独家代理、专卖品等特殊状况，可不受第①条所限；③凡属合约采购项目，采购部依合约中的价格核价，不需另行询价(合约条件发生重大变化除外)；④如向特约供应商采购时，应要求其附报价明细表，如特约供应商有两家以上，则应向其同时索要报价明细表；⑤凡属可做成本分析的采购项目，采购部应要求供应商做成本分析，以做议价参考；⑥选择询价或采购的对象，应依照直接生产厂商、代理商、经销商的顺序选择；⑦询价后，应确认各家报价方式、产品规格、采购条件等是否一致方可比价；⑧专业材料、用品或项目，采购部应会同使用部门共同询价与议价。

【技能训练7-1】

假如你负责为某超市采购护眼灯，你该如何进行询价？是口头询价还是书面询价？请设计一份询价单(函)。

三、供应商的定价方法

为了有助于采购部门评估供应商的报价，进而确定采购价格，必须了解供应商是怎样定价的，而且传统的定价一般也是由供应商来制定的。常用的定价方法主要有以下几种。

(一)成本加成定价法

成本加成定价法是在产品的成本上加一个标准的加成来确定价格的方法，是最基本的定价方法。它以行业平均成本费用为基础，加上规定的销售税金和一定的利润组成。

实际上，在这种定价方法下，就是把所有为生产某种产品而发生的耗费均计入成本的范围，计算单位产品的变动成本，合理分摊相应的固定成本，再按一定的税率和目标利润率来决定价格。

成本加成定价法的计算公式为

单位产品出厂价格=单位产品制造成本+单位产品应负担的期间费用

+单位产品销售税金+单位产品销售利润

=单位产品制造成本+单位产品销售利润+出厂价格

×(期间费用率+销售税率)

公式变形为

$$\text{单位产品出厂价格} = \frac{\text{单位产品制造成本} + \text{单位产品销售利润}}{1 - \text{期间费用率} - \text{销售税率}} \quad (1)$$

$$= \frac{单位产品制造成本 \times (1 + 成本利润率)}{1 - 期间费用率 - 销售税率} \tag{2}$$

其中，期间费用包括管理费用、财务费用和销售费用。期间费用率为期间费用与产品销售收入的比率，可以用行业水平，也可以使用企业基期损益表的数据。

销售税金指产品在销售环节应缴纳的消费税、城建税及教育附加费等，但不包括增值税。销售税率是这些税率之和。

销售利润可以是行业的平均利润，也可以是企业的目标利润。成本利润率是销售利润与制造成本的比率，即加成比例。这是成本加成法的关键。

例 7-1 某企业生产一种产品，预计单位制造成本为 100 元，行业平均成本利润率为 25%，销售税率为 0.7%，企业基期的期间费用为 50 万元，产品销售收入为 500 万元。试用成本加成法计算其出厂价格。

解：

$$出厂价格 = \frac{100 \times (1 + 25\%)}{1 - \dfrac{500\,000}{5\,000\,000} - 0.7\%} = 139.98(元)$$

(二)盈亏平衡定价法

盈亏平衡定价法也叫保本定价法或收支平衡定价法，是指在销量既定的条件下，企业产品的价格必须达到一定的水平才能做到盈亏平衡、收支相抵。既定的销量就称为盈亏平衡点销量，这种制定价格的方法称为盈亏平衡定价法。科学地预测销量和已知固定成本、变动成本是盈亏平衡定价的前提。

盈亏平衡定价法就是运用盈亏平衡分析原理(见图 7-1)来确定产品价格的方法。盈亏平衡分析的关键是确定盈亏平衡点，即企业收支相抵，利润为零时的状态。

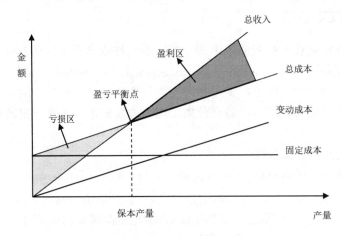

图 7-1　盈亏平衡原理图

由图 7-1 分析可以得到盈亏平衡定价法的计算公式为

$$保本价格 = \frac{\dfrac{固定成本}{产销量} + 单位变动成本}{1 - 营业税税率} \tag{3}$$

例 7-2 某旅游饭店共有客房 300 间，全部客房年度固定成本总额为 300 万美元，每间客房每天变动成本为 10 美元，预计客房年平均出租率为 80%，营业税税率为 5%，求该饭店客房保本时的价格。

解： 根据所给数据和公式，计算如下：

$$保本价格 = \frac{\dfrac{3\,000\,000}{300 \times 365 \times 80\%} + 10}{1 - 5\%} = \frac{34.25 + 10}{0.95} = 46.58(美元)$$

根据盈亏平衡定价法确定的旅游价格，是旅游企业的保本价格。低于此价格旅游企业会亏损，高于此价格旅游企业则有盈利，实际售价高出保本价格越多，旅游企业盈利越大。因此，盈亏平衡定价法常作为对旅游企业各种定价方案进行比较和选择的依据。

(三)目标利润定价法

目标利润定价法又称目标收益定价法或目标回报定价法，是根据企业预期的总销售量与总成本，确定一个目标利润率的定价方法。

目标利润定价法的特点是，首先确定一个总的目标利润或目标利润率，然后把总利润分摊到每个产品，与产品的成本相加，就可以确定价格。美国通用汽车把目标利润定为 15%～20%。

目标利润定价法的应用分析基于盈亏平衡原理，即

$$销售量 \times 价格 = 固定成本 + 销售量 \times 变动成本$$

$$保本销售量 = 固定成本 \div (价格 - 变动成本)$$

例 7-3 某种产品的固定成本为 5000 元、变动成本为 20 元，价格定为 30 元是否合适？

解： 先计算其保本销售量为

$$保本销售量 = 固定成本 \div (价格 - 变动成本)$$
$$= 5000 \div (30 - 20)$$
$$= 500(单位)$$

即销售量为 500 个单位时，销售额等于总成本，利润为零；之后每卖一个单位产品，则净赚 10 元(价格 - 变动成本)。

厂商可通过预测价格与需求量之间的关系，并利用损益平衡分析，来确定合适的价格。假设在 30 元的价格下，预计可卖出 1500 单位，因而创造 10 000 元(10×1000)的利润。如果该利润数值符合目标，则接受 30 元的定价。若不符合利润目标，则尝试调整成本或价格，预测新的需求量，以决定是否有更合适的价格水准。

可见，目标利润率定价法的要点是找出盈亏平衡点(销售额等于总成本，利润为零)。采用此法时要明确：①要实现的目标利润是多少；②大致的需求弹性是多少；③最后考虑价格。

目标利润定价法的计算公式为

$$出厂价格 = \frac{单位变动成本 + 单位固定成本}{1 - 销售税率} + \frac{目标利润}{预计销售量 \times (1 - 销售税率)} \quad (4)$$

其中，目标利润 = (单位变动成本 + 单位固定成本) × 预计销售量 × 成本利润率

$$出厂价格 = \frac{(单位变动成本 + 单位固定成本) \times (1 + 成本利润率)}{1 - 销售税率} \quad (5)$$

例 7-4 某产品预计销售量 2000 件，固定成本 20 万元，单位变动成本 40 元，目标利润 8 万元，销售税率 0.7%。试用目标利润法计算该产品出厂价格。

解：

$$出厂价格 = \frac{40 + 200\,000 \div 2000}{1 - 0.7\%} + \frac{80\,000}{2000 \times (1 - 0.7\%)} \approx 181.27(元)$$

目标利润定价法的不足之处在于：价格是根据估计的销售量计算的，而实际操作中，价格的高低反过来对销售量有很大影响。销售量的预计是否准确，对最终市场状况有很大影响。企业必须在价格与销售量之间寻求平衡，从而确保用所定价格来实现预期销售量的目标。

(四)市场竞争定价法

市场竞争定价法就是根据市场上同类商品竞争结果的可销零售价格，反向计算确定出厂价格的方法。市场竞争定价法的计算公式为

$$产品出厂价格 = 市场可销零售价格 - 零批差价 - 批进差价$$
$$= (同类产品市场基准零售价格 \pm 产品质量或规定差价)$$
$$\times (1 - 零批差率) \times (1 - 批进差率)$$

其中，"同类产品市场基准零售价格"加上或减去"产品质量或规定差价"，是指在使用这种方法时，要将本企业商品的质量、品种、规格、包装等与同类竞争商品进行充分比较，确定应加价还是减价。零批差价是指同一商品在同一市场、同一时间内零售价格与批发价格之间的差额。零批差价与零售价格之比称为零批差率。批进差价是指同一商品在同一市场、同一时间内批发价格与出厂价格之间的差额。批进差价与批发价格之比称为批进差率。

例 7-5 某公司的新产品比市场上同类产品某方面性能明显优越，可以上浮 5%差价，同类产品市场零售价格为 3000 元，零批差率为 10%，批进差率为 5%，试问该新产品出厂价格应该定为多少？

解：

$$出厂价格 = 3000 \times (1 + 5\%) \times (1 - 10\%) \times (1 - 5\%) = 2693.25(元)$$

这种定价法着眼于市场，考虑了市场的供求和竞争因素的影响，能够较好地适应市场，有利于企业参与竞争。但是，这种定价方法与企业成本费用脱节，不一定能保证企业要求的利润。

(五)生命周期定价法

1. 生命周期定价法的基本原理

产品生命周期理论是美国哈佛大学教授雷蒙德·弗农(Raymond Vernon)1966 年在其《产品周期中的国际投资与国际贸易》一文中首次提出的。

产品生命周期(Product Life Cycle，PLC)，也称为产品的市场寿命周期，即一种新产品从开始进入市场到被市场淘汰的整个过程。弗农认为：产品生命是指产品在市场上的的营销生命，产品和人的生命一样，要经历形成、成长、成熟、衰退这样的周期。典型的产品

生命周期(见图 7-2)一般可以分成四个阶段，即引入期、成长期、成熟期和衰退期。

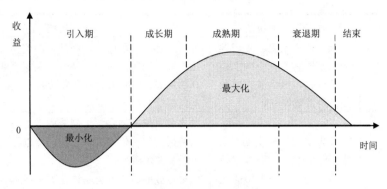

图 7-2　典型的产品生命周期图

2. 生命周期不同阶段的定价策略

在产品市场生命周期的不同阶段，相关成本、购买者的价格敏感性和竞争者的行为是不断变化的。因此，定价策略要适合时宜、要保存有效性，必须要有所调整。

(1) 市场引入期的定价策略。在产品的市场引入期，通常采用撇油性定价策略(Skimming)和渗透性定价策略(Penetration)两种基本定价策略。

市场引入期，创新产品的价格应该制定得能向市场传达产品的价值。顾客参照价格来估计产品的价值，确定价格折扣以及进一步减价的价值。如果采取适中定价策略，零售价应与对价格不敏感的顾客心目中的产品价值相近。对创新产品不宜采用渗透定价策略，因为顾客的价格敏感性低，会使该策略无效，甚至可能因"价格低质量就差"的心理效应而损害产品的声誉。但到底是采用高价撇油策略还是低价渗透策略，抑或适中策略，主要依据创新产品的自身价值高低、产品效用和受众人群的认可。总体说来，还有一些具体做法，如：①以让利试用的方式来推销新产品。培养顾客的最便宜且最有效的方法是让他们试用产品。②直销。对于购买支出费用较大的创新产品，往往通过直销人员来培养顾客。③通过分销渠道促销新产品。通过分销渠道行销时，一般通过分销渠道间接销售。市场开发的一个基本环节是对批发商和零售商采取较低的引导性价格。

(2) 市场成长期的定价策略。一旦一个产品在市场上有了立足点，定价问题就开始发生变化。购买者可以根据以前的经验来判断产品价值或参考革新者的意见，其注意力不再单纯停留在产品效用上，开始精打细算地比较不同品牌的成本和特性。如果不考虑产品战略，成长期的价格最好比市场开发阶段的价格低。具体做法如表 7-2 所示。

(3) 市场成熟期的定价策略。成熟期阶段受环境影响，决策的伸缩余地变小，但有效定价仍是必不可少的。成长期利润主要来自扩张市场的销售，此时这一利润来源基本衰竭。在这一阶段，企业通常采用竞争定价策略，其常用的手段是将产品价格定得低于同类产品，排斥竞争者，维持销售额的稳定或进一步增大。采取竞争定价策略时，应正确掌握降价的依据和降价幅度，一般应视具体情况而定。如果产品因具有明显区别于其他同类产品的功能和特色而拥有忠诚的顾客，则维持原价对于保持企业利润与拥有忠诚客户至关重要；如果产品无特色，则可采用降价方法进行竞争，但降价要保持一定幅度，以免引起企业间的价格战或导致企业亏损。

表 7-2　市场成长期的定价策略

企业营销战略	成长期企业做法	定价策略
产品差异化战略	必须迅速在研究、生产领域以及顾客心目中确立自己的地位，成为具有这种属性的重要供应商	当竞争趋于激烈时，产品独特的差异可产生价值效应，降低顾客的价格敏感性，保证企业仍能获得较高的利润。应采用适中价格或渗透价格来吸引顾客，从巨额销量中得到回报
成本领先战略	必须集中力量开发生产成本最低的产品，通常是减少产品差异性，期望能凭借成本优势在价格竞争中获利	如果公司依靠销售量大创造成本优势，就应该在成长期采用渗透价格占领市场，给以后的竞争者进入市场制造障碍。 如果企业的成本优势是通过更有成本效率的产品设计创造的，仍然可以采用渗透价格获利。 如果市场不是对价格很敏感，宜采用适中定价，这与追求成本领先也是步调一致的

　　企业要能够发现恢复行业增长速度的营销战略，或者实现技术突破、推出更具特色的产品。此外，企业可找到改进定价有效性的方法，如：①将相关的组合产品和服务拆开出售；②改进对价格敏感性的量度；③改进成本控制和利用；④扩展产品线；⑤重新评价分销渠道。

　　(4) 市场衰退期的定价策略。需求急剧下降可能具有地区性，也可能是整个行业性的；可能是暂时的，也可能是永久的。在市场衰退期一般有三种战略可供选择：紧缩战略、收割战略和巩固战略。

　　紧缩战略意味着全部或部分地放弃一些细分市场，将资源重新集中于企业更有优势的市场上。紧缩战略是经过精心规划和执行的战略，它将公司置于更有利的竞争地位上，并不是为了避免公司瓦解而不得已采取的办法。紧缩战略的实质是把资金从公司薄弱的市场上撤出来，用于加强在公司具有优势的市场。收割战略意味着逐步退出行业，最终完全退出。巩固战略试图在衰退期加强竞争优势以从中获益。这种战略仅适用于那些财力雄厚的企业，它可以渡过使众多对手溃败的难关。成功的巩固战略能使企业在危机后重新组合，在缺乏竞争的行业中获利。

　　即使是在生命周期最糟糕的阶段，仍可改进战略的选择。不过这种选择不是任意的，它取决于公司执行战略并在竞争中取胜的能力，且要求公司能预见未来、合理规划。

【任务实施】

　　为完成这个任务，首先应知道什么是采购价格、采购价格的表现形式及其影响因素、更要清楚采购价格的确定方法。当然，如何确定采购价格，还要对采购价格进行调查，并了解供应商是怎样定价的。知道了供应商的定价思维和方法，就对己方确定采购价格提供了有力的参考。那么，就请你先调查收集一些资料，看一看一瓶啤酒的价格里包含哪些内容，就知道一瓶啤酒的合理价格了。

　　啤酒原料主要有：①麦芽，采用进口优质大麦，经独特的制麦工艺精心制备而成；②大米，以国内领先的大米新鲜控制技术保证大米的优质新鲜，并采用适宜的代码配比；③酒花，采用优质新鲜的当地大花和优良香花；④水，酿造水；⑤酵母，采用青岛啤酒独特的啤酒酵母。啤酒的营业成本包括麦芽、大米、酒花、水、辅助材料、能源、包装物、直接工资、制造费用等成本，其中包装物、制造费用和麦芽成本在营业成本中占较大比重。

经调研，如果某啤酒厂的预计月销量为 400 000 瓶，销售税率为 0.7%，固定成本为 14.5 万元，原料等变动成本为 80 万元，成本利润率为 5%，则该啤酒的出厂价每瓶应为

$$出厂价格 = \frac{(单位变动成本 + 单位固定成本) \times (1 + 成本利润率)}{1 - 销售税率}$$

$$= \frac{(145\,000 + 800\,000) \div 400\,000 \times (1 + 5\%)}{1 - 0.7\%} \approx 2.50(元)$$

【任务小结】

在"采购价格管理"任务中，我们通过一个具体的工作任务——确定采购价格，了解到为完成该任务需具备的采购价格知识，如采购价格的概念及表现形式、采购价格的调查、询价、采购价格的确定方法等。当然，仅具备这些知识还不够，还需要通过模拟训练来体会，既不能漫天要价，也不能无原则地接受压价。

任务二 采购成本管理

【任务目标】

知识目标：
(1) 了解采购成本、整体采购成本和质量成本的含义；
(2) 掌握 ABC 分类控制法的应用程序。

技能目标：
(1) 会分析采购成本的构成；
(2) 能运用 ABC 分类控制法进行采购控制。

素质目标：
(1) 热爱采购工作，具有工作责任心；
(2) 具有成本观念和节约意识。

【任务描述】

李明的明日便利店除了售卖啤酒、白酒等酒类之外，还有保健品、冲饮类、早餐食品、固体奶制品、饮品类、饼干类、糖果巧克力、休闲小吃、粮油类、罐头酱制品、调味品佐料、干货类、季节性商品、冷藏类、冷冻类、散装南北货等。这些商品在数量、价格、供应等方面各有不同。李明应如何进行采购成本的管理控制呢？

【任务分析】

若要完成此任务，需明确以下几个问题。
(1) 什么是采购成本？该便利店的采购成本的构成是怎样的？
(2) 采购成本的分析控制方法有哪些？如何运用？

(3) 如何对该便利店进行采购成本分析控制？

【任务资讯】

采购成本对很多制造类和流通类企业的利润水平有着重要的影响，成本是采购永远的主题。企业采购成本管理是由采购成本分析和采购成本控制两部分组成的。其中，采购成本分析是基础，采购成本控制是核心。

一、采购成本分析

(一)采购成本的定义

采购成本是指与采购物资相关的物流费用，它不仅是指物料本身的价值，还包括因采购而带来的采购管理成本和库存持有成本等。

1. 物料成本

物料成本是指物料的进价成本，又称购置成本，是指物料本身的价值，表现为采购单价与采购数量的乘积，即

$$物料成本=采购单价×采购数量$$

在一定时期内进货总量既定的情况下，无论企业采购次数如何变动，物料的进价成本通常是保持相对稳定的。因而，物料成本属于采购决策的无关成本。

2. 采购管理成本

采购管理成本也可称为订购成本，是指企业向外部的供应商发出采购订单，为了实现一次订购而进行的各种活动费用的总和。其中有一部分与订货次数无关，如专设机构的基本开支等，这类费用属于采购决策的无关成本；另一部分与订货次数有关，如差旅费、通信费、咨询费等与进货次数成正比，这类进货费用属于采购决策的相关成本。具体来讲，采购管理成本包括与下列活动相关的费用：检查存货水平；编制并提出采购申请；对多家供应商进行调查比较，选择合适的供应商；填写并发出采购单；填写、校对发货单；资金结算并付款。

3. 库存持有成本

库存持有成本是指为保持库存而发生的成本，它可以分为固定成本和变动成本。固定成本与库存数量的多少无关，如仓库折旧、仓库员工的固定月工资等，这类成本属于采购决策的无关成本；变动成本与库存数量的多少有关且成正比，如库存占用资金的应计利息、破损和变质损失、安全费用资金占用成本、储存空间成本和库存风险成本等。因此，这类成本属于采购决策的相关成本。

(二)整体采购成本

1. 整体采购成本的含义

整体采购成本又称为战略采购成本，是指除采购成本之外，考虑到原材料或零部件在

本企业产品的全部寿命周期过程中所发生的成本，包括采购在市场调研、自制或采购决策、产品预开发与开发中供应商的参与、供应商交货、库存、生产、出货测试、售后服务等整体供应链中各环节所产生的费用对成本的影响。概括起来说，它是指在本公司产品的市场研究、开发、生产与售后服务各阶段，因供应商的参与或提供的产品(或服务)所导致的成本，包括供应商的参与或提供的产品(或服务)没有达到最高水平而造成的二次成本或损失。作为采购人员，其最终目的是要在本公司产品的全部寿命周期过程中的各环节，都要将最好的供应商最有效地利用起来，以降低整体采购成本。

2. 整体采购成本产生的原因

整体采购成本产生的原因主要有以下几个方面。

(1) 产生于开发过程中。在开发过程中涉及整体采购成本的因素主要有：①原材料或零部件对产品的规格与技术水平的影响；②供应商技术水平及参与本公司产品开发的程度；③对供应商技术水平的审核；④原材料或零部件的合格及认可过程；⑤原材料或零部件的开发周期对本公司产品的开发周期的影响；⑥原材料或零部件及其工装(如模具)等不合格对本公司产品开发的影响等。

(2) 产生于采购过程中。在采购过程中涉及整体采购成本的因素主要有：①原材料或零部件采购费用或单价；②市场调研与供应商考察、审核费用；③下单、跟货等行政费用；④文件处理及行政错误费用；⑤付款条件所导致的汇率、利息等费用；⑥原材料运输、保险等费用等。

(3) 产生于企划(包括生产)过程中。在企划(包括生产)过程中涉及整体采购成本的因素主要有：①收货、发货(至生产使用点)费用；②安全库存仓储费、库存利息；③不合格来料滞仓费、退货、包装运输费；④交货不及时对本公司生产的影响及对仓管等工作的影响；⑤生产过程中的原材料或零部件库存；⑥企划与生产过程中涉及原材料或零部件的行政费用等。

(4) 产生于质量控制过程中。在质量过程中涉及整体采购成本的因素主要有：①供应商质量体系审核及质量水平确认(含收货标准)；②检验成本；③因原材料或零部件不合格而导致的对本公司的生产、交货的影响；④不合格品本身的返工或退货成本；⑤生产过程中不合格品导致的本公司产品的不合格；⑥处理不合格来料的行政费用等。

(5) 产生于售后服务过程中。在售后服务过程中涉及整体采购成本的因素主要有：①零部件失效产生的维修成本；②零部件供应不及时给服务维修点造成的影响；③因零部件问题严重而影响本公司的产品销售；④因零部件问题导致本公司的产品理赔等。

(三)质量成本

质量成本(Cost of Quality)是采购人员审核供应商成本结构、降低采购成本所应看到的另一个方面。目前质量成本尚无统一的定义，其基本含义是指工业企业针对某项产品或者某类产品因产品质量、服务质量或工作质量不符合要求而导致的成本增加，其实质意义是个合格成本，主要包括退货成本、返工成本、停机成本、维修服务成本、延误成本、仓储报废成本等。

(1) 退货成本。在整体供应链(包括采购、生产、仓储、运输及销售过程)中任何环节出现的不合格退货所发生的成本。

(2) 返工成本。在采购、生产仓储、运输和销售过程中由于产品或工作不符合要求而需要进行返工维修或检验所带来的成本增加，包括人工、材料、运输等费用。

(3) 停机成本。因任何原因导致的设备停机、生产停线所造成的损失，包括设备因维护不善出现故障停机，因原材料供应不上导致停产，生产安排不合理导致生产线闲置等。

(4) 维修服务成本。在产品卖出以后，由于产品质量、服务质量问题导致的在维修期内发生的所有费用，如处理顾客投诉、维修产品、更换零部件等成本。

(5) 延误成本。产品开发及交货延误导致的成本增加或损失。产品开发过程中，因设计错误或设计延误导致人工损失、设备设施报废、产品进入市场时间推迟而造成的直接经济损失；在生产及交货过程中，因交货延误导致的理赔或失去市场等损失。

(6) 仓储报废成本。因产品换代、仓储时间过长、仓储条件不好等导致的原材料、零部件或成品报废。

二、采购成本的控制

在传统制造业中，采购成本一般占产品总成本的 50%～70%；在商品流通业，由于没有生产加工过程，采购成本的比例更高达 85%～95%。可见，采购成本构成了企业生产成本的主体，也是企业成本控制中最富有价值的部分。

(一)ABC 分类控制法

1. ABC 分类法概述

ABC 分类法最初来源于意大利经济学家帕累托的人口与财富管理理论。帕累托在 1879 年提出了"关键的少数和次要的多数"理论，即占人口总数 20%的人手中掌握着社会总财富的 80%，而占人口总数 80%的人手中掌握着社会总财富的 20%。该理论也被称为帕累托原则或 80/20 原则。

后来人们发现帕累托理论可以推广使用。例如，在科研机构中，少数科研人员取得大部分的研究成果；在学校里，学习成绩拔尖的学生只是少数；在公司里，少数人领导大多数人等。1951 年，美国通用电气公司的迪克在对公司的库存产品进行分类时，首次提出将公司的产品根据销量、前置时间等分成 ABC 三类：A 类库存为重要的产品，B 类库存为次重要的产品，C 类库存为不重要的产品。

目前，ABC 分类法广泛应用于工业、商业、物资、人口及社会学等领域，以及物资管理、质量管理、价值分析、成本管理、资金管理等许多方面。它的特点是既能集中精力抓住重点问题进行管理，又能兼顾一般问题，从而做到用最少的人力、物力、财力实现最好的经济效益。

2. ABC 分类控制法的原理

将采购物料按品种和占用资金的多少分为特别重要的物料项目(A 类)、一般重要的物料项目(B 类)和不重要的物料项目(C 类)，然后针对不同等级分别进行管理与控制。其核心就是"抓住重点，分清主次"，如表 7-3 所示。

表 7-3 ABC 分类控制法参考指标及标准

分 类	品种比例/%	品种累计比例/%	资金额比例/%	资金额累计比例/%
A	10	10	70	70
B	20	30	20	90
C	70	100	10	100

提示：ABC 法的分类指标多种多样，可结合具体情况选取相应的指标，如采购数量与资金额、进货频次与进货数量等。

3. ABC 分类控制法的步骤

(1) 确定统计期间(一年、一个季度或一个月等)，收集相关数据(品种数、单价、采购量等)。

(2) 计算每一种物料的期间采购金额，并记入 ABC 分析卡，如表 7-4 所示。

表 7-4 ABC 分析卡

物资名称：		物资编号：	
单价：	采购数量：		采购金额：

(3) 按采购金额的大小将卡片进行排序。

注意：如果物料项目繁多，逐一列出很麻烦，而且由于混杂在一起，得不出明确概念，若是按金额大小排序之后，再按一定的标准把采购金额分成段，计算出各个段的百分比，就会一目了然。

(4) 列表计算品种累计数、占全部品种的百分比、占全部品种的累计百分比、累计采购金额、占采购总额的百分比、累计采购额、占采购总额的累计百分比，如表 7-5 所示。

表 7-5 ABC 分类法的计算表

物料名称	品种数	占全部品种的百分比/%	品种累计	占全部品种的累计百分比/%	采购额/万元	占采购总额的百分比/%	累计采购额/万元	占采购总额的累计百分比/%
合 计								

(5) 根据 ABC 分类标准制作 ABC 分析表，如表 7-6 所示。

表 7-6 ABC 分析表

分 类	品 种 数	占全部品种的百分比/%	占全部品种的累计百分比/%	采购额/万元	占采购总额的百分比/%	占采购总额的累计百分比/%
A						
B						
C						

(6) 根据 ABC 分析表画出 ABC 分类管理图，如图 7-3 所示。

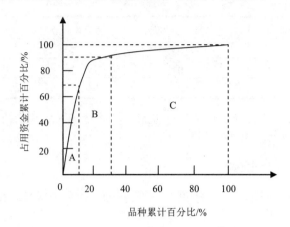

图 7-3 ABC 分类管理

(7) 对 A、B、C 类物资实施不同的管理策略。

4. 管理的策略

针对不同类别的物料，应采取不同的管理策略，现归纳出 ABC 分类控制法的基本要领，如表 7-7 所示。

表 7-7 ABC 类物料的采购管控方法比较

比较项目	A	B	C
特点与要求	A 类物资是"重要的少数"，要重点管理，应该设法降低其库存额，提高其周转率，这对减少资金占用，提高企业经济效益具有重要的现实意义	B 类物资介于 A 类和 C 类之间，用常规方法管理即可	C 类物资是"次要的多数"，不应投入过多的力量，宁肯多储备一些，所以采取简单的管理策略
管理策略	(1)尽可能正确地预测需求量，根据需求变化特点组织进货。A 类物资中，有些是日常需要，有些则是集中消耗的，如基建项目、机车制造、机车大修等用料集中发生，批量很大，必须及时掌握其需求时间，在需要时再进货，以免因过早进货而造成积压。 (2)少量采购，尽可能在不影响需求下减少库存量。 (3)与供应商协调合作，尽可能地缩短订货提前期，减少安全库存量。 (4)多次盘点，提高库存精度，一般每天或每周盘点一次。 (5)A 类物品的采购需经高层主管审核	(1)一般控制库存量比 A 类物资的管理要松。 (2)盘点次数比 A 类少些，一般两三周盘点一次。 (3)每次采购量也属于中等。 (4)采购需经中级主管审核	(1)盘点次数很少，并可规定 C 类物资的最少出库量，减少处理的次数。 (2)安全库存量可多些，或者减少订货次数。可按品种大类综合核定储备定额，将总储量控制在定额左右，减少订货次数。 (3)采购仅需基层主管审核即可。 这里应把积压物资与 C 类物资区别开来。所谓积压物资，是指多年不发生消耗的物资,它不属于 C 类，应清仓处理，避免积压

续表

比较项目	A		B	C
采购控制程度	严密控制		较严控制	一般控制
存货量计算	详细计算		较细计算	粗略计算
进出货记录	详细记录		有记录	一般记录
存货检查情况	经常检查		较常检查	一般检查
安全库存量	低		较大	大

例 7-6 某企业对 2019 年度的 12 种采购项目进行了汇总统计，如何找到需要重点控制和管理的关键物料？这 12 种物料项目的有关数据如表 7-8 所示。

表 7-8 某企业 2019 年度 12 种采购物料统计数据

编号	A	B	C	D	E	F	G	H	I	J	K	L
采购量/件	350	1 400	300	160	280	220	500	550	120	330	290	2 500
单价/元	4	9	1	3	2	1	6	7	4	2	4	3
采购额/元	1 400	12 600	300	480	560	220	3 000	3 850	480	660	1 160	7 500

解：

(1) 收集基础数据，如表 7-8 第 2 行、第 3 行所示。

(2) 计算年度采购金额，如表 7-8 第 4 行所示。

(3) 按采购金额从大到小的顺序进行排序，如表 7-9 第 5 列所示。

表 7-9 某企业采购物料 ABC 分类表

序 号	编 号	采购量/件	单价/元	采购额/元	采购额百分比/%	采购额累计百分比/%	品种累计百分比/%	分 类
1	B	1 400	9	12 600	39.12	39.12	8.33	A
2	L	2 500	3	7 500	23.28	62.40	16.67	A
3	H	550	7	3 850	11.95	74.36	25.00	B
4	G	500	6	3 000	9.31	83.67	33.33	B
5	A	350	4	1 400	4.35	88.02	41.67	B
6	K	290	4	1 160	3.60	91.62	50.00	B
7	J	330	2	660	2.05	93.67	58.33	C
8	E	280	2	560	1.74	95.41	66.67	C
9	D	160	3	480	1.49	96.90	75.00	C
10	I	120	4	480	1.49	98.39	83.33	C
11	C	300	1	300	0.93	99.32	91.67	C
12	F	220	1	220	0.68	100.00	100.00	C
合 计				32 210	100.00			

(4) 列表计算品种累计数、占全部品种的百分比、占全部品种的累计百分比、累计采购金额、占采购总额的百分比、累计采购额、占采购总额的累计百分比等指标，如表 7-9 第 5～8 列所示。

(5) 根据 ABC 分类标准制作 ABC 分析表，如表 7-10 所示。

表 7-10　某企业采购物料 ABC 分析表

分　类	品种数	占全部品种的百分比/%	占全部品种的累计百分比/%	采购额/万元	占采购总额的百分比/%	占采购总额的累计百分比/%
A	BL	16.67	16.67	20 100	62.40	62.40
B	HGAK	33.33	50.00	9 410	29.22	91.62
C	JEDICF	50.00	100.00	4 700	8.38	100

(6) 根据 ABC 分析表画出 ABC 分类管理图。

(7) 对 A、B、C 类物资实施不同的管理策略。

【技能训练7-2】

某厂供应品种为 800 个，年供应金额为 10 000 万元，分成 7 段，详情如表 7-11 所示。帮该企业完成 ABC 分类工作并画出 ABC 分类管理图。

表 7-11　供应金额的分段详情表

序　号	供应金额区段/万元	品种数/个	供应金额/万元
1	$X \geqslant 100$	10	3 100
2	$40 < X < 100$	19	1 000
3	$25 < X \leqslant 40$	80	3 000
4	$15 < X \leqslant 25$	32	680
5	$10 < X \leqslant 15$	70	961
6	$2 < X \leqslant 10$	89	670
7	$X \leqslant 2$	500	589
合　计		800	10 000

(二)控制采购成本的策略

1. 集中采购，实现采购规模优势更大化

例如，以钢筋、水泥、混凝土为主要原材料的房地产业，深受原材料价格上涨的影响，已经开始采取措施，加强集中采购、集中管理进货。集中采购的优势在家电行业同样显著。例如，海尔集团光是通过对钢板、化工物料、电子零部件等大宗原材料实行集中采购，就为公司节省成本达 20%～30%。

2. 联合采购，中小企业联合抵御风险

中小企业如果在原材料采购上联合起来，就可以增加防范风险的能力。一来多家企业联合采购，集小订单成大订单，可增强集体的谈判实力，获取采购规模优势；二来联合采购的对象是原材料生产企业，这样就可以摆脱代理商的转手成本，通过直接与制造商交易，减少中间层次，大大降低流通成本和保障产品质量。

3. 第三方采购，采购业务外包

第三方采购并不是传统的"外包"。传统的"外包"是把需要采用专业技术和设备生

产的，且并不是企业核心竞争优势的某一环节外包给专业公司去做。而第三方采购则是指把采购业务中的一部分外包给专业、高效的产品或服务提供商(即第三方采购公司)去做，从而可以节约采购成本和管理费用，使企业能够专注于自身的核心竞争力，在投入少且规避风险的同时提高自身的竞争优势。

第三方采购经常以第三方运营的采购联盟形式出现，需要综合各企业的需求进行询价、谈判、具体采购流程实施等业务。各企业要及时通过网络等现代化的手段把最新的、准确的采购需求信息及时传递到第三方采购联盟，后者则需要对产品的及时送达和质量保证提供跟踪和监督服务。第三方采购联盟最终通过赚取差价来获得利润，而各企业也能通过采购的外包来节约采购成本和降低交易风险。

4. 全球采购，增加企业的底气

同是受到原材料涨价的威胁，能够实现国际采购的企业明显表现出更强大的竞争力。例如，上海德尔福实现了真正的全球采购，可以从全球配置各种原材料资源，这在一定程度上缓解了成本增长的压力。

5. 提高产品附加值

通常越是产品附加值高的生产环节，对原材料涨价的态度越平和；越是原材料成本占的比例高的，产品附加值越小，企业对原材料涨价越在乎。要增加产品附加值，一是增加产品的技术附加值，二是增加产品的品牌附加值。

【任务实施】

我们可以通过收集李明的明日便利店在某时间段内各种商品的进货数据并进行统计汇总，运用 ABC 分类控制法找到关键控制商品，进而进行针对性管控。另外还要进行每种商品的采购成本构成分析，努力降低采购成本。

【任务小结】

在"采购成本管理"任务中，我们通过一个具体的学习任务——明日便利店的采购成本问题，了解到为完成该任务需要明确采购成本的含义、构成、掌握采购成本控制的有效方法——ABC 分类控制法并付诸应用。总之，通过对采购成本管理的基本认识，努力降低采购成本，提高企业效益。

项 目 测 试

【应知测试】

一、填空题

1. 采购价格调查工作中信息收集的方法主要有_____、_____和_____三类。
2. 询价的方式有_____和_____两种。

3. 典型的产品生命周期一般可以分成四个阶段，即＿＿＿＿＿＿、＿＿＿＿＿＿、
＿＿＿＿＿＿和＿＿＿＿＿＿。

4. 采购成本是指与采购原材料部件相关的物流费用，它不仅是指＿＿＿＿＿＿＿，
还包括因采购而带来的＿＿＿＿＿＿＿＿＿和＿＿＿＿＿＿＿＿等。

5. 整体采购成本主要产生于＿＿＿＿＿、＿＿＿＿＿、＿＿＿＿＿、＿＿＿＿和
＿＿＿＿＿＿五个过程中。

二、单选题

1. 影响采购价格的最根本、最直接的因素是(　　)。
    A. 供应商成本的高低　　　　　　　　B. 规格与品质
    C. 交货条件　　　　　　　　　　　　D. 采购数量的多少

2. 了解采购的产品用在何处，即查询需求量及售价资料所用的信息收集方式是(　　)。
    A. 上游法　　　　　B. 下游法　　　　　C. 中游法　　　　　D. 水平法

3. ABC分类法最初来源于意大利经济学家(　　)的人口与财富管理理论。
    A. 泰罗　　　　　　B. 法约尔　　　　　C. 梅奥　　　　　　D. 帕累托

4. (　　)物料尽可能正确地预测需求量，根据需求变化特点组织进货。
    A. A类　　　　　　B. B类　　　　　　C. C类　　　　　　D. 以上三类

5. 最基本的定价方法是(　　)。
    A. 目标利润定价法　　　　　　　　　B. 盈亏平衡定价法
    C. 成本加成定价法　　　　　　　　　D. 市场竞争定价法

三、多选题

1. 产品的生命周期可以划分为(　　)四个阶段。
    A. 导入期　　　　　　B. 成长期　　　　　　　C. 成熟期
    D. 衰退期　　　　　　E. 结束期

2. 以下属于采购决策的相关成本的是(　　)。
    A. 物料成本　　　　　　　　　　B. 采购部门的专门开支
    C. 库存资金占用成本　　　　　　D. 采购差旅费

3. 以下属于采购决策的无关成本的是(　　)。
    A. 物料成本　　　　　　　　　　B. 采购部门的专门开支
    C. 库存资金占用成本　　　　　　D. 库房折旧

4. ABC管理法的原理广泛应用于工业、商业、物资、人口及社会学等领域，以及物资
管理、(　　)、价值分析等许多方面。
    A. 质量管理　　　B. 成本管理　　　C. 生产管理　　　　D. 采购管理

5. 质量成本的实质意义是不合格成本，主要包括(　　)、仓储报废成本等。
    A. 退货成本　　　　　B. 返工成本　　　　　　C. 停机成本
    D. 维修服务成本　　　E. 延误成本

四、判断题

1. 科学地预测销量和已知固定成本、变动成本是盈亏平衡定价的前提。　　(　　)
2. 在市场引入期，可以采用高价策略，也可以采用低价策略。　　　　　　(　　)

3. 在一定时期进货总量既定的情况下，物料成本属于采购决策的相关成本。　（　　）

4. ABC 管理法的原理是按帕累托曲线所示意的主次关系进行分类管理。　（　　）

5. 对 A 类物料应少量采购，尽可能在不影响需求下减少库存量。　（　　）

五、简答题

1. 影响采购价格的因素有哪些？

2. 在产品生命周期的不同阶段该怎样定价？

3. 整体采购成本产生的原因主要有哪些？

4. ABC 分类管理法的应用步骤是怎样的？

5. 控制采购成本有哪些策略？

【应会测试】

一、计算题

1. 某企业生产某型号水泥，2019 年生产了 60 000 袋，每袋变动成本为 8 元，全年企业固定成本为 420 000 元，成本加成率为 30%，期间费用率为 10%，出厂价格应定为多少？

在本例中，若企业按销售利润率 25% 来计算的出厂价格应为多少？

2. 某供应商预计某产品的销售量为 4000 件，所需固定成本为 10 万元，单位变动成本为 50 元，目标利润为 6 万元，销售税率为 0.7%。供应商采用目标利润法来定价时，该产品出厂价格可定为多少？

3. 某公司的产成品预计将以 3000 元的价格出售，其目标利润率为 20%，采购成本为生产成本的 60%，那么该公司对原材料的目标采购为多少元？

4. 假设某酒店共有客房 500 间，平均房价为 100 元，2018 年 4 月份客房营业收入为 105 万元，固定成本为 34 万元，变动成本率为 52%，则该酒店客房部以月营业收入、月客房出租间天数和客房出租率表示的盈亏平衡点分别是多少？

二、业务题——运用 ABC 法分析采购成本

1. 某商店今年计划购置 10 种货品，其单位采购成本与年计划购买量如表 7-12 所示。

表 7-12　某商店采购计划

产品编号	A	B	C	D	E	F	G	H	J	M
单位成本/元	50	10	20	50	10	50	5	20	100	1
年购买量/件	20	50	20	66	15	6	10	5	1	50
年采购成本/元										

请将上表填写完整，并运用 ABC 分析法进行采购成本控制，说明成本控制措施。

2. 某厂硫酸车间 6FY-12 立式浓酸泵共有 4 台，其所需备件的储备情况如表 7-13 所示，请用 ABC 分类法进行采购资金的管控。

表 7-13　6FY-12 泵备件储备表

序号	1	2	3	4	5	6	7	8～33	合计
备件名	泵轮	泵体	叶轮	泵盖	中间接管	封头螺母	合金螺栓	其他	/
采购量	8	12	12	8	8	384	192	306	930
单价/元	1000	400	350	400	115	2	3.5	…	/
金额/元	8000	4800	4200	3200	920	768	672	2370	24 930

项目八　采购库存控制

【项目导入】

库存控制是物流大系统中重要的子系统，是物流研究中的一个重要领域。把库存量控制到最佳数量，尽量少用人力、物力和财力，获得最大的供给保障，是很多企业、经济学家追求的目标，甚至是企业之间竞争生存的重要一环。但是，把库存控制到最佳数量，又与采购数量有关，采购数量的多少直接关系到库存水平的高低。因此，采购管理工作与库存控制密切相关。

【项目展开】

为了系统而直观地学习相关知识，我们可将该项目按照以下四个工作任务进行展开。

任务一　库存控制认知
任务二　MRP 库存控制法
任务三　定量订货控制
任务四　定期订货控制

在各个工作任务中，我们都将按照任务目标、任务描述、任务分析、任务资讯、任务实施和任务小结的顺序详细讲述。

任务一　库存控制认知

【任务目标】

知识目标：

(1) 了解库存的含义和分类；
(2) 理解库存的作用与弊端。

技能目标：

(1) 掌握库存控制的关键问题；
(2) 会分析库存控制现象。

素质目标：

(1) 热爱采购工作，具有工作责任心；
(2) 树立为生产服务的观点，具有成本观念。

【任务描述】

在项目四中，我们假设飞达自行车公司对 2020 年飞达牌自行车总的生产任务安排是 1 万辆，其所用的主要部件之———内外胎最终由某专业轮胎厂提供，每套(内外胎各一条)价格为 50 元，其年储存成本是 0.1 元/(套·年)，每次订货成本为 10 元。假定批量订货，一次到货。进而运用经济订货批量(EOQ)方法确定了最佳订货量、最佳订货次数和最佳订货间隔期。这样做可以最大限度地降低库存水平，节省成本。由此可知，库存控制水平与采购批量的大小直接相关。在本项目中,我们仍以该公司的飞达牌自行车为例,对其产品及其零部件进行库存控制,以降低采购成本,提高经济效益。

如何通过确定采购批量来控制库存水平呢?在项目三中,我们运用EOQ(经济订货批量)方法来确定采购批量,而EOQ是建立在理想化的各种假设前提下,如单一品种、需求固定、瞬时到货等。虽然在此基础上也考虑了允许缺货的 EOQ、价格折扣条件下的 EOQ 和 EPQ(经济生产量),但在实际工作中,情况会比较复杂。那么,该公司的库存控制情况如何?

【任务分析】

若要完成此任务,需明确以下几个问题。

(1) 什么是库存?库存有哪些分类?

(2) 库存有哪些作用和弊端?库存合理化包括哪几个方面?

(3) 库存控制的意义是什么?库存控制的关键是什么?

(4) 飞达自行车有限公司的库存控制系统属于哪种类型?

【任务资讯】

一、库存概述

(一)库存的含义

库存有狭义和广义之分。狭义的库存是指处于储存状态的物品,而广义的库存还包括处于加工状态和运输状态的物品。通俗地说,库存是指企业在生产经营过程中为了将来的耗用或者在销售过程中为了将来的销售而储备的资源。当某些库存承担起国家的安全使命时,这些库存通常被称为国家储备。制造型企业的库存一般分为原材料、备件、低值易耗品、在制品、产成品;流通型企业的库存指用于销售的有形商品及用于管理的低值易耗品。

从某种意义上说,库存是为了满足未来的需求而暂时闲置的资源,所以闲置的资源就是库存,与这种资源是否放在仓库中没有关系,与资源是否处于运动状态也没有关系。例如,汽车运输的货物处于运动状态,但这些货物是为了未来需要而闲置的,这就是库存,是一种在途库存。

(二)库存的分类

企业持有的库存,按照不同的分类方法,具有不同的分类方式。

1. 按库存在再生产过程中所处的领域分类

按库存在再生产过程中所处的领域不同,可分为以下几种类型。

(1) 制造库存。制造库存是制造商为了满足未来生产的需要,保证生产的顺利进行而建立的物资储备,包括原材料、半成品、成品、辅助生产用的工具、设备、低值易耗品等。

(2) 流通库存。流通库存是为了满足生产或消费的需要,补充生产和消费储备的不足而建立库存。其中有批发商、零售商为了保证供应和销售而建立的商品库存,以及在车站、码头、港口、机场中等待中转运输和正在运输过程中的物资和商品。

(3) 国家储备。国家储备是流通库存的一种形式,是国家为了应对自然灾害、战争和其他意外事件而建立的长期储备，如石油储备、粮食储备、药品储备等。

2. 按库存生成的原因分类

由于生成的原因不同，可以将库存分为以下几种类型。

(1) 周转(期)库存。当生产或订货是以每次一定批量，而不是每次一件的方式进行时，这种由批量周期性形成的存货就成为周转库存；或者是在补货过程中产生的库存，周期库存用来满足确定条件下的需求，其生成的前提是企业能够正确地预测需求和补货时间。按批量进行生产或订货的主要原因：一是为了获得规模经济性；二是为了享受数量折扣。

(2) 安全库存(缓冲库存)。安全库存是生产者为了应付需要的不确定性和供应的不确定性，防止缺货造成的损失而设置的一定数量的存货。安全库存的数量除受需求和供应的不确定性影响外，还与企业希望达到的顾客服务水平有关，这些是制定安全库存决策时主要考虑的因素。

(3) 预期库存。由于需求的季节性或是采购的季节性特点，必须在淡季为旺季的销售存货，或是在收获季节为全年生产储备的存货称为预期库存。决定预期库存的因素，除了脱销的机会成本外，还应考虑生产不均衡时的额外成本。

(4) 在途库存。在途库存是指从一个地方到另一个地方处于运输路线中的物品。在没有到达目的地之前，可以将在途库存看作是周期库存的一部分。需要注意的是，在进行库存持有成本的计算时，应将在途库存看作是运输出发地的库存。因为在途的物品还不能使用、销售或随时发货。

(5) 投资库存。持有投资库存不是为了满足目前的需求，而是出于其他原因，如由于价格上涨、物料短缺或是为了预防罢工等囤积的库存。

(6) 闲置库存。闲置库存是指在某些具体的时间内不存在需求的库存。

3. 按照库存的需求的相关性分类

按照库存的需求的相关性，可将其分为如下几种类型。

(1) 独立需求库存。独立需求库存是指某一物品的库存需求与其他物品没有直接关系，库存量是独立的。其最明显的特征是需求的对象和数量不确定，只能通过预测方法粗略地估计。

(2) 相关需求库存。与独立需求库存相反，相关需求库存也称为非独立需求，指某一物品的库存量与有些物品有关系，存在一定的量与时间关系。例如，某自行车制造厂预测年产自行车 2 万辆，任务确定后，对构成自行车的零部件和原材料的数量及需要时间可以通过精确计算得到。

(三)库存的作用与弊端

自从有了生产，就有了库存物品的存在。库存对市场的发展、企业的正常运作与发展起到非常重要的作用。

1. 库存的作用

库存的作用主要表现在以下几个方面。

(1) 维持销售产品的稳定。销售预测型企业对最终销售产品必须保持一定数量的库存，其目的是应付市场的销售变化。这种方式下，企业并不预先知道市场真正需要什么，只是按对市场需求的预测进行生产，因而产生一定数量的库存是必需的。但随着供应链管理的形成，这种库存也在减少或消失。

(2) 维持生产的稳定。企业按销售订单与销售预测安排生产计划，并制订采购计划，下达采购订单。由于采购的物品需要一定的提前期，这个提前期是根据统计数据或者是在供应商生产稳定的前提下制订的，但存在一定的风险，有可能会拖后而延迟交货，最终影响企业的正常生产，造成生产的不稳定。为了降低这种风险，企业就会增加材料的库存量。

(3) 平衡企业物流。企业在采购材料、生产用料、在制品及销售物品的物流环节中，库存起着重要的平衡作用。采购的材料会根据库存能力(资金占用等)，协调来料收货入库。同时对生产部门的领料应考虑库存能力、生产线物流情况(场地、人力等)平衡物料发放，并协调在制品的库存管理。另外，对销售产品的物品库存也要视情况进行协调(各个分支仓库的调度与出货速度等)。

(4) 平衡流动资金的占用。库存的材料、在制品及成品是企业流动资金的主要占用部分，因而库存量的控制实际上也是进行流动资金的平衡。例如，加大订货批量会降低企业的订货费用，保持一定量的在制品库存与材料会节省生产交换次数，提高工作效率，但这两方面都要寻找最佳控制点。

2. 库存的弊端

库存的弊端主要表现在以下几个方面。

(1) 占用企业大量资金。处于储存状态的物料因静止而占用着企业的流动资金。

(2) 增加了企业的产品成本与管理成本。库存材料的成本增加直接增加了产品成本，而相关库存设备、管理人员的增加也加大了企业的管理成本。

(3) 掩盖了企业众多管理问题。例如，计划不周、采购不力、生产不均衡、产品质量不稳定及市场销售不力。

(四)库存合理化

合理库存包含合理库存量、合理库存结构、合理库存时间、合理库存网络四个方面。

(1) 合理库存量。合理库存量是指在新的商品(或原材料)到来之前，能保证在此期间商品(或原材料)正常供应的数量。影响合理库存量的因素有：社会需求量、商品再生产时间、交通运输条件、管理水平和设备条件。

(2) 合理库存结构。合理库存结构是指商品的不同品种、规格之间库存量的比例关系。

(3) 合理库存时间。库存时间是指库存的周期，库存时间受商品销售时间或生产资料满足产品加工生产的时间、物品的性质等因素的影响。

(4) 合理库存网络。仓库网点的布局，也是合理库存的重要条件之一。合理库存网络取决于商品流通渠道的类型和生产流程的形式安排。

二、库存控制概述

(一)库存控制的含义

库存控制(Inventory Control)，是指在保障供应的前提下，使库存物品的数量最合理时所采取的有效措施。

库存量并不是越多越好，也不是越少越好，多了会造成积压，少了又会出现不能满足正常所需供应，因此保持合理的库存是为了在分销过程中保证产品销售能够连续进行。库存控制的内容包括确定产品的储存数量与储存结构、进货批量与进货周期等。把库存量控制到最佳，尽量用最少的人力、物力、财力把库存管理好，获取最大的供给保障，是很多企业追求的目标，甚至是企业之间竞争的重要环节。

(二)库存控制的关键问题

1. 确定订货点

订货点是指当库存量降至某一数量时，应立即发出订货请求的点或界限。订货点的确定至关重要，如果订货点抓得过早，则将使库存增加，相对增加了货物的库存成本；如果订货点抓得太晚，则有可能因为库存得不到及时的补充，而影响对客户的交货。

2. 确定订货量

订货量是指库存量达到订货点时，需要补充的数量，按此数量订购，方能配合最高库存量与最低库存量的基准。订货量太多，增加库存成本；订货量太小，则会造成缺货。

3. 确定库存基准

库存基准包括最低库存量和最高库存量。

(1) 最低库存量。它是指管理者在衡量企业本身特性、需求后，所制定的商品或原材料的库存数量应该维持的最低界限。最低库存量又包括理想最低库存量和实际最低库存量。

实际最低库存量为安全库存量与理想最低库存量的总和。安全库存量是在理想最低库存量之外再设定的，以防供应不及时发生缺货。

(2) 最高库存量。为了防止库存过多，占用有限的仓库，各种货品均应限定其可能的最高库存水平，也就是货品库存数量的最高界限，一旦达到这个界限，就应该停止订货或将该货品尽快出库。

(三)常见的库存控制系统的种类

对于独立需求的物品，常采用连续、双箱(双堆)、定期、非强制补充供货等库存控制系统；而物料需求计划系统则用于相关需求物品的库存控制。这些都是在实践中最常用的库存系统，下面做简要介绍。

1. 连续库存控制系统

连续库存控制系统的运行过程可叙述如下：每当库存余额小于等于订货点 R 时就发出固定批量为 Q 的订货。由于这种系统由订货点和固定订货量两个数量完全确定，故又称为基于数量的系统。在这种系统下，订货点和订货量都是固定的，检查期和需求率是可变的，前置时间可能是固定或可变的，其平均存货量等于安全库存量加订货批量的一半。

在连续系统下，每当物品出库或入库时，就需要对出、入库量加以记录并及时进行账务处理，将库存余额与订货点加以比较，决定是否发出订货。所以在连续系统下需要对所有物品进行经常或连续盘点。

表 8-1 所示为连续库存控制系统的优缺点及适用条件。

表 8-1　连续库存控制系统的优缺点及适用条件

优　点	缺　点	适用条件
①仅在前置时间内才需要安全库存,从而使安全库存投资小; ②对预测值和参数变化相对不敏感; ③对滞销品较少花费精力(订货频率低)	①需保持连续的库存记录,资料处理工作量大; ②确定订货批量时往往不进行经济分析; ③不能实现联合订货,从而导致运输成本较高,易失去供应商按一次订货总金额所提的价格折扣	需要严格控制的高价物品。只有在前置期内才需要安全库存,安全库存量小而导致储存费用较低,这一点对高价物品的库存控制是至关重要的

2. 双箱和三箱系统

双箱库存系统也称双堆系统,它属于固定订货量系统。当库存系统使用连续监测的方法进行补充订货时,跟踪库存水平的变化是非常重要的。因此,找出一种简单而且直观的方法,在库存水平达到再订货点时提醒库存管理人员是非常必要的。尤其是在需要监测的库存种类非常多的时候,双箱和三箱系统就是这样的一种可以简化库存监测工作的方法,如图 8-1 所示。

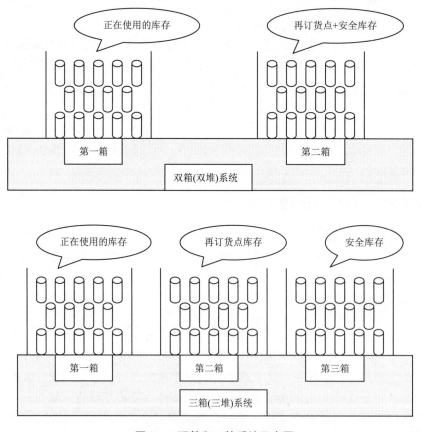

图 8-1　双箱和三箱系统示意图

双箱系统比较简单，它要求将再订货点库存和安全库存放在第二个箱子里，平时使用的库存放在第一个箱子里。如果第一个箱子空了，这就相当于一个信号，提醒库存管理人员应该进行补充订货了。实际上，两箱可能放在一块儿，二者之间只要有东西隔开就行。双箱系统操作的关键是将库存分为两部分，在一部分没有用完之前另一部分保持不动。该系统采用的是定量订货模型，其最主要的优点是不用保持连续的库存记录，订货点由肉眼来判定。双箱系统也可仅用一箱来实现，如在一个存储器内做出物理标记，当库存水平降至该物理标记时就发出订货。双箱系统适用于廉价和前置时间短的物品，如办公用品、螺母、螺栓等。有时，安全库存会被单独放在第三个箱子里，这时就成为三箱系统。这样，库存管理人员就可以一目了然地判断出需求是否超过了预期水平。

3. 定期库存系统

定期库存系统的运行过程可叙述如下：每隔固定的时间就检查库存，决定库存余额并发出订货，订货量等于最高库存水平与库存余额的差。这种系统的检查期固定，订货量、需求率和订货点(检查时的库存余额)是可变更的。用这种系统进行控制，可以对多种物品规定同一长度的检查期，但要对每一物品规定最高库存水平。

连续库存系统是对每种物品分别进行处理，而定期库存系统是相关地处理多种物品，实现联合订货，从而有下列优点。

(1) 一次办理多种物品的订货，订货费用低；

(2) 一次订货的金额大，易于获得供应商按一次订货总金额提供的价格折扣；

(3) 订货使运输工具得到最大、有效、经济的运用，运输成本低。

定期系统由于在订货间隔期和前置时间内都需要安全库存，因而对于每一种物品而言，所需要的安全库存量都比连续系统中的大。这使得最优的连续系统比最优的定期系统安全库存费用要小，但由于定期系统具有上述优点，往往可以抵消这一影响。

定期系统最适于在供货渠道较少或供货来自物流企业的仓库时采用。

4. 物料需求计划

物料需求计划(MRP)系统广泛应用于相关需求物品的库存控制。其方法是按反工艺的方向，并根据最终产品或主要装配件的计划完工日期，来确定各种零件和材料需要定购的日期和数量。该方法在能够预知最终产品的具体需求量时特别适用。

我们不能简单地对某一种系统是否优于另一系统做出判断，各种系统都有适用其应用的场合。表 8-2 为各种库存系统的特点总结。

表 8-2　各种库存系统的特点

库存系统 因素	连续系统	双箱(双堆) 系统	定期系统	非强制补充供货	MRP 系统
订货量	固定	固定	可变	可变	可变
订货点	固定	固定	可变	固定	可变
检查周期	可变	可变	固定	固定	固定/可变
需求率	固定/可变	固定/可变	固定/可变	固定/可变	固定
前置时间	固定/可变	固定/可变	固定/可变	固定/可变	固定/可变
保险存货量	中	中	大	很大	小/无

【任务实施】

飞达自行车公司的库存控制情况如何，需要深入企业进行调查，了解其采购、生产、销售和库存管理情况，通过大量的管理数据进行分析。

飞达自行车公司主营城市车、山地车、童车等系列产品，所需的零部件涉及车架、车座、车把、车铃、车闸、车圈、轮胎、挡泥板、辐条、车轴和滚珠等不少于 30 种，亦因车型和规格不同，所需零部件的品种和数量会更多。如果我们知道了各种车型的市场需求和产品及零部件的库存情况，就可以按照自行车加工组装工艺的反顺序获知对各种零部件的需求量和需求时间，再根据各种零部件的准备时间，就可安排采购或加工了。

由此，我们可以确定该公司的库存属于由市场对自行车的独立需求库存而衍生出来的对各种零部件的相关需求库存；还要考虑有的零部件专用于某种车型，而有的零部件共用于各种车型的现象。因而，该公司可采用以物料需求计划(MRP)为主，结合不同零部件的具体情况，辅以其他(如三箱系统)来控制库存水平。

【任务小结】

在"库存控制认知"任务中，我们通过一个具体的工作任务——调查飞达自行车公司的库存控制情况，了解到为完成该任务需要具备一些基础理论知识，如库存的含义及分类、库存控制的意义、库存控制的关键、库存控制系统等。总之，运用扎实的理论知识武装自己，有助于我们分析问题，为后续任务的有序进行打好基础。

任务二　MRP 库存控制法

【任务目标】

知识目标：
(1) 理解 MRP 法的作用；
(2) 掌握 MRP 法的工作原理。

技能目标：
能运用 MRP 法进行采购库存控制。

素质目标：
(1) 热爱采购工作，具有工作责任心；
(2) 具有成本观念和节约意识。

【任务描述】

飞达自行车公司应某地区商品交易中心要求在 2020 年第二季度的第 5 周和第 8 周各交货 350 辆自行车。已知一辆自行车需要车架 1 件、车轮 2 个、车把 1 套，而车轮又需要车胎 1 套、轮圈 1 个。通过库存查询可知库存信息和其他信息如表 8-3 所示。

表 8-3 飞达自行车公司物料库存及提前期数据信息

物料项目名称	自行车	车架	车轮	车把	车胎	轮圈
计划期初库存	180	135	120	120	150	80
提前期(周)	1	2	1	3	2	3
最小备货批量	200	100	500	200	450	600
安全库存	50	50	60	50	80	80

问：如何通过确定采购批量(生产批量)来控制库存水平？

【任务分析】

很明显，可用物料需求计划(MRP)法来完成这个任务，但需明确以下几个问题。

(1) 什么是 MRP？其作用和原理是什么？

(2) 如何编制 MRP 计划？

【任务资讯】

一、MRP 概述

MRP 是物料需求计划(Material Requirement Planning system)的简称，这种方法是由美国著名生产管理和计算机应用专家欧·威特和乔·伯劳士在对多家企业进行研究后提出来的。MRP 被看作是以计算机为基础的生产计划与库存控制系统。

(一) MRP 的概念和作用

1. MRP 的概念

MRP 起初出现在美国，是由美国生产与库存管理协会倡导而发展起来的。

MRP 是一种以计算机为基础的编制生产与实行控制的系统，它不仅是一种新的计划管理方法，而且也是一种新的组织生产方式。MRP 的出现和发展，引起了生产管理理论和实践的变革。MRP 是根据总生产进度计划中规定的最终产品的交货日期，规定必须完成各项作业的时间，编制所有较低层次零部件的生产进度计划，对外计划各种零部件的采购时间与数量，对内确定生产部门应进行加工生产的时间和数量。一旦作业不能按计划完成时，MRP 系统可以对采购和生产进度的时间和数量加以调整，使各项作业的优先顺序符合实际情况。

2. MRP 的作用

MRP 可以为企业解决以下五个问题。

(1) 要生产什么？生产多少？何时交货？(来自 MRP 系统输入——MPS)

(2) 要用到什么？用多少？(来自 MRP 系统输入——BOM)

(3) 已经有什么？有多少？(来自 MRP 系统输入——物料库存信息)

(4) 还缺什么？缺多少？(来自 MRP 系统运行与输出)

(5) 怎样安排？何时安排？(来自 MRP 系统运行与输出)

(二)MRP 系统的运行步骤

第一步,根据市场预测和客户订单,正确编制可靠的生产计划和生产作业计划,在计划中规定生产的品种、规格、数量和交货日期,同时,生产计划必须是同现有生产能力相适应的计划;

第二步,正确编制产品结构图和各种物料、零件的用料明细表;

第三步,正确掌握各种物料和零件的实际库存量;

第四步,正确规定各种物料和零件的采购交货日期,以及订货周期和订购批量;

第五步,通过 MRP 逻辑运算确定各种物料和零件的总需要量以及实际需要量;

第六步,向采购部门发出采购通知单或向本企业生产车间发出生产指令。

二、MRP 系统的工作原理

MRP 系统的工作原理是由主生产计划(MPS)、物料清单(BOM)和产品库存文件逐个求出主产品所有零部件的生产时间和生产数量。MRP 系统的工作原理如图 8-2 所示。

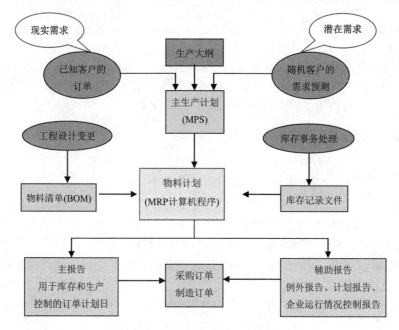

图 8-2　MRP 系统的工作原理

MRP 系统和其他系统一样,具有输入、处理、输出、应对环境干扰和反馈五个功能。其中,应对环境干扰和反馈功能是指 MRP 系统处于市场经济环境中,不可避免地受到外界环境的干扰,但通过反馈不断完善输入和自身的运行处理,使得输出结果符合企业所需。下面,我们仅对其输入、处理和输出进行识别。

(一)MRP 系统的输入

MRP 系统输入的数据项主要有以下三个内容。

1. MPS

MPS(Master Production Schedule，主生产计划)是 MRP 闭环计划系统的一个部分。MPS 的实质是保证销售计划和生产计划(项目三中已有介绍，在此不再赘述)对规定的需求(需求什么，需求多少和什么时候需求)与所使用的资源取得一致。MPS 考虑了经营计划和销售计划，使生产计划同它们相协调，着眼于销售什么和能够制造什么，这就能为车间制订一个合适的"主生产进度计划"，并且以粗能力数据调整这个计划，直到负荷平衡。

简单来说，MPS 是确定每一个具体的最终产品在每一个具体时间段内生产数量的计划。这里的"最终产品"是指对于企业来说最终完成、要出厂的完成品，它要具体到产品的品种、型号。这里的"具体时间段"，通常是以周为单位，在有些情况下，也可以是日、旬、月。主生产计划详细规定生产什么、什么时段应该产出，它是独立需求计划。主生产计划根据客户合同和市场预测，把经营计划或生产大纲中的产品系列具体化，使之成为展开物料需求计划的主要依据，起到了从综合计划向具体计划过渡的承上启下作用。

可见，主生产计划说明在可用资源条件下，企业在一定时间内生产什么、生产多少和什么时间生产，即解决"要生产什么？生产多少？何时交货？"的问题。

2. BOM

BOM(Bill of Materials，物料清单)是描述企业产品组成的技术文件。在加工制造型企业，它表明了产品的总装件、分装件、组件、部件、零件、直到原材料之间的结构关系，以及所需的数量。在化工、制药和食品行业产品组成则是对主要原料、中间体、辅助材料及其配方和所需数量的说明。BOM 是既可以用图的形式表示产品组成，也可以用数据表格的形式表示产品组成，它是 MRP-II 系统中计算 MRP 过程中的重要控制文件。

物料清单是一个制造企业的核心文件，各个部门的活动都要用到物料清单。生产部门要根据物料清单来生产产品，仓库要根据物料清单进行发料，财会部门要根据物料清单来计算成本，销售和订单录入部门要通过物料清单确定客户定制产品的构形，维修服务部门要通过物料清单了解需要什么备件，质量控制部门要根据物料清单保证产品正确的生产，计划部门要根据物料清单来计划物料和能力的需求，等等。

BOM 是为装配或生产一种产品所需要的零部件、配料和原材料的清单，说明产品或独立需求的零部件是由什么组成的，各需要多少，即解决"要用到什么"的问题。

物料清单 BOM 的制作已在本书项目三中介绍，在此不再赘述。

3. 库存信息

库存信息表现为各种库存状态文件，用来解决"已经有什么"的问题。MRP 中的库存状态文件的数据主要有两部分：一部分是静态的数据，在运行 MRP 之前就确定的数据，如物料的编号、描述、提前期、安全库存等；另一部分是动态的数据，如总需求量、库存量、净需求量、计划发出(订货)量等。MRP 在运行时，不断变更的是动态数据。

下面对库存状态文件中的几个数据进行说明。

(1) 总需求量(Gross Requirements)。总需求量也称为毛需求量，如果是产品级物料，则总需求量由 MPS 决定；如果是零部件级物料，则总需求量来自于上层物料(父项)的计划发出订货量。

(2) 预计到货量(Scheduled Receipts)。预计到货量在有的系统中被称为在途量,即计划在某一时刻入库但尚在生产或采购或运输途中,可以作为 MRP 系统的输入数据使用。

(3) 现有库存量(On Hand)。表示上期期末结转到本期期初可用的库存量。

现有库存量=上期期末现有库存量+本期预计到货量-本期总需求量

(4) 已分配量。已经分配给某使用者,但还没有从仓库中领走的物料数量。这些物料虽然还在仓库中存放,但不能再行分配或使用。

(5) 净需求量(Net Requirements)。当现有库存量加上预计到货量不能满足需求时产生净需求。

净需求量=总需求量+已分配量-现有库存量-预计到货量

(6) 计划接收订货量(Planned Order Receipts)。当净需求量的值为正时,就需要接收一个订货量,以弥补净需求。计划接收订货量取决于订货批量的考虑,如果采用逐批订货的方式,则计划接收订货量就是净需求量。

(7) 计划发出订货量(Planned Order Release)。计划发出订货量与计划接收订货量相等,但是时间上提前一个时间段,即订货提前期。

(8) 订货日期。订货日期是计划接收订货日期减去订货提前期。

另外,有的系统设计的库存状态数据可能还包括一些辅助数据项,如订货情况、盘点记录、尚未解决的订货、需求的变化等。

(二)MRP 系统的处理过程

MRP 系统的运算逻辑基本上遵循如下过程。

(1) 按照产品结构进行分解,确定不同层次物料的总需求量。

(2) 根据产品最终交货期和生产工艺关系,反推各零部件的投入出产日期。

(3) 根据库存状态,确定各物料的净需求量。

(4) 根据订货批量与提前期最终确定订货日期与数量。

另外,在计算总(毛)需求时需注意以下几点:①产品与部件、部件与零件、零件与原材料之间的数量对应关系;②同一零部件分布在同一产品结构树的不同层次上;③同一零部件分布在不同产品结构树的不同层次上;④相关需求与独立需求同时存在,要将相关需求部分按产品结构树推算的结果加上独立需求部分的需求量。

(三)MRP 系统的输出

MRP 系统输出的数据主要是采购、生产与库存控制计划及报告,其内容与形式与企业生产的特点有关,主要有以下几个方面:①计划发出的订单,主要是零部件的投入出产计划、原材料采购或外协件计划,这两种计划是 MRP 的主要展开数据;②订单执行的注意事项通知;③订单的变动通知;④工艺装备的需求计划;⑤库存状态数据。

此外,也有一些辅助的报告,例如:①例外情况报告,如迟到或过期的订货报告、过量的废品与缺件报告等;②用于预测需求与库存的计划报告,如采购约定与评价需求的信息;③交货期模拟报告,对不同的产品实际交货期进行模拟;④执行控制报告,如指出呆滞物品、实际的使用量与费用的偏差报告。

为便于理解和掌握,本书将 MRP 的输出数据项提炼为以下两个数据文件。

(1) 采购订单：采购什么？采购多少？何时开始订货采购？何时到货完成采购？

(2) 制造订单：制造什么？制造多少？何时开始开工制造？何时完成制造？

三、MRP 计划编制举例

MRP 法的核心思想是：对生产所需的非独立需求物料，按其与产成品的相互关系，在必要的时候订购或生产必要的数量，从而最大限度地降低这些原材料、外购零部件及中间产品的库存水平。下面，我们通过实例来说明和体会 MRP 法的核心思想。

例 8-1 某企业生产的某种产品 A 由部件 A1(1 件)与部件 A2(2 件)组装而成，而部件 A2 由零件 A21(2 个)与零件 A22(1 个)组装而成，零件 A22 由材料 M1(2kg)制成。根据客户订单，要求在第 5 周和第 10 周分别交货 100 件产品 A，与该产品有关的物料库存信息及提前期数据如表 8-4 所示。请据此编制 MRP 计划。

表 8-4　与产品 A 有关的物料库存及提前期资料

物料项目名称	计划期初库存量/件	提前期/周	备　注
产品 A	45	2	
部件 A1	15	2	
部件 A2	30	1	
零件 A21	60	1	
零件 A22	40	1	
材料 M1	0	2	上期期末前 2 周已发出订单采购 130kg

编制步骤如下。

1. 编制 MRP 计划的准备工作

(1) 编制主生产进度计划(Master Production Schedule，MPS)。在生产总体计划基础上，根据已接受的客户订单和销售预测，确定在一定计划期内需要生产的最终产品(即独立需求产品)的生产数量和完工日期，即编制主生产进度计划。

主生产进度计划的计划期应根据最终产品的完工日期、加工时间，以及所需的各种原材料、零部件等的提前时间等因素确定。计划期的时间单位一般可按周或天计算，称为时间段。

本例中的主生产计划可用表 8-5 表示。

表 8-5　产品 A 的主生产计划

时期/周	0	1	2	3	4	5	6	7	8	9	10
产量/件						100					100
提前期/周						2					2

(2) 编制物料清单。根据主生产进度计划和物料清单，就可以分阶层核算每种物料的毛需求量，再结合库存情况就可以确定其采购量和内制量。

【技能训练 8-1】

请根据题目中的文字描述绘制产品 A 的物料清单(BOM)图。同时，请说明哪些物料是外购件，哪些物料是内制件？你是怎样判断的？

注意：

在图中应列出产品 A 使用哪些物料装配而成及相应数量(可在括号中用数字表示)。从中我们可以看到，阶层 0 的产品 A 是由阶层 1 的部件 A1(1 件)与部件 A2(2 件)组装而成；部件 A1 是外购件，而部件 A2 是自制件，即由阶层 2 的零件 A21(2 个)与零件 A22(1 个)组装而成；零件 A21 也是外购件，而零件 A22 是自制件，由阶层 3 的材料 M1(2kg)制成。

(3) 建立各物料项目动态信息卡片，掌握库存信息。每种最终产品及其所需的各种物料项目，应分别设立卡片，记录和提供它们每时段(天或周)的补充订货、收到、发出和结存数量的库存动态信息，如物料管制卡(项目三中已介绍，在此不再赘述)。本例中需用到的库存信息见表 8-4。

(4) 确定采购和加工装配的提前期。对于外购零部件、材料的提前期是指从发出订单到收到物料并能投入生产使用的时间；企业自制零部件的提前期是指从发出生产计划单到该物料送到生产线投入生产使用的时间。根据物料清单只能获得物料需用量信息，而什么时候需要则取决于主生产进度计划及提前期。本例中各零部件的提前期数据见表 8-4。

2. 编制 MRP 计划表

根据物料毛需求量、期初库存量、提前期等信息编制各阶层的 MRP 计划表，并在 MRP 计划表基础上，生成明细采购计划和明细内制计划，由企业生产、物流、销售等部门协作完成 MRP 计划。其具体步骤如下。

(1) 输入 MPS。根据客户订单，要求在第 5 周和第 10 周分别交货 100 件产品 A，即 MPS 为在第 5 周和第 10 周各需 100 件产品 A。将这些数据写入表 8-6 中。

(2) 输入库存信息与提前期信息。将产品 A 及其零部件的库存信息与提前期信息写入表 8-6 中。

(3) 输入 BOM 并运算。BOM 的输入通过分阶层编制 MRP 计划表的形式完成，可以说是在输入的同时进行 MRP 运算，见表 8-6。

表 8-6　产品 A 的 MRP 计划表

阶层 0：产品 A(提前期 2 周)											
时间段(第 L 周)	0	1	2	3	4	5	6	7	8	9	10
毛需求量						100					100
现有库存量(预计)	45	45	45	45	45	0	0	0	0	0	0
净需求量						55					100
计划接收订货量						55					100
计划发出订货量				55					100		
阶层 1：部件 A1(提前期 2 周)											
时间段(第 L 周)	0	1	2	3	4	5	6	7	8	9	10
毛需求量				55					100		
现有库存量(预计)	15	15	15	0	0	0	0	0	0	0	0
净需求量				40					100		
计划接收订货量				40					100		
计划发出订货量		40					100				

阶层 1：部件 A2(提前期 1 周)

时间段(第 L 周)	0	1	2	3	4	5	6	7	8	9	10
毛需求量				110					200		
现有库存量(预计)	30	30	30	0	0	0	0	0	0	0	0
净需求量				80					200		
计划接收订货量				80					200		
计划发出订货量			80					200			

阶层 2：零件 A21(提前期 1 周)

时间段(第 L 周)	0	1	2	3	4	5	6	7	8	9	10
毛需求量			160					400			
现有库存量(预计)	60	60	0	0	0	0	0	0	0	0	0
净需求量			100					400			
计划接收订货量			100					400			
计划发出订货量		100					400				

阶层 2：零件 A22(提前期 1 周)

时间段(第 L 周)	0	1	2	3	4	5	6	7	8	9	10
毛需求量			80					200			
现有库存量(预计)	40	40	0	0	0	0	0	0	0	0	0
净需求量			40					200			
计划接收订货量			40					200			
计划发出订货量		40					200				

阶层 3：材料 M1 (提前期 2 周)

时间段(第 L 周)	0	1	2	3	4	5	6	7	8	9	10
毛需求量		80					400				
现有库存量(预计)	0	50	50	50	50	50	0	0	0	0	0
预计到货量	130										
净需求量							350				
计划接收订货量							350				
计划发出订货量					350						

注："第 0 周"表示期初。

　　MRP 计划表从阶层 0 开始编制。按照主生产进度计划，需在第 5 周交货 100 件，而期初库存量为 45 件，提前期为 2 周，故计划在第 3 周开始装配 55 件。另外在第 10 周交货 100 件，故需在第 8 周安排生产 100 件。

　　阶层 1 的计算以满足阶层 0 的需要为目标。部件 A1 与产品 A 的关系为 1：1，故在第 3 周和第 8 周部件 A1 需要 55 件和 100 件，由于 A1 的期初库存为 15 件，提前期为 2 周，故需在第 1 周订购 A1 部件 40 件；同理，需在第 6 周订购 A1 部件 100 件。同理，第 3 周和第 8 周需要 A2 部件分别为 110 件和 200 件。由于 A2 的期初库存为 30 件，提前期为 1

周，因此应计划分别在第2周和第7周装配A2部件80件和100件。同理，可依次计算阶层2和阶层3的需求量及订购量(或加工量)。

(4) 输出数据项。根据前几项内容输出我们需要的数据，即生成明细外购计划与内制计划，如表8-7所示。

表8-7 明细外购计划与明细内制计划

序　号	外购时间	外购物料名称	外购数量
1	第1周	A1	40
2	第1周	A21	100
3	第4周	M1	350
4	第6周	A1	100
5	第6周	A21	400
序　号	内制时间	内制物料名称	内制数量
1	第1周	A22	40
2	第2周	A2	80
3	第3周	A	55
4	第6周	A22	200
5	第7周	A2	200
6	第8周	A	100

【技能训练8-2】

现有产品M由两种部件(2个B，3个C)组装而成，某客户对M产品1~10周的需求数据分别为10、15、25、25、30、45、20、30、70、60个，M、B、C当前库存数据分别为10、60和150个，备货周期分别为1周、1周和2周。为确保按时供货，请制订该产品M的采购(或生产)与库存计划。

【能力扩展1】

仍以【技能训练8-2】中的产品M为例，若M、B、C备货的最小批量分别为25、65和90个，其他条件不变。为确保按时供货，请自行制定该产品M的采购(或生产)与库存计划。

【能力扩展2】

仍以【技能训练8-2】中的产品M为例，若再考虑安全库存，MRP计划表是否发生变化？假设M、B、C三者的当前库存量分别为40、160和310个，安全库存量分别为20、40、80个，最小备货批量分别为25、65和90个，请重新制定该产品M的采购(或生产)与库存计划。

【任务实施】

现在，我们可以确定该公司的库存属于由市场对自行车的独立需求库存而衍生出来的对各种零部件的相关需求库存。因而，可采用物料需求计划(MRP)，通过确定采购或生产批量来控制库存水平(是"零库存"，还是要保证安全库存，或者其他库存要求)。

在本任务中，我们知道了飞达牌自行车的现实市场需求(客户订单)和产品及零部件的库存情况、提前期等信息，就可以按照自行车加工组装工艺的反顺序获知对各种零部件的需求量和需求时间，再根据各种零部件的准备时间，就可安排采购或加工了。

有了任务资讯中的知识与技能储备，完成这个任务应该是很顺利的。请填写完成表8-8的内容。

表8-8 自行车的MRP计划表

阶层0：自行车(提前期1周)		最小备货批量=200			安全库存=50			
时间段(第L周)	0	1	2	3	4	5	6	7	8
毛需求量									
现有库存量(预计)									
净需求量									
计划接收订货量									
计划发出订货量									

阶层1：车架(提前期2周)		最小备货批量=100			安全库存=50			
时间段(第L周)	0	1	2	3	4	5	6	7	8
毛需求量									
现有库存量(预计)									
净需求量									
计划接收订货量									
计划发出订货量									

阶层1：车把(提前期3周)		最小备货批量=200			安全库存=50			
时间段(第L周)	0	1	2	3	4	5	6	7	8
毛需求量									
现有库存量(预计)									
净需求量									
计划接收订货量									
计划发出订货量									

阶层1：车轮(提前期1周)		最小备货批量=500			安全库存=60			
时间段(第L周)	0	1	2	3	4	5	6	7	8
毛需求量									
现有库存量(预计)									
净需求量									
计划接收订货量									
计划发出订货量									

续表

阶层 2：车胎(提前期 2 周)		最小备货批量= 450			安全库存=80			
时间段(第 L 周)	0	1	2	3	4	5	6	7	8
毛需求量								
现有库存量(预计)								
净需求量								
计划接收订货量								
计划发出订货量								

阶层 2：轮圈(提前期 3 周)		最小备货批量=600			安全库存=80			
时间段(第 L 周)	0	1	2	3	4	5	6	7	8
毛需求量								
现有库存量(预计)								
净需求量								
计划接收订货量								
计划发出订货量								

【任务小结】

在"MRP 库存控制"任务中，我们通过一个具体的工作任务——飞达自行车公司在一个计划期内的生产经营与库存控制，了解到为完成该任务需要具备一些 MRP 库存控制方面的基础知识和基本技能，如 MRP 的概念及产生发展、MRP 系统的作用与工作原理、MRP 计划的编制等。总之，运用扎实的理论知识和技能本领武装自己，有助于我们分析问题和解决问题，为职业工作打好基础。

任务三　定量订货控制

【任务目标】

知识目标：
(1) 理解定量订货法的原理；
(2) 掌握定量订货法的控制参数。

技能目标：
(1) 能确定定量订货法的安全库存；
(2) 能运用定量订货法进行采购库存控制。

素质目标：
(1) 热爱采购工作，具有工作责任心；
(2) 具有成本观念和节约意识。

【任务描述】

在任务二中，飞达自行车公司主要采用物料需求计划(MRP)法来确定外购或内制量，进而控制了库存水平，降低了成本。至此，我们似乎认为 MRP 可以解决一切问题。但在任务二的例题中，我们既未考虑安全库存，也未考虑最小备货批量，使得问题的解决感觉很简单。但如果考虑了安全库存和最小备货批量，以车胎为例，安全库存应设置多少？最小(或最佳)备货批量应设置多少？用 MRP 运算得到的订货批量和订货时间是否符合实际？何时订货更佳？

假设跟踪统计该公司在过去 3 周里对车胎的实际需求量分别为 126、110 和 127 套。最大订货提前期为 2 周，缺货概率根据经验统计为 5%，求车胎的安全库存和订货策略。

【任务分析】

很明显，在此任务中，我们需采用其他方法来配合 MRP 法的应用，但需明确如下问题。

(1)　掌握了过去 3 周的实际需求数据，每月各不相同，说明需求不确定。

(2)　每次订货均有订货提前期，最大为 2 周，本例中是否可视为提前期确定？

(3)　允许缺货，缺货概率为 5%(统计得到)，即客户服务水平为 95%，这又有何用？

(4)　对于车胎的最佳备货批量，适合用何种方法确定？

(5)　这是定量订货策略问题。

【任务资讯】

一、定量订货法的概念和原理

(一)定量订货法的概念

定量订货法(Fixed Quantity System，FQS)是指当库存量下降到预定的最低库存数量(即订货点 R)时，以经济订货批量(EOQ)为标准进行订货的一种库存管理方式。

(二)定量订货法的原理

定量订货法是一种基于数量的订货方法，主要靠控制订货点和订货批量两个参数来控制订货。预先确定一个订货点，在出货过程中随时检查库存，当库存下降到订货点时，就发出一个订货批量，这个订货批量一般以经济订货批量为标准。其原理如图 8-3 所示。

定量订货法要随时检查库存，当库存下降到给定的订货点时，就发出订货，每次订货均为给定的订货批量 Q^*。

图 8-3 中是一般情况的例子。在第一阶段，库存以一定的速率下降，当库存下降到 R 时(即 A' 点)，就发出一个订货批量 Q^*，"名义库存"升高了 Q^*，达到 $Q_{max}=R+Q^*$。进入第一个订货提前期 T_1，在 T_1 内库存继续下降，到 A 点(正好等于 Q_s，在 Q_s 线上)时，新订货物到达，T_1 结束，实际库存由 Q_s 升到 Q_s+Q^*，增加了 Q^*，到达 B 点，进入第二个阶段。在第二个阶段内，库存以一定的速率下降(与第一阶段的速率不同)，由图 8-3 可看出库存的消耗周期长些。当库存下降到 R 时(即 C' 点)，又发出一个订货批量 Q^*，"名义库存"升高

了 Q^*，达到 $Q_{max}=R+Q^*$，进入 T_2，库存下降到 C 点，第二批货 Q^* 到达，T_2 结束，实际库存升高了 Q^*，达到 D 点。接着进入第三个阶段，库存以一定的速率下降(与第一、二阶段的速率均不同)，库存消耗快，周期短，到 R 时(即 E' 点)又发出一个订货批量 Q^*，进入 T_3，在 T_3 内，库存下降较快，动用了安全库存(此时的库存量低于 Q_s)。新订货到达后，实际库存升高了 Q^* 到 F 点，接着进入下一个阶段。库存量就是这样周而复始地循环着。

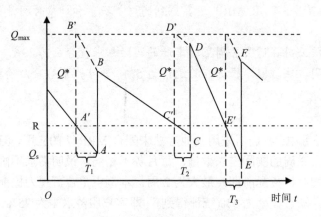

图 8-3　定量订货法模型图

由图 8-3 中可以看出，由于整个过程控制了订货点 R 和订货批量 Q^*，使得整个系统的库存水平得到了控制，其中最高库存量 Q_{max} 不超过 $R+Q^*$。

可见，定量订货法要解决三个关键问题。

(1) 确定订货点，即解决什么时候订货的问题。

(2) 确定订货批量，即解决一次订货多少的问题。

(3) 确定订货如何具体实施，以及库存系统的安全库存问题。

二、定量订货法的控制参数

由上述原理可知，定量订货法需要控制的参数主要有两个：一个是订货点，即订货时的库存量；另一个是订货数量，一般为经济订货批量(EOQ)。

(一)订货点的确定

在定量订货法中，当库存水平降到某个库存水平时就发出订货信息，我们将发出订货时的库存水平称为订货点。影响订货点确定的主要因素：①需求速率；②订货提前期；③安全库存。

1. 需求确定，订货提前期不变，可以不设置安全库存 S

$$订货点=每个订货提前期内的需求量$$
$$=平均日需求量×订货提前期$$
$$=\frac{全年需求量}{360}×订货提前期$$

2. 需求不确定，订货提前期不确定，设置安全库存 S 很必要

$$订货点=订货提前期内的平均需求量+安全库存$$
$$=平均日需求量×最大订货提前期+安全库存$$

(二)订货批量的确定

在定量订货法中，对每一个具体的品种而言，每次订货批量都是相同的，通常是以 EOQ 作为订货批量。关于 EOQ 方法，项目四中已详细介绍，在此不再赘述。

三、定量订货法安全库存(S)的确定

安全库存(Safety Stock，S)，是指用于缓冲不确定性因素(如大量突发性订货、交货期突然延期等)影响订货需求而准备的缓冲库存。安全库存用于满足提前期需求，又称保险库存。

(一)设置安全库存的必要性

零库存生产，是每个企业追求的目标。但是，零库存生产需要较高的管理水平，一般企业很难做到这一点。因为每日需求量、交货时间、供应商的配合程度存在较多的不确定因素。所有的业务都面临着不确定性，这种不确定性来源各异。从需求或消费者一方来说，不确定性涉及消费者购买多少和什么时候进行购买。处理不确定性的一个习惯做法是预测需求，但从来都不能准确地预测出需求的大小。从供应来说，不确定性是获取零售商等的需要，以及完成订单所要的时间。就交付的可靠性来说，不确定性可能来源于运输，还有其他原因也能产生不确定性。不确定性带来的结果通常是一样的，企业要备有安全存货来进行缓冲处理。安全库存在正常情况下不动用，只有在库存量过量使用或者送货延迟时，才能使用。

安全库存越大，出现缺货的可能性越小；但库存越大，会导致剩余库存的出现。应根据不同物品的用途以及客户的要求，将缺货保持在适当的水平上，允许一定程度的缺货现象存在。安全库存的量化计算可根据顾客需求量固定、需求量变化、提前期固定、提前期发生变化等情况，利用正态分布图、标准差、期望服务水平等来求得。

(二)安全库存的计算原理

1. 正态分布

正态分布(Normal Distribution)是概率论中最重要的一种分布，也是自然界最常见的一种分布。该分布由两个参数——平均值(μ)和方差(σ^2)决定。平均值是一组数据的简单平均后的值，方差是对这一组数据变异程度的一种度量。概率密度函数曲线以均值为对称中线，方差越小，分布越集中在均值附近。轴与正态曲线之间的面积恒等于 1。正态分布如图 8-4 所示。

另外，还要提到标准差的概念。标准差(Standard Deviation)，也称均方差，是各数据偏离平均数的距离的平均数，用 δ 表示。标准差是方差的正平方根，其计算步骤如下。

(1) 算出一组数据的平均值 μ；

(2) 计算该组每个数据与第一步得到的平均值之间的差值(即平均值的离差);

(3) 将第二步得到的差值进行平方;

(4) 计算由第三步得到的所有平方值的平均值(即方差 σ^2);

(5) 将第四步计算得到的平均值再开平方,即得到标准差 δ。

在 Excel 中,可以使用 STDEVPA 函数计算一组数据的标准差。

在正态分布中,全部事件的 68.27% 发生在均值附近的正负各 1 个标准差(即 2δ)的范围内,95.45% 发生在正负各 2 个标准差(即 4δ)范围内,99.73% 发生在正负各 3 个标准差(即 6δ)范围内,如图 8-4 所示。

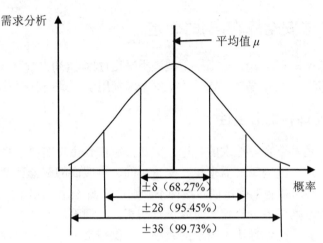

图 8-4 正态分布图

在计算安全库存时,可以利用未来一段时间内的需求预测数据来确定标准差。

例 8-2 某饮料在过去 3 周内的需求量分别为 110、150 和 127 件,可见在这 3 周内需求并不稳定。试计算其需求变动的标准差。

解: 平均周需求量 $\mu = \dfrac{110+150+127}{3} = 129$(件)

需求变动标准差 $\delta = \sqrt{\dfrac{(110-129)^2 + (150-129)^2 + (127-129)^2}{3}} \approx 16.39$(件)

【技能训练 8-3】

某市交委打算新开一条公交线路并进行站点的调研,连续 10 天某站点每天的乘车人次分别为 50、53、46、62、56、60、38、40、45、50 人次,试求其标准差 δ。

又如,假设某啤酒的需求服从正态分布,未来一周内的日均预测需求为 100 件,如果期初库存数保持在 500 件,那么从概率上来说,可以满足实际需求的可能性为 50%,因为实际需求大于一周 500 件或小于一周 500 件的概率各为 50%。此时的标准差为零。假如我们增加一个标准差,也就是在平均需求的基础上乘以一个标准差,我们能够满足实际需求的可能性则提高到 84%;如果乘以两个标准差,那么满足实际需求的可能性则提高到 98%;如果乘以三个标准差,可能性则可以提高到 99.85%。给平均需求乘上越高的标准差,则满足实际需求的可能性越高,同时也意味着越高的库存数量水平。因此,当需求量是连续时,常用正态分布来描述需求函数。正态分布往往是对需求函数的合理逼近。

在库存管理中，我们只关注平均水平之上的需求。也就是说，只有发生需求量大于平均水平时，才需要建立安全库存。在平均值以下的需求很容易满足，我们需要设立一个界限以确定应满足多高的需求，如计划满足95%的需求，则只有5%的需求得不到满足，那么，这个95%就是本次需求得到满足的服务水平。

2. 顾客服务水平

安全库存量的大小，主要由顾客服务水平(或订货满足率)来决定。所谓顾客服务水平，就是指对顾客需求情况的满足程度，公式表示如下：

$$顾客服务水平(\%) = \left(1 - \frac{年缺货次数}{年订货次数}\right) \times 100\%$$

安全库存的计算，一般需要借助于统计学方面的知识，对顾客需求量的变化和提前期的变化做出一些基本的假设，从而在顾客需求发生变化、提前期发生变化以及两者同时发生变化的情况下，分别求出各自的安全库存量。即假设顾客的需求服从正态分布，通过设定的显著性水平来估算需求的最大值，从而确定合理的库存。

统计学中的显著性水平α，在物流系统中叫作缺货率，与物流中的顾客服务水平($1-\alpha$，订单满足率)是对应的，显著性水平=缺货率=1-顾客服务水平。如统计学上的显著性水平一般取为$\alpha=0.05$，即顾客服务水平为0.95，缺货率为0.05。

显著性水平为α、顾客服务水平为$1-\alpha$的情况下所对应的服务水平系数，它是基于统计学中的标准正态分布的原理来计算的，它们之间的关系非常复杂，但一般可以通过正态分布表查得。顾客服务水平$1-\alpha$越大，订单满足率就越高，发生缺货的概率就越小，但需要设置的安全库存(S)就会越高。因而需要综合考虑顾客的服务水平、缺货成本和库存持有成本三者之间的关系，最后确定一个合理的安全库存(S)。

明白了安全库存的计算原理，接着就介绍在实际工作中的安全库存(S)是如何运用的。

(三)安全库存(S)确定的几种情况

1. 需求量和提前期都固定

在需求量和提前期都固定的情况下，可人为指定某段时间的供应量作为安全库存量。因为每个月没有足够的时间去检查每种物料的安全库存指标，这种按某段时间供应量计算的安全库存量往往需要足够大的安全库存，结果是导致库存量大大增加。例如，某种零件每天的使用量均为10个，假如按5天的供应量作为安全库存时，该零件的安全库存为50个。

2. 需求量变化，提前期固定

先假设需求的变化情况符合正态分布，由于提前期是固定的数值，因而我们可以直接求出在提前期的需求分布的平均值和标准差。或者可以通过直接的期望预测，以过去提前期内的需求情况为依据，从而确定需求的期望均值和标准差。这种方法的优点是能够让人容易理解。

假设需求的变化服从正态分布(即需求均值和标准差明确或可求出)，则安全库存(S)为

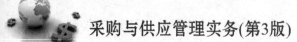

$$S = zQ_{\mathrm{d}}\sqrt{L}$$

式中：Q_{d}——提前期内的需求量的标准差；

      L——提前期的时间；

      z——一定客户服务水平下需求量变化的安全系数，由正态分布表查出。

例 8-3　某超市的某种饮料平均日需求量为 10 000 瓶，并且饮料需求情况服从标准差为 30 瓶/天的正态分布，如果提前期是固定常数为 9 天，该超市确定的客户服务水平不低于 99%，请结合所提供的客户服务水平与安全系数对应关系的常用数据(见表 8-9)，那么该种饮料的安全库存量是多少？

表 8-9　安全系数表

服务水平	0.60	0.65	0.70	0.75	0.80	0.85	0.90	0.95	0.96
安全系数(z)	0.26	0.39	0.54	0.68	0.84	1.04	1.28	1.65	1.75
服务水平	0.97	0.977	0.98	0.99	0.992	0.9987	0.9998	0.9999	1.00
安全系数(z)	1.88	2.00	2.05	2.33	2.40	3.00	3.05	3.07	3.09

分析：由于超市饮料的平均日需求量为 10 000 瓶，且其需求情况服从标准差为 30 瓶/天的正态分布，即 $D \sim N(10\,000, 30)$ 瓶/天，即 $Q_{\mathrm{d}} = 30$ 瓶/天。同时，$L = 9$ 天。由于客户服务水平不低于 99%，查安全系数表 8-9 得 $z = 2.33$，所以：

$$S = zQ_{\mathrm{d}}\sqrt{L} = 2.33 \times 30 \times \sqrt{9} \approx 210(瓶)$$

3. 需求量固定，提前期变化

假设提前期的变化服从正态分布(即需求均值和标准差明确或可求出)，则

$$S = zR_{\mathrm{d}}Q_t$$

式中：R_{d}——提前期内的日需求量；

      Q_t——提前期的标准差；

      z——一定客户服务水平下需求量变化的安全系数，由正态分布表查出。

例 8-4　某超市的某种饮料平均日需求量为 1000 罐，提前期随机变化且服从均值为 5 天、标准差为 2 天的正态分布。如果该超市确定的客户服务水平要达到 95%，请结合表 8-9，计算出该种饮料的安全库存量。

分析：由于超市饮料的平均日需求量为 1000 罐，即 $R_d = 1000$ 罐/天，但提前期变化，且其变化情况服从均值为 5 天、标准差为 2 天的正态分布，即 $D \sim N(5,2)$ 天，即 $Q_t = 2$ 天。由于客户服务水平要达到 95%，查安全系数表 8-9 得 $z = 1.65$；所以

$$S = zR_{\mathrm{d}}Q_t = 1.65 \times 1000 \times 2 = 3300(罐)$$

4. 需求量和提前期都变化

多数情况下二者是随机变化的，如果可以假设二者是相互独立的，则

$$S = z\sqrt{Q_{\mathrm{d}}^2 \overline{L} + \overline{R}_{\mathrm{d}}^2 Q_t^2}$$

式中：Q_{d}、Q_t、z 的含义同上；

      $\overline{R}_{\mathrm{d}}$——提前期内的平均日需求量；

      $\overline{L}$——平均提前期。

例 8-5 如果上例中这种饮料的需求量和提前期都随机变化并服从正态分布，且二者相互独立，日需求量为 1000 罐，标准差为 20 罐/天，平均提前期为 5 天，标准差为 1 天，为了保证这种饮料在夏季的客户服务水平达到 95%，需要设置的安全库存为多少？

解：

已知：Q_d=20 罐/天，Q_t=1 天，$\overline{R_d}$=1000 罐/天，$\overline{L}$=5 天，$F(z)$=95%，查表得知 z=1.65

所以：$S=z\sqrt{Q_d^2\overline{L}+\overline{R_d^2}Q_t^2}=1.65\times\sqrt{20^2\times 5+1000^2\times 1^2}\approx 1652$(罐)

另外，在需求量和提前期都变化的情况下，安全库存量还可以按下式简便计算：

安全库存量=(预计日最大耗用量−平均日需求量)×平均提前时间

其中，平均提前时间是指因一些不可控的因素导致提前期的不确定而取其平均数，它包括：办理订货手续需要的时间，供货单位发运货物所需时间，在途运输时间，到货验收时间，使用前准备时间等。

总之，定量订货法的做法是，当实物库存水平(加上已订货库存)下降到预定再订货水平时，按照既定批量进行再订货。

四、定量订货法的特点

定量订货法在实际运用中具有以下三个特点。

(1) 订购量不变。定量订货法每次订购量是相同的，即订购量固定。这样操作较简单并可以降低成本。

(2) 库存量较低。定量订货法的平均库存量较低，因此定量订货法有利于贵重物资的库存，可以对企业潜在的缺货做出更快的反应。

(3) 连续记录。由于要随时掌握库存和控制存货，每次补充库存或物资出库都要进行记录，使维持定量订货模型所需要的时间更长。同时，订货时间又不能预先确定，不灵活且要占用一定的人力和物力。

【任务实施】

现在，我们可以确定该公司车胎的安全库存和订货策略了。

第一，明确此项内容属于需求量(R)变化、提前期(L)固定的问题。

第二，运用相关公式进行计算。用到的公式为

订货点=订货提前期内的平均需求量+安全库存

=平均周需求量×最大订货提前期+安全库存

即：$S=zQ_d\sqrt{L}$

其中：

平均周需求量 R_d=(126+110+127)÷3=121(箱)，L=2 周

$$Q_d=\sqrt{\frac{\sum(v_i-y)^2}{n}}=\sqrt{\frac{(126-121)^2+(110-121)^2+(127-121)^2}{3}}=7.79(箱)\approx 8(箱)$$

第三，查安全系数表。由缺货概率 5%，可知客户服务水平为 95%，查表得到 z=1.65。

最后，计算安全库存和订货点。

安全库存$(S) = zQ_d\sqrt{L} = 1.65 \times 8 \times \sqrt{2} = 18.6648$(套) ≈ 19(套)

订货点$(ROL) = R_d \times L + S = 121 \times 2 + 19 = 261$(套)

因此，该公司对于车胎的订货策略为：设置19套的安全库存，连续记录库存变化，当发现库存下降到261套的时候就要发出订货。至于最佳备货批量，可以参考有关数据计算其经济订货批量(EOQ)。

【任务小结】

在"定量订货控制"任务中，我们通过一个具体的工作任务——飞达自行车公司关于车胎的定量订货控制，了解到为了完成该任务，需要具备一些定量订货法方面的基础知识和基本技能，如定量订货法的概念和原理、定量订货法控制参数(订货点和订货批量)的确定，特别是在确定订货点时安全库存(S)的确定等。

另外，我们还要想一想：除了车胎之外，该公司还有哪些物料可用定量订货法进行库存控制？这就要想到定量订货法的特点和适用情况。除了用定量订货法控制库存之外，对于其他物料，还可采用哪种方法控制其库存水平呢？在下一个任务中，我们将学习定期订货法。

任务四 定期订货控制

【任务目标】

知识目标：

(1) 理解定期订货法的原理；

(2) 掌握定期订货法的控制参数。

技能目标：

(1) 能确定定期订货法的安全库存；

(2) 能运用定期订货法进行采购库存控制。

素质目标：

(1) 热爱采购工作，具有工作责任心；

(2) 具有成本观念和节约意识。

【任务描述】

在任务三中，飞达自行车公司主要采用定量订货法来控制车胎的库存，降低了成本。顾名思义，定量订货法的运用要点是订货量固定、订货周期不确定，反之会如何呢？即定期订货法，订货周期固定，订货量不固定。

假设飞达公司对共用零件刹车闸皮的年需求量为10 000件，经济订货批量为800件，订货提前期为 7 天，安全库存量为 150 件。该如何确定具体的订货策略？

在某一订货周期的期初，若通过盘点已知当时的实际库存量为 600 件，已订货而还没有到达的物资量为 0 件，以及已经办理领料手续但还没有领取的数量为 400 件。试确定本次订货量。

【任务分析】

很明显，在此任务中，我们需用其他方法来配合物料需求计划(MRP)法的应用，但需明确以下几个问题。

(1) 这是定期订货策略问题。

(2) 如何确定订货周期？

(3) 如何确定本次订货量？

【任务资讯】

一、定期订货法的概念和原理

(一)定期订货法的概念

定期订货法(Fixed Interval System，FIS)，是指按预先确定的订货间隔期进行订货的一种库存管理方式。

定量订货法是从数量上控制库存量，虽然操作简单，但是需要随时检查库存，费时费力。而定期订货法是基于时间的订货控制方法，它预先设定订货周期和最高库存量，从而达到控制库存量的目的。只要订货周期和最高库存量控制得当，既可以不造成缺货，又可以达到节省库存费用的目的。

(二)定期订货法的原理

定期订货法的原理为，预先设定一个订货周期 T 和一个最高库存量 I_{max}，周期性的检查库存，求出当时的实际库存量 Q_0、已订货而还没有到达的物资量 Q_1，以及已经售出但还没有发货的物资数量 Q_2，然后发出一个订货批量 Q。此次的订货量 Q 的大小，应使得订货后的"名义库存"升高到 I_{max}。

其原理如图 8-5 所示。在第一阶段，库存以一定的速率下降。因为订货周期是事先确定的，所以订货时间也就确定了。到了订货时间，不论库存量有多少，都要发出订货。所以当到了第一次订货时间(A 点)时，就检查库存，得到当时的库存量 Q_{k1}，并发出一个订货批量 Q_{R1}，使"名义库存"上升到 I_{max}。然后进入第二阶段，当经过 T 时间到了第二次订货时间(B 点)时又检查库存，得到此时的库存量 Q_{k2}，并发出一个订货批量 Q_{R2}，使"名义库存"上升到 I_{max}，如此重复。

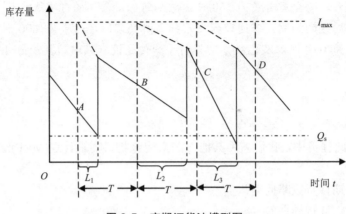

图 8-5　定期订货法模型图

二、定期订货法的控制参数

根据原理可知，定期订货法需要确定三个参数，订货周期 T、最高库存量 I_{max} 和每次订货量 Q。订货周期用来控制库存的订货时机，最高库存量用来控制库存的给定库存水平。每隔一个订货周期 T，就检查库存发出一个订货量 Q。

(一)订货周期 T 的确定

在定期订货法里，两次订货的时间间隔 T 是固定的，它的确定可以分为三种情况。

(1)　如果订货周期可以由储存系统自行决定，则可按 $EOQ = \sqrt{\dfrac{2C_0 D}{H}}$ 求得经济订货批量的理论值，再按 $T = \dfrac{EOQ}{D}$ 计算求得订购周期，然后适当调整即可。

(2)　如果订货周期需要储存系统和供货厂商共同商定时，可以根据上述求得的 T，协调企业的具体情况，合理确定。

(3)　订货周期还可以根据物资供应情况的历史统计资料，求得平均供货周期。

实际当中，很多企业还把用上述方法确定的订货周期与日历时间单元(日、周、旬、月、季度、年等)结合起来，统筹考虑来确定合适的订货周期。

(二)最高库存量 I_{max} 的确定

在定量订货法中，我们把订货提前期内的需求量作为制定订货点的依据。在定期订货法中，我们则是把订货周期 T 和其后的一个订货提前期 L 合起来组成的时间单元$(T+L)$内的需求量 $Q[Q = R_d \times (T+L)]$定订货点的依据。若考虑安全库存量 S，则最高库存量 I_{max} 为

$$I_{max} = R_d \times (T+L) + S$$

例 8-6　某种物料的订购提前期为 10 天，每日需要量为 20 吨，保险储备定额为 200 吨。每 30 天订购一次，订购当日的现有库存量为 450 吨，已经订购但尚未到货的数量为 125 吨，求最大库存量。

解：

已知：R_d=20 吨/天，T=30 天，L=10 天，S=200 吨，则

$$I_{max} = R_d \times (T+L)+S$$
$$=20\times(30+10)+200$$
$$=1000(吨)$$

(三)每次订货量 Q 的确定

定期订货法中，每次订货量不一定，它与当时的实际库存量 Q_0、已订货而还没有到达的物资量 Q_1，以及已经售出但还没有发货的物资数量 Q_2 都有关系。一般情况下，每次的订货量由下式确定：

$$Q = I_{max} - (Q_0+Q_1-Q_2)$$
$$= R_d \times (T+L)+S-(Q_0+Q_1-Q_2)$$
$$= R_d \times (T+L)+S-Q_0-Q_1+Q_2$$

例 8-7 求解例 8-6 中的本次订购量。

解：

已知：$I_{max}=1000$ 吨，$Q_0=450$ 吨，$Q_1=125$ 吨，$Q_2=0$，则

$$Q = I_{max} - (Q_0+Q_1-Q_2)$$
$$=1000-(450+125-0)$$
$$=425(吨)$$

三、定期订货法安全库存量的确定

1. 需求量变化，提前期固定

假设需求的变化服从正态分布(即需求均值和标准差明确或可求出)，则安全库存 S 为

$$S = zQ_d\sqrt{L+T}$$

式中：Q_d——提前期内的需求量的标准差；

T——订货周期；

L——提前期的时间；

z——一定客户服务水平下需求量变化的安全系数，由正态分布表查出。

2. 需求量固定，提前期变化

假设提前期的变化服从正态分布(即需求均值和标准差明确或可求出)，则

$$S = zR_dQ_t$$

式中：R_d——提前期内的日需求量；

Q_t——提前期的标准差；

z——一定客户服务水平下需求量变化的安全系数，由正态分布表查出。

3. 需求量和提前期都变化

多数情况下二者都是随机变化的，如果可以假设二者是相互独立的，则

$$S = z\sqrt{Q_d^2(\overline{L}+T)+\overline{R}_d^2Q_t^2}$$

式中：Q_d、Q_t、z 的含义同前；

$\overline{R}_d$——提前期内的平均日需求量；

$\overline{L}$——平均提前期；

T——订货周期。

四、定期订货法的特点

定期订货法具有以下特点。

(1) 订购批量不断变化。一般来说，定期订货法的订购批量是不断变化的。不同时期的订购批量不尽相同，订购量的大小取决于各个时期产品的需求量。由于每次订购量的不同，其运作成本相对较高。

(2) 期末盘点。定期订货法只在订货周期到来时进行产品的盘点，因此必须维持较高的库存量，防止在下次订货周期到来之前出现缺货现象。

(3) 工作量少。定期订货法只在订货周期到来时进行产品的盘点，工作量相对较少。

(4) 安全库存量高。定期订货法的安全库存量比定量订货法要高。

【任务实施】

现在，我们可以确定该公司刹车闸皮的订货策略了。

首先，根据 EOQ 原理确定最佳的订货周期。

其次，运用相关公式进行计算最大库存量和本次订货量。用到的公式为

$$T = \frac{EOQ}{D};$$

$$I_{max} = R_d \times (T+L) + S;$$

$$Q = I_{max} - (Q_0 + Q_1 - Q_2)$$

最后，计算，制定订货策略。

(1) 订货周期=EOQ÷D=800÷10 000=0.08(年)=0.08×360=28.8(天)=0.96(月)

(2) 已知：R_d=10 000÷360≈28(件)，T=28.8(天)，L=7(天)，S=150(件)，Q_0=600(件)，Q_1=0，Q_2=400(件)，则

$$I_{max} = R_d \times (T+L) + S = 28 \times (28.8+7) + 150 = 1152.4(件) \approx 1153(件)$$

$$Q = I_{max} - Q_0 - Q_1 + Q_2 = 1153 - 600 - 0 + 400 = 953(件)$$

因此，该公司对刹车闸皮的订货策略为：即每隔 28.8 天订一次货，每次从发出订货到收到货物需要 7 天。设置 1153 件的最高库存，本次订货批量为 953 件。

【任务小结】

在"定期订货控制"任务中，我们通过一个具体的工作任务——飞达自行车公司关于刹车的定期订货控制，了解到为了完成该任务，需要具备一些定期订货法方面的基础知识和基本技能，如定期订货法的概念和原理、定期订货法控制参数(订货周期、最高库存量和每次订货量)的确定，特别还要注意安全库存(S)的确定等。

项 目 测 试

【应知测试】

一、填空题

1. 按库存在再生产过程中所处的领域分类，库存可分为_____、_____和_____三类。

2. 库存具有_____、_____、_____和_____四大作用。

3. 库存控制的关键问题有三个：_____、_____和_____。

4. 库存基准包括_____和_____。

5. 定量订货法是一种基于_____的订货控制方法，主要靠控制_____和_____两个参数来控制订货。预先确定一个_____，在销售过程中随时检查库存，当库存下降到_____时，就发出一个_____，这个_____一般以经济订货批量为标准。

6. 定期订货法是基于_____的订货控制方法，它预先设定_____和_____，从而达到控制库存量的目的。

二、单选题

1. 不是为了满足目前的需求，而是出于其他原因，如由于价格上涨、物料短缺或是为了预防罢工等囤积的库存是(　　)。

    A. 安全库存　　　　B. 预期库存　　　　C. 季节库存　　　　D. 投资库存

2. 下面对关于 MRP 几个相关概念按照产生的先后顺序正确排序的是(　　)。

    A. 闭环 MRP、MRP、ERP、MRP-Ⅱ

    B. MRP、闭环 MRP、ERP、MRP-Ⅱ

    C. MRP、MRP-Ⅱ、闭环 MRP、ERP

    D. MRP、闭环 MRP、MRP-Ⅱ、ERP

3. 解决"要生产什么？生产多少？何时交货？"问题的是(　　)。

    A. MRP　　　　　　B. MPS　　　　　　C. BOM　　　　　D. 库存信息

4. 说明产品或独立需求的零部件是由什么组成的，各需要多少，即解决"要用到什么"问题的是(　　)。

    A. MRP　　　　　　B. MPS　　　　　　C. BOM　　　　　D. 库存信息

5. 顾客服务水平 $1-\alpha$ _____，订单满足率就_____，发生缺货的概率就_____，但需要设置的安全库存 S 就会_____。下面选项正确的是(　　)。

    A. 越大　越低　越小　越高　　　　　　B. 越大　越高　越小　越低

    C. 越大　越高　越小　越高　　　　　　D. 越小　越高　越小　越高

三、多选题

1. 以下属于库存合理化的是(　　)。

A. 合理库存量   B. 合理库存结构   C. 合理库存时间

  D. 合理库存网络   E. 合理库存地点

 2. 库存的作用主要有(   )。

  A. 维持销售产品的稳定   B. 维持生产的稳定

  C. 平衡企业物流   D. 平衡流动资金的占用

 3. 库存的弊端主要表现在以下几个方面(   )。

  A. 占用企业大量资金   B. 增加了企业的产品成本与管理成本

  C. 掩盖了企业众多管理问题   D. 平衡流动资金的占用

 4. MRP 输入的数据项主要有(   )。

  A. MPS   B. BOM   C. 库存信息

  D. 提前期   E. 外购订单

 5. 顾客服务水平 $1-\alpha$ _____，订单满足率就_____，发生缺货的概率就_____，但需要设置的安全库存 S 就会_____。下面选项正确的是(   )。

  A. 越大 越低 越小 越高   B. 越大 越高 越小 越低

  C. 越大 越高 越小 越高   D. 越小 越低 越大 越低

四、判断题

 1. 为了应付需要的不确定性和供应的不确定性，防止缺货造成的损失而设置的一定数量的存货，称为预期库存。   (   )

 2. 库存控制的关键问题有两个，一是确定订货点，二是确定订货量。 (   )

 3. 定量订货法需要随时掌握库存和控制存货。   (   )

 4. 定期订货法的安全库存量比定量订货法要低。   (   )

 5. 定期库存控制方法与定量库存控制方法相比，这种方法不必严格跟踪库存水平，减少了库存登记费用和盘点次数。   (   )

五、简答题

 1. 库存有哪些作用？又有哪些弊端？

 2. MRP 系统的工作原理是怎样的？

 3. 如何确定安全库存？

 4. 定量订货法的特点是什么？

 5. 定期订货法的特点是什么？

【应会测试】

一、计算题

 1. 某企业对电冰箱的需求量为每周 20 台，交货期为 4 周，安全库存为 200 台，则使用定量订货法时的订货点应设为多少？

 2. 永恒公司是制造工业产品的企业，每年需采购零件 10 000 只，购买价格为 16 元，每次订购成本为 100 元，每只零件的年保管成本为 8 元。那么该公司的经济订货批量和年采购总成本是多少？若前置时间为 5 天，安全库存天数为 4 天，则该公司的订购点为多少？

3. 某超市某种酸奶 5 月上旬每天的实际销售量分别为 100、98、96、102、96、110、98、95、105、100 盒，试求其均值 μ、方差 σ^2、标准差 δ。

4. 某钢材超市钢丝绳的日需求量为 20 公斤，其需求情况服从标准差为 10 斤/天的正态分布，若平均提前期为 5 天，标准差为 1 天，如果该超市确定的客户服务水平不低于 95%，且需求量、提前期均服从正态分布，则该超市采用定量订货策略下的安全库存量是多少？

5. 某制衣公司 2018 年每个月的吊牌需求量分别为 4700、4800、4600、4750、4650、4700、4710、4690、4740、4660、4800、4600 个，价格为 5 元/袋(100 个/袋)，每次订货费为 2 元，库存保管费率为 10%，求最佳订货周期(1 年按 360 天计)。每次订货的提前期平均为 3 天，标准差为 1 天。日需求量的标准差为 10 个。现在，库房货架上还剩 1 袋，已经订货但尚未到货 10 袋，计算货架上最大陈列数量是多少袋？本次需要订货的数量是多少袋？

二、业务题

某企业应用 MRP 系统进行库存控制管理工作，下面给出该企业的产品 H 的主生产进度计划(见表 8-10)、主产品结构文件 BOM(见图 8-6)。时间单位为周，计划期长为 8 周。H、B、C、D 的期初库存量分别为 10、35、50、8。H 产品除自制外，还可委托加工。H 的计划到货量见表 8-11，B、C、D 在第 1 周计划到货量分别为 0、20、18。

表 8-10　H 产品的生产进度表

时期/周	第 1 周	第 2 周	第 3 周	第 4 周	第 5 周	第 6 周	第 7 周	第 8 周
产量/(件/周)	20	20	30		65		20	

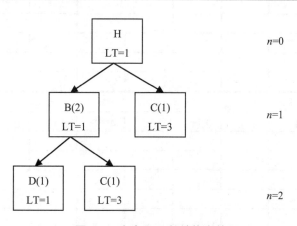

图 8-6　主产品 H 的结构文件图

表 8-11　H 产品的库存文件

H 产品	周　　次							
提前期：1 周	第 1 周	第 2 周	第 3 周	第 4 周	第 5 周	第 6 周	第 7 周	第 8 周
计划到货量	15		28		20		45	

要求：掌握 MRP 系统的运作原理、运作过程等相关知识。模仿 MRP 系统的运作，计算出 MRP 系统的输出数据，完成表 8-12。

表 8-12　H 产品的 MRP 计划表

阶层 0: 产品 H(提前期 1 周)

时间段(第 L 周)	0	1	2	3	4	5	6	7	8
毛需求量									
计划到货量									
现有库存量(预计)									
净需求量									
计划接收订货量									
计划发出订货量									

阶层 1: 部件 B(提前期 1 周)

时间段(第 L 周)	0	1	2	3	4	5	6	7	8
毛需求量									
计划到货量									
现有库存量(预计)									
净需求量									
计划接收订货量									
计划发出订货量									

阶层 2: 部件 C(提前期 3 周)

时间段(第 L 周)	0	1	2	3	4	5	6	7	8
毛需求量									
计划到货量									
现有库存量(预计)									
净需求量									
计划接收订货量									
计划发出订货量									

阶层 2: 部件 D(提前期 1 周)

时间段(第 L 周)	0	1	2	3	4	5	6	7	8
毛需求量									
计划到货量									
现有库存量(预计)									
净需求量									
计划接收订货量									
计划发出订货量									

项目九　采购风险与绩效管理

【项目导入】

衡量一项采购活动成功与否的一个最为重要的因素是采购产品的质量，而采购质量问题往往是由采购风险造成的。如何预防和规避采购中的风险，应对采购过程中出现的各种风险与质量问题是所有采购从业者必须掌握的关键技能。采购部门在制定了采购方针、战略、目标及实现相应目标的行动计划后，在计划实施时还需有相应的绩效指标，用于对采购过程进行检查控制，并在一定的阶段对工作进行总结。在此基础上再提出下一阶段的行动目标与计划，如此循环改进。

【项目展开】

为了系统而直观地学习相关知识，我们可将该项目按照以下三个工作任务进行展开。

任务一　采购风险管理
任务二　采购质量管理
任务三　采购绩效管理

在各个工作任务中，我们都将按照任务目标、任务描述、任务分析、任务资讯、任务实施和任务小结的顺序详细讲述。

任务一　采购风险管理

【任务目标】

知识目标：
(1) 理解采购风险的含义；
(2) 掌握采购风险的类型。

技能目标：
(1) 会识别采购风险的类型；
(2) 能进行采购风险的防范。

素质目标：
(1) 热爱采购工作，具有工作责任心；
(2) 树立为生产服务的观点，具有风险意识。

【任务描述】

近两年，飞达自行车公司看好电动自行车的市场前景，积极开发了飞跃牌电动自行车产品并推向市场。最近一段时间以来，公司客服部经常接到各商场及卖点转来的投诉记录。例如，河南的消费者王先生是做建筑工程设计的，每天都要奔波于各个工地之间，为了节约时间，他购买了该品牌充满电能跑80公里的电动自行车。但很快他就发现，自己的电动自行车充完电顶多能跑40公里，经常是早上骑着车出门，晚上推着车回家。更让王先生气愤的是，自己朋友的电动自行车电池容量和自己的是一样的，充满电却能跑70多公里。公司客服人员通过技术人员做出了回复和解释——品牌不同、车型不同，则其耗电量也不同，但消费者对此解释并不满意。

客服部门统计，目前对该品牌电动自行车的投诉主要集中在电池充电不足、用不了多久就无法充电等问题上，电池寿命长短已经成为消费者衡量电动车质量优劣的主要因素。但在最容易出现故障的其他零件如电机、电机线、控制器等方面的投诉较少。

对此，公司产品研发和技术部门组织力量进行专项调查。一般来说，电动自行车的电池必须由专业的电池生产厂生产，但是不同品牌、不同厂家生产的电池质量参差不齐，价格也有高低之分。一些厂家打起了价格战，在生产环节中偷工减料，采用低价购进的劣质原料生产电池，这种劣质电池若被用来组装电动自行车，将使得消费者购车之后麻烦不断。那么，此次的问题是否出在电池的购进环节呢？该怎样解决？

【任务分析】

若要完成此任务，需明确以下几个问题。

(1) 什么是采购风险？飞达自行车公司是否遇到了采购风险？

(2) 采购风险有哪些类型？飞达自行车公司遇到了哪种采购风险？

(3) 如何防范采购风险？飞达自行车公司如何规避遇到的采购风险？

【任务资讯】

在市场经济条件下，各个企业普遍、客观地存在着采购风险。面对着不确定因素的增多、采购风险的加大，企业迫切需要加强采购风险管理。企业采购风险管理是由采购风险分析和采购风险防范两部分组成。其中，采购风险分析是基础，采购风险防范是核心。

一、采购风险分析

(一)采购风险的定义

1. 风险的含义

风险是指损失发生的不确定性，是人们因对未来行为决策及客观条件的不确定性而可能引起的后果与预定目标发生多种负偏离的综合。简单来说，风险就是造成损失的可能性。风险可用函数表示为

$$R = F(P,C)$$

式中：R 表示风险；P 表示事件发生的概率；C 表示事件发生的后果。

2. 采购风险的含义

采购风险通常是指采购过程中可能出现的一些意外情况，包括人为风险、经济风险和自然风险。具体来说，如采购预测不准确导致物料难以满足生产要求或超出预算，供应商群体产能下降导致供应不及时，货物不符合订单要求，呆滞物料增加，采购人员工作失误或和供应商之间存在不诚实甚至违法行为等。

物资采购是企业经营的一个核心环节，是企业获取利润的重要来源。而企业的物资采购又往往是企业经营管理中薄弱的一环，最容易滋生"暗箱操作"、以权谋私、弄虚作假、舍贱求贵、以次充好、收受回扣等；也最容易"跑、冒、滴、漏"，积压浪费。因此，通过对物资采购全过程的监督，加强对物资采购环节的风险管理，可为提高企业产品质量和经济效益提供有力保证。

(二)采购风险的类型

1. 采购外生风险

(1) 意外风险。在物资采购过程中由于自然、经济政策、价格变动等因素所造成的意外风险。

(2) 价格风险。一是由于供应商操纵投标环境，在投标前相互串通，有意抬高价格，使企业采购蒙受损失；二是当企业采购认为价格合理情况下进行批量采购，但该种物资可能出现跌价而引起的采购风险。

(3) 采购质量风险。一方面由于供应商提供的物资质量不符合要求，导致加工产品未达到质量标准，会给用户造成经济、技术、人身安全、企业声誉等方面的损害；另一方面因采购的原材料的质量有问题，直接影响到企业产品的整体质量、制造加工与交货期，降低企业信誉和产品竞争力。

(4) 技术进步风险。一是由于社会技术进步引起贬值，无形损耗巨大甚至被淘汰，原有已采购原材料造成积压；二是新项目开发周期缩短，如计算机的新机型不断出现，更新周期愈来愈短，刚刚购进了大批计算机设备和备件，但因信息技术发展，所采购的设备和备件已经被淘汰或使用效率低下。

(5) 合同欺诈风险。合同欺诈风险主要涉及以下几种可能的情况：①以虚假的合同主体身份与他人订立合同，以伪造、假冒、作废的票据或其他虚假的产权证明作为合同担保；②接受对方当事人给付的货款、预付款或担保财产后逃之夭夭；③签订了空头合同，而供货方本身是"皮包公司"，将骗来的合同转手倒卖，从中谋利，而所需的物资则无法保证；④供应商设置的合同陷阱，如供应商无故中止合同、违反合同规定等。

2. 采购内生风险

(1) 计划风险。因市场需求发生变动，影响到采购计划的准确性；采购计划管理技术不适当或不科学，与目标发生较大偏离，导致采购失败。

(2) 合同风险。这是指采购人员在签订或执行合同过程中的不当或失职行为造成的风险，涉及的情况：①合同条款模糊不清，盲目签约；违约责任约束简化(如口头协议或君子协定)；鉴证、公证合同比例过低等。②执行合同行为不正当。卖方为了改变在市场竞争中的不利地位，往往采取一系列不正当手段，如对采购人员行贿，套取企业采购标底；给予虚假优惠，以某些好处为诱饵公开兜售假冒伪劣产品。而有些采购人员则贪求蝇头小利，牺牲企业利益，不能严格按规定签约或履约。③合同日常管理混乱。

(3) 验收风险。验收风险主要涉及的情况：①在数量上缺斤少两；②在质量上鱼目混珠，以次充好；③在品种规格上货不对路，不符合规定要求；④在价格上发生变形等。

(4) 存量风险。一是采购量不能及时供应生产的需要，生产中断造成缺货损失而引发的风险；二是对市场行情估计不准，盲目进货，造成积压，大量资金沉淀于库存中，失去了资金的机会利润，形成存储损耗风险。

以上诸多风险归根结底是一种人为风险，主要体现为责任意识不强。

二、采购风险防范

任何事物都存在着风险，但也有相应的应对办法。当然，对于采购风险亦可通过一定手段和有效措施加以防范和规避。企业采购风险的防范可从以下几方面入手。

(一)应建立与完善企业内控制度，加强教育，提高素质

应建立与完善内部控制制度与程序，加强对职工尤其是采购业务人员的培训和教育，不断增强法律观念，重视职业道德建设，做到依法办事，培养企业团队精神，增强企业内部的风险防范能力，从根本上杜绝合同风险。

(二)加强对物资采购招标与签约监督

1. 加强采购招标监督

检查物资采购招标，查看企业风险防范全部内容是否按照规范的程序进行，是否存在违反规定的行为发生。采购经办部门和人员是否对供应商进行过调查，是否选择了合格的供应商，是否每年对供应商进行一次复审评定。

2. 加强签约监督

检查合同条款是否有悖于政策、法律，避免合同因内容违法、当事人主体不合格或超越经营范围而无效；通过资信调查，切实掌握对方的履约能力；对那些不讲效益、舍近求远、进"人情货"等非正常情况严格审定；审查合同条款是否齐全、当事人权利义务是否明确、有否以单代约、手续是否具备、签章是否齐全。

(三)加强对物资采购全过程、全方位的监督

全过程的监督是指从计划、审批、询价、招标、签约到验收、核算、付款和领用等所有环节的监督。重点是对计划制订、签订合同、质量验收和结账付款四个关键控制点的监督，以保证不弄虚作假。全方位的监督是指内控审计、财务审计、制度考核三管齐下。

1. 加强对物料需求计划，物资采购计划的审计

审查企业采购部门物料需求计划、物资采购计划的编制依据是否科学；调查预测是否存在偏离实际的情况；计划目标与实现目标是否一致；采购数量、采购目标、采购时间、运输计划、使用计划、质量计划是否有保证措施。

2. 做好合同鉴证审计

做好合同的鉴证审计主要包括：①审查签订采购合同当事人是否具有主体资格，是否具有民事权利能力和民事行为能力；②审查采购合同当事人意思表示是否真实；③审查采购合同主要条款是否符合国家的法律和行政法规的要求；④审查采购合同主要条款是否完

备，文字表述是否准确，合同签订是否符合法定程序。

3. 做好对合同台账、合同汇总及信息、反馈的审计

当前，合同纠纷日益增多，如果合同丢失，那么在处理时会失去有利的地位而遭受风险。因此，建立合同台账、做好合同汇总，运用先进管理手段，向相关部门提供及时准确、真实的反馈信息，也是加强合同管理、控制合同风险的一个重要方面。

4. 加强对物资采购合同执行中的审计

加强对物资采购合同执行中的审计主要包括：①审查合同的内容和交货期的执行情况，是否做好物资到货验收工作和原始记录，是否严格按合同规定付款；②审查物资验收工作执行情况，是否在物资进货、入库、发放过程中，都对物资进行了验收控制；③对不合格品控制的执行情况审计，发现不合格品应及时记录，并采取处理措施；④重视对合同履行违约纠纷的处理。合同履行过程中违约纠纷客观存在，若不及时处理，不仅企业的合法权益得不到保护，而且有可能使合同风险严重化。

5. 加强对物资采购绩效考核的审计

建立合同执行管理各个环节的考核制度，并加强检查与考核，把合同规定的采购任务和各项相关工作转化为分解为指标和责任，明确规定出工作的数量和质量标准，分解、落实到各有关部门和个人，结合经济效益进行考核，以尽量避免合同风险的发生。

【技能训练 9-1】

在上海某超市，新上市的某品牌洗发露缺货了，专程前来购买的顾客不得不购买其他品牌的产品。该公司立即召开紧急会议，讨论如何应对。与会者发现该品牌上市仅一周，全国销售量达 40 000 箱，已经超过原来两个月市场预测量的总和，市场严重缺货。于是，计划把下周的预测量从 5000 箱提高到 50 000 箱，增加到 10 倍。这么大的数量，工厂虽然不能立刻生产出来，但抓紧生产，至少可以减少缺货的时间，总比长期缺货好。

工厂计划部经理看到新的预测量，目瞪口呆。生产要增加到 10 倍，而原材料库存最多只能支持 1.5 倍的生产量。原材料大多是进口的，就算立刻下单，即使供应商仓库有能够支持 10 倍产量的库存，按照正常情况，运输清关也需要两个月才能完成。并且，下周生产计划已经排满了。然而，工厂的职责就是保证按预测的需求生产，无论如何，也要尽力生产出来。于是，通知采购部门给供应商紧急下单，所有海外材料一律空运，这样运输和清关时间可以缩短到两周，同时，调整两周之后的生产计划，优先保证该品牌的生产。一切都安排妥当之后，计划部经理告诉总部，三周之后完成新的计划，建议先制定现有客户的销售配额。

一个月后，产品陆续摆上了各个商店的货架，公司上下都等着喜讯，但是市场却出奇的平静，新产品无人问津，甚至还不如其他产品卖得好。最有利的商机转瞬即逝，该公司面临的是不可估量的损失。

(资料来源：裴凤萍. 采购管理与库存控制[M]. 大连：大连理工大学出版社，2008，有改编.)

思考：

该品牌洗发露的原材料采购存在哪些风险？是怎样造成的？如何防范这些风险？

【任务实施】

通过任务资讯，我们可以获知，飞达自行车公司确实遇到了采购风险，主要是采购质量风险(外生)，也有可能是合同风险(内生)和责任风险(内生)。对此，公司专项调查小组应在这几方面进行深入调查，找到问题症结所在，进而有针对性地解决。

【任务小结】

在"采购风险管理"任务中，我们通过一个具体的学习任务——飞达自行车公司的采购风险问题与解决，了解到为完成该任务需要明确采购风险的类型即产生根源、掌握采购风险的有效防范措施并实际应用。总之，通过对采购风险管理的基本认识，为后续任务的有序进行打好基础。

任务二　采购质量管理

【任务目标】

知识目标：
(1) 掌握采购质量管理的定义；
(2) 理解采购质量管理的必要性。

技能目标：
(1) 能运用"PDCA循环"对采购质量进行有效监控；
(2) 能对企业采购质量管理问题提出解决建议。

素质目标：
(1) 热爱采购工作，具有工作责任心；
(2) 具有采购质量观念和意识。

【任务描述】

在任务一中，飞达自行车公司遇到了电池充电不足的投诉。据调查分析，造成该问题的主要原因是采购的电池质量有缺陷。可见，采购的零部件有质量缺陷，也即采购质量出现了问题。那么，该如何确保采购质量呢？该公司的采购质量问题应如何解决？

【任务分析】

若要完成此任务，需明确以下几个问题。
(1) 什么是采购质量管理？其内容和方法是怎样的？
(2) 采购质量管理应遵循的原则是什么？

【任务资讯】

在采购活动中，我们要进行详细的市场调查、慎重的供应商选择、有效的谈判以及签订正式的采购合同等一系列步骤来达到采购目标。但衡量一项采购活动成功与否的一个最为重要的因素是采购产品的质量。如何保证采购质量，应对采购过程中出现的各种质量问题是所有采购从业者必须掌握的关键技能。

一、采购质量管理的定义

采购质量主要体现在设计质量和规格、制造的质量两方面。对于设计质量和规格，采购人员应思考：我们是否已经规定了应使用的原材料？是否已经和供应商对其要达到的要求进行了清楚、明确的交流？对于制造质量，采购人员应思考：只有通过产成品的质量检验才能知道原材料是否符合规格吗？制造工艺是否达到要求？

所谓采购质量管理，是指对采购质量的计划、组织、协调和控制，通过对供应商质量评估和认证，从而建立采购管理质量保证体系，保证企业的物资供应活动。采购质量管理的活动包括：①设计过程的监控，包括检验和测试；②规格要求必须清楚，不能模糊；③对供应商进行技术支持和服务支持；④对供应商进行测评，保证其能保质保量完成任务；⑤激励所有相关人员；⑥教育和培训；⑦检验和测试；⑧进行定期反馈，确保所有措施的有效性。

近年来广泛应用的"全面质量管理"(Total Quality Management，TQM)将采购质量管理推向了新的高度，它强调所有有关人员的积极参与。这个概念更加注重系统程序和过程，而不是将重点集中在提供的物品和服务上。全面质量管理所倡导的"PDCA 循环(Plan-Do-Check-Action)"，通过制订计划、执行方案、及时检查和不断改进将促进采购质量的不断提高。

二、采购质量管理的必要性

采购质量是整个采购战略追求的核心，是战略设计的起点，又是以战略目标的终点形式呈现。采购质量管理的重要性不言而喻。

采购质量管理是采购管理过程中唯一涉及采购的所有环节的管理活动。传统的采购政策和程序基于这样一个观点：采购方和供应商之间的竞争关系是双方关系的核心。供应商对质量进行改进是因为担心其他供应商会提供更好的质量、更优惠的价格、更好的运输条件和更优质的服务来吸引采购方；对于采购方来说，更换供应商成本不高，而且多货源的订货方式既可以保证供货的安全，又可以对供应商加以控制。

目前的趋势渐渐改变了这种观点。供应链管理的角度下，供应商和采购方的战略合作伙伴关系才是采购质量管理的核心。产品质量成为双方共同关注的焦点，与双方的利益紧密相连。采供双方通过信息共享和沟通，进一步改进产品设计工艺，提高产品质量，真正实现采供双方的共赢。

三、采购质量管理的方法和内容

(一)明确采购规格

明确采购规格是采购质量管理的第一个步骤。在制造业，通常是设计部门或者工程部门负责产品设计，包括部件和材料的规格；在服务业，使用部门制定规格；在经销业，由于销售的是买来的商品而不是自己生产的产品，所以采购规格变成能满足购买方所需货物的规格。企业的性质不同，对采购产品的规格要求会有不同的侧重。采购规格通常包括以下几方面。

(1) 指定品牌。品牌代表着标准的质量和规格，代表着供应商对交付给采购者的产品特征、利益和服务的一贯性承诺。采购指定品牌意味着对供应商能力和声誉的信赖。如果指定品牌在使用中效果良好，采购方会在以后的采购中购买同样品牌的产品。当遇到以下情况时，采购方只能通过品牌购买：①生产过程因为供应商高质量、无形的人力投入而需要保密；②产品受专利保护而得不到产品规格；③当使用者对某种品牌具有偏好。

使用指定品牌的不利之处：会形成对品牌的过度依赖，从而使采购者丧失供应商竞争带来的价格降低和质量改进的机会。

(2) 标明"至少同等规格"。在采购部门的招标中，经常会看到采购方规定一种品牌或者指定供应商的产品类型，紧接着就注明"或者至少同等规格"。在这种情形下，采购方把责任转移给了投标者，让他们制定同等或者更高的质量标准。

(3) 工程图样。此方法适用于购买非通用零部件，如建筑、电子行业的产品。由于产品的精密型和非标准性，就需要用工程图样这样准确规格描述来说明。

(4) 等级描述。比如粮食和沙石等材料，可以用第三方评级机构做出的权威评级来说明，方便采购方采购到适合的质量可靠的产品。

(5) 样品。此种方法的使用范围较为广泛，原因是采购方可以通过视觉观察产品的品种、颜色、外观和气味来判断产品是否合乎采购要求。样品描述适合那些难以用文字、图样表达的物料以及特性。

(6) 技术文件。技术文件常用在难以用图样表达或者难以呈送样品(或样品不易保存)的物料，比如化学药剂的规格就会采用技术文件来表达。

(7) 国际(或国家、行业)标准。许多国家都有国家级的标准机构，比如中国的国标(GB)、欧洲标准委员会(CEN)、英国标准协会(BSI)，还有国际标准组织(ISO)。他们通过设立行业和产品标准对相关产品的质量验收和测试提供简单的参照，免去了个别采购方烦琐的说明，而且其国际或地区通用的形式大大简化了采购质量管理工作的流程。

(二)供应商早期介入

来自于供应商的智慧团队如果可以及早参与采购需求的制定，可以在产品设计、质量改进和竞争分析方面给出有益的建议，避免今后可能出现由于技术原因和沟通原因而导致的质量问题。供应商可以给出以下建设性意见帮助提高采购质量：开发的观念，所用材料，适当的制造方法，材料的可获得性，可选择的技术，制造和供应的方法，目前的材料成本和预测的材料成本，适当的制造能力来源，对零部件等竞争需求程度判断，有关专利、版权和其他设计保护的信息。

(三)供应商支持和评估

如果能在技术和服务方面对供应商团队进行支持，那么对采购质量保证是非常有帮助的。可以经常组织由质量控制人员、采购人员或者内部小组组成的团队走访供应商。必须确保走访时能够与负责交货和其他方面的负责人会面，从而确保反馈的信息能够得到有效的传达和帮助改进。

走访时要做的工作包括利用控制图表和其他方式记录产品质量缺陷，帮助进行质量分析和改进；检验、测试和测量生产设施和检测部门设施；检查、校准测量常规装置和其他测试装置；通过与质量有关的过程、政策和态度来评定供应商工作标准等。

(四)产品鉴定

最后的阶段是供应商交付令人满意的产品和客户对产品的接收。从整批货物中提取出样品进行检测时，如果缺陷率高于一定比例，那么整批货物都会被拒收。

如果货物出现了缺陷，可以有以下几种处理方法：拒收整批货物，将整批货物发回并换货，退回整批货物并要求退款，要求供应商在买方单位对货物进行全部检测并挑出缺陷产品，买方检测人员自行对货物全部检测。严重或持久的质量问题需要买卖双方对采购和制造过程进行全面思考，需要检查的几点有：供应商是否明白规格要求，采购方是否规定了正确的质量标准，采购方是否过于苛求，采购方是否可以在质量控制、生产方法或人员培训上提供一些帮助，是否应该考虑另外一家供应商。

【技能训练9-2】

某公司是一家地板清洁机生产商，公司目前正面临着吸尘器和洗涤器的严重漏油问题。质量检查发现每75个液压接头就有一个出现漏油，这是致命的质量问题。尽管有质量问题的机器在出厂前可以检查出来，但必须返工，为此公司每年增加了200万的成本。

分析发现，提供液压软管和配套部件的供应商有16家之多。鉴于价格和供货因素，公司经常更换供应商，而这种频繁更换供应商的行为导致产品的各个零部件之间的配合不紧密，进而产生漏油问题。

为此，公司专门成立了一个采购团队来采购这种零部件，并最终选择了唯一的一家供应商供应液压软管和配套部件，最终解决了漏油问题。

思考：

该公司应如何监控采购质量？如果出现采购质量问题，应采取哪些措施进行补救？

【任务实施】

通过任务资讯，我们可以获知，解决该公司采购质量问题的主要途径是要求采购部门明确采购规格、采购人员严格自律、供应商早期介入与支持。说起来容易做起来难，但通过努力，应能收到一些实效。

【任务小结】

在"采购质量管理"任务中，我们通过一个具体的工作任务——飞达自行车公司的采购质量问题，了解到为完成该任务需要明确采购质量管理的必要性，掌握采购质量管理的内容和方法。总之，通过对采购质量管理的简单了解和相应的技能训练，认识到实施科学的采购质量管理，也是降低采购成本的有效途径之一，有助于提高企业效益。

任务三　采购绩效评估

【任务目标】

知识目标：

(1) 掌握采购绩效评估的方式；

(2) 掌握采购绩效评估指标。

技能目标：

(1) 会构建采购绩效评估指标体系；

(2) 能进行采购绩效评估。

素质目标：

(1) 热爱采购工作，具有工作责任心；

(2) 能够为企业采购绩效评估工作提出改进建议，实现企业采购工作高质量发展。

【任务描述】

在飞达自行车公司总部会议室里，总经理正在听取2019年度公司采购部绩效考评执行情况的汇报。其中有两项决策让他左右为难，一是年度考评结果排在最后的几名员工却是平时干活最多的人，这些人是否按照原有的考评方案降职或降薪？另一个是下一阶段考评方案如何调整才能更加有效？

实际上，为了更好地激励和评价各级员工，本年度在引入市场化用人机制的同时，建立了一套新的绩效管理制度，它不但明确了考评的程序和方法，还细化了"德、能、勤、绩"等项指标，并分别做了定性的描述，考评时只需对照被考评人的实际行为，即可得出考评的最终结果。

但考评中却出现了以下问题，工作比较出色和积极的员工，考评成绩却被排在后面，而一些工作业绩平平或者很少出错的员工却被排在前面，特别是一些管理人员对考评结果大排队的方式不理解，存在抵触心理。不仅是采购部门出现了这个问题，其他部门的问题也很严重。

为了弄清这套新制度存在的问题，总经理深入调查，亲自了解到以下情况。

车辆设备部李经理快人快语："我认为本考评方案需要尽快调整，考评指标虽然十几个，却不能真实反映我们工作的实际，我部总共有20个人，却负责公司60台大型设备的维护工作，为了确保它们安全无故障的运行，检修工需要按计划分散到基层各个站点上进行设备检查和维护，在工作中，不能有一点违规和失误，任何一次失误，都会带来不可估量的生命和财产损失。"

财务部韩经理更是急不可待："财务部门的工作基本上都是按照会计准则和业务规范来完成的，凭证、单据、统计、核算、记账、报表等项工作要求万无一失，但这些工作无法与'创新能力'这一指标及其评定标准对应，如果我们的工作没有某项指标规定的内容，在考评时，成绩是按照最高还是按照最低来打分？此外，在考评中沿用了传统的民主评议方式，我对部门内部人员参加考评没有意见，但让部门外的其他人员打分是否恰当？财务工作经常得罪人，让被得罪过的人考评我们，能保证公平公正吗？"

那么，该公司在绩效管理中主要存在着哪些亟待改进的问题？你能针对该公司绩效管理存在的诸多问题，提出具体对策吗？

【任务分析】

若要完成此任务，需明确以下几个问题。

(1) 什么是采购绩效评估？其目的、要求是什么？对涉及的部门和人员有何要求？

(2) 采购绩效评估的指标是什么？该如何实施评估考核？

【任务资讯】

采购作为企业生产运作的一个重要环节，它的绩效对企业整体目标的实现起着很重要的作用。采购部门在制定了采购方针、战略、目标及实现相应目标的行动计划后，在计划实施时还需有相应的绩效指标，用于对采购过程进行检查控制，并在一定的阶段对工作进行总结。

一、采购绩效评估概述

(一)采购绩效评估的含义

简单来讲，采购绩效就是采购工作质量的好坏。具体来讲，就是指从数量和质量上来评估采购的职能部门和采购工作人员达到规定目标和实现具体目标的程度。企业采购工作在一系列的作业程序完成后，是否达到了预期的目标，企业对采购绩效是否满意，需要经过考核评估完成后才能下结论。

采购绩效评估是为了全面反映和检查采购部门工作实绩、工作效率和效益，运用科学、规范的绩效评估方法，对照一定的标准，按照绩效的内在原则，对企业采购行为过程及其效果进行科学、客观、公正的衡量比较和综合评价。采购绩效评估，是对企业采购活动组织实施、监督管理等全过程进行分析、评价和提出改进意见的专项评估和考核行为。

采购绩效评估可以分为对整个采购部门的评估和对采购人员个人的评估。对采购部门绩效评估可以由高层管理者来进行，也可以由外部客户来进行；而对采购人员的评估常由采购部门的负责人来进行。

对采购绩效的评估是围绕采购的基本功能来进行的。采购的基本功能可从两方面描述：一是把所需的商品及时买回来，保证销售或生产的继续进行；二是开发更优秀的供应源，降低采购成本，实现最佳采购。

(二)采购绩效评估的目的

在许多企业与机构里，至今仍然把采购人员看成"行政人员"，对他们的工作绩效还是以"工作品质""工作能力""工作量""合作""勤勉"等一般性的项目来考核，使采购人员的专业功能与成果未受到应有的尊重与公正的评价。同时，对采购绩效进行评价是为了及时进行总结，有利于改进今后的采购工作，从而进一步提高工作绩效。另外，采购部门作为企业一个重要的部门，其工作绩效对于整个企业的生产、决策、规划等都具有重要的意义。实际上，若能对采购工作做好绩效评估通常可以达到下列的目的：①确保采购目标的实现；②提供改进绩效的依据；③作为个人或部门奖惩的参考；④协助人员甄选与训练；⑤增强业务的透明度；⑥促进部门之间的沟通；⑦能有效地控制采购过程。

(三)采购绩效评估涉及的人员及部门

采购绩效评估的评估过程比较复杂，涉及很多部门和人员，具体如下。

1. 采购部门主管

采购部门的主管是整个采购工作的直接部署者和执行者，他对于所有采购工作任务和环节的情况都非常了解，包括人员的分配、员工的工作状态、各项工作的执行过程及出现的问题等，且所有工作的指派或工作绩效的优劣，均在其直接指导下，因此，由采购主管负责评估，可以注意到采购人员的表现，体现公平客观的原则。但是应用主管进行评估会包含很多个人情感因素，而使评估结果出现偏颇。

2. 财务部门

当采购金额占公司总支出的比例较高时，如大型设备的采购、主要原材料的长期采购、项目采购等，采购成本的节约对公司利润的贡献非常大。尤其在经济不景气时，采购成本节约对资金周转的影响十分明显。财务部门不但掌握公司产销成本数据，对资金的获得与付出也进行全盘管制，因此，财务部门也可以对采购部门的工作绩效进行评估。

3. 工程部门或生产主管部门

对于设备采购、原材料和零配件采购及项目采购等，采购货物的质量、数量、时间对企业生产的顺利进行、最终产品的品质等都有影响，因而生产主管部门或工程指挥部门也要参与采购工作绩效评价。

4. 供应商

供应商是采购过程中与企业采购部门合作最多、最频繁的一方，对于采购部门的运作方式、工作状态有较真实、详尽的了解。因而，有些企业通过正式或非正式渠道，向供应商探询其对本企业采购部门或人员的意见，以间接了解采购作业绩效和采购人员素质。

5. 外界专家或管理顾问

为避免公司各部门之间的本位主义或门户之见，可以特别聘请外部采购专家或管理顾问，针对企业全盘的采购制度、组织、人员及工作绩效做出客观的分析与建议。

二、采购绩效指标体系与评估

采购作业必须达成适时、适量、适质、适价及适地等基本任务，因此采购绩效评估一般均以"5R"(合适的质量、数量、时间、价格、效率)为中心，并以数量化的指标作为衡量采购绩效的指标。

(一)采购绩效指标体系

采购绩效的衡量可根据采购工作范围的划分、采购能力与采购结果等概括成采购效率指标和采购效果指标两大类。采购效果指标是与采购能力相关的、衡量采购人员、行政机构、方针目标、程序规章等工作效果的指标，具体包括质量、数量、时间及价格四大类绩效指标；而采购效率指标是指与采购结果，如采购成本、采购计划完成、交货等工作效率相关的指标。

1. 质量绩效指标

质量绩效指标主要是指供应商的质量水平以及供应商所提供的产品或服务的质量表现，它包括来料质量水平、供应商质量体系等方面。

(1) 来料质量水平。来料质量水平包括批次质量合格率、来料抽检缺陷率、来料在线报废率、来料免检率、来料返工率、退货率、对供应投诉率及处理时间等。

(2) 供应商质量体系。供应商质量体系包括通过 ISO9000 的供应商比例、实行来料质量免检的供应商比例、来料免检的价值比例、开展专项质量改进(围绕本公司的产品或服务)的供应商数目及比例、参与本公司质量改进小组的供应商人数及供应商比例等。同时，采购的质量绩效可由验收记录及生产记录来判断。验收记录指供应商交货时被公司接受(或拒收)的采购项目数量或百分比；生产记录是指交货后在生产过程发现质量不合格的项目数量或百分比。

$$进料验收指标=合格(或拒收)数量÷检验数量$$
$$在制品验收指标=可用(或拒收)数量÷使用数量$$

若以进料质量控制抽样检验的方式进行考核，拒收或拒用比率越高，显示采购人员的质量绩效越差。

2. 数量绩效指标

当采购人员为争取数量折扣，以达到降低价格的目的时，可能导致存货过多，甚至发生呆料、废料的情况。

(1) 储存费用指标。储存费用是指存货利息与保管费用之和。企业应当经常考核现有存货利息及保管费用与正常存货水准利息及保管费用的差额。

(2) 呆料、废料处理损失指标。呆料、废料处理损失是指处理呆料、废料的收入与其采购成本的差额。存货积压的利息及保管的费用越大，呆料、废料处理的损失越高，显示采购人员的数量绩效越差。不过此项数量绩效，有时受到公司营业状况、物料管理绩效、生产技术变更或投机采购的影响，并不一定完全归咎于采购人员。

3. 时间绩效指标

时间绩效指标是用以衡量采购人员处理订单的效率及对于供应商交货时间的控制。延迟交货，可能形成停工待料现象，影响企业的正常运营；但提前交货，可能给企业带来不必要的存货费用或提前付款的利息费用。

(1) 紧急采购费用差额指标。紧急采购费用是指因紧急情况而采用紧急运输方式(如空运)的费用。该指标是用紧急采购费用与正常运输方式费用的差额作为考核指标。

(2) 停工待料损失指标。停工待料损失是指由于延迟交货造成停工生产而产生的车间作业人员工资及有关费用等。除了上述指标所显示的直接费用或损失外，还有许多间接损失。例如，经常停工断料，造成顾客订单流失、员工离职，以及恢复正常作业的机器必须做的各项调整(包括温度、压力等)；紧急采购会使购入的价格偏高，质量欠佳，连带也会产生赶工时间，必须支付额外的加班费用。这些费用与损失，通常都没有估算在此项指标内。

4. 价格绩效指标

价格绩效是企业最重视及最常见的衡量标准。透过价格指标，可以衡量采购人员议价能力以及供需双方势力的消长情形。

(1) 实际价格与标准成本的差额。它是指企业采购物料的实际价格与企业事先确定的物料采购标准成本的差额，反映企业在采购过程中实际采购成本与标准成本的超出额或节约额。

(2) 实际价格与过去移动平均价格的差额。它是指企业采购物料的实际价格与已经发生的物料采购移动平均价格的差额，反映企业在采购过程中实际采购成本与过去采购成本的超出额或节约额。

(3) 使用时价格与采购时价格之间的差额。它是指企业在使用某材料时的价格与采购该物料时的价格差额，反映企业采购物料时对市场价格走势的预测能力。如果企业预测物料未来市场的价格走势是上涨的，那么应该在前期多一些物料储备；相反情况下就应该少储存材料物资。

(4) 当期采购价格与基期采购价格的比率同当期物价指数与基期物价指数的比率相比较。该指标是动态指标，主要反映企业物料价格的变化趋势。

5. 采购效率指标

以上质量、数量、时间及价格绩效是就采购人员的工作效果来衡量的，此外还可以就采购效率来衡量。

(1) 年采购金额。它是企业一个年度商品或物料的采购总金额，包括生产性原材料与零部件采购总额、非生产采购总额(包括设备、备件、生产辅料、软件、服务等)、原材料采购总额占总成本的比例等。其中最重要的是原材料采购总额，它还可以按不同的材料进一步细分为包装材料、电子类零部件、塑胶件、五金件等，也可按采购类型不同确定其采购额度。原材料采购总额按采购成本结构又可划分为基本价值额、运输费用及保险额、税额等。此外，年采购额还可分摊到各个采购员及供应商，算出每个采购人员的年采购额、年人均采购额、各供应商年采购额、供应商年平均采购额等。

(2) 年采购金额占销售收入的百分比。它是指企业在一个年度里商品或物料采购总额占年销售收入的比例，可以反映出企业采购资金运用的合理性。

(3) 订购单的件数。它是指企业在一定时期内采购商品或物料的次数或数量，如果按ABC管理法，它主要反映A类商品或物料的采购次数或数量。

(4) 采购人员的人数。它是指企业专门从事采购业务的人数，是反映企业劳动效率指标的重要因素。

(5) 采购部门的费用。它是指企业在一定时期内采购部门的经费支出情况，是反映采购部门经济效益的重要指标。

(6) 新开发供应商的数量。它是指企业在一定时期内采购部门与新的供应商的合作数量，可以反映出采购部门的工作效率。

(7) 采购计划完成率。它是指企业在一定期间内商品或物料实际采购额与计划采购额的比率，可以反映出采购部门采购计划的完成情况。

(8) 错误采购次数。它是指一定时期内企业采购部门因工作失误或失职等原因造成的错误采购数量，可以反映出采购部门工作质量的好坏。

(9) 订单处理的时间。它是指采购部门在处理采购订单的过程中所需要的平均时间，可以反映出企业采购部门的工作效率。

(二)采购绩效评估的方式

采购绩效评估可分为定期和不定期两种方式。

(1) 定期评估。定期评估是配合企业年度人事考核制度进行的。一般是以"人"的表现为主，如以员工的工作态度、学习能力、协调精神、忠诚程度为考核内容，对采购人员的激励及工作绩效的提升并无太大作用。如果能以目标管理的方式，也就是从各种工作绩效指标中选择年度重要性比较高的项目中的几个作为绩效目标，年终按实际达到的程度加以考核，那么一定能够提升个人或部门的采购绩效。这种方法因为摒除了"人"的抽象因素，以"事"的具体成就为考核重点，比较客观、公正。

(2) 不定期评估。不定期评估是以专案的方式进行的。例如，公司要求某项特定产品的采购成本降低10%，当设定期限一到，评估实际成果是否高于或低于10%，并就此成果给予采购人员适当的奖励或处分。此种评估方法有利于提升采购人员的士气，特别适用于新产品开发计划、资本支出预算、成本降低的专案。

(三)采购绩效考核的评估方法

采购绩效评估方法直接影响评估计划的成效和评估结果的正确与否。常用的评估方法有以下几种。

(1) 直接排序法。在直接排序法中，考核负责人按照绩效表现从好到坏的顺序依次对被考核者排序，这种绩效表现既可以是整体绩效，也可以是某项特定工作的绩效。

(2) 两两比较法。两两比较法指在某一绩效标准的基础上把一个被考核者的绩效结果与其他被考核者相比较来判断谁"更好"，记录每一个被考核者活动"更好"的次数，按照次数的多少给被考核者排序。

(3) 等级排序法。等级排序法能够克服上述两种方法的弊端。这种方法由评估小组或主管事先拟定有关的评估项目，按评估项目对被考核者的绩效做出粗略的安排。

(4) 标杆管理法。标杆管理法是指围绕提升企业能力和实现发展目标、瞄准一个比其绩效更高的组织进行比较，以便取得更好的绩效，不断超越自己、超越标杆、追求卓越，同时也是组织创新和流程再造的过程，是建立学习型组织的最佳实践。

根据标杆伙伴选择的不同，通常可将标杆管理分为以下四类，见表9-1。

表9-1　标杆管理法分类

分　类	标杆伙伴特点说明	优　点	缺　点
内部标杆管理	标杆伙伴是组织内部其他单位或部门，主要适用于大型多部门的企业集团或跨国公司	不涉及商业秘密和其他利益冲突等问题，容易取得标杆伙伴的配合，简单易行；可促进内部沟通和培养学习气氛	视野狭隘，不易找到最佳实践，很难实现创新性突破
竞争性标杆管理	由于产品结构和产业流程相似，面临的市场机会相当，其作业方式会直接影响企业的目标市场	竞争对手的信息对企业进行策略分析及市场定位有很大的帮助，收集的资料具有高度相关性和可比性	竞争对手配合度差，难以获得真正有用或准确的资料，标杆管理易流于形式或者失败
功能性标杆管理	标杆伙伴是不同行业但拥有相同或相似功能、流程(如物流、人力资源管理、营销手段等)的企业	跨行业选择标杆伙伴，双方没有直接的利害冲突，更加容易取得对方的配合；另外可跳出行业约束，视野开阔，随时掌握最新经营方式	投入较大，信息相关性较差，最佳实践需要较为复杂的调整转换过程，实施较为困难
通用性标杆管理	标杆伙伴是不同行业具有不同功能、流程的组织，即看起来完全不同的组织	最大程度地开阔视野，突破创新，从而使企业绩效实现跳跃性的增长，大大提高企业的竞争力，这是最具创造性的学习	信息相关性更差，最佳实践需要更加复杂的学习、调整和转换过程，困难更大

企业最好的选择就是根据需要实施综合标杆管理，即将各种标杆管理方式与企业自身条件和标杆管理项目的要求相结合，取长补短，以取得高效的标杆管理。

(5) 目标管理法。目标管理法(Management by Objective, MBO)是指由下级与上司共同决定具体的绩效目标，并且定期检查完成目标进展情况的一种管理方式，由此而产生的奖励或处罚则根据目标的完成情况来确定。目标管理法属于结果导向型的考评方法之一，以实际产出为基础，考评的重点是员工工作的成效和劳动的结果。目标管理法采购绩效考评可参考表9-2。

表9-2　采购目标管理卡(范例)

序号	目标	重要程度	工作计划	时间	工作进度%				工作条件	自检	考评
					3月	6月	9月	12月			
1	降低采购成本5%~10%	35%	检查同类物料购买数，协议付款条件，以1月为参考标准	计划	15	20	30	35	加强工程设计通用性		
				实绩							
2	提高交期准确率至95%	25%	加强厂商辅导，把握采购前置期	计划					生产计划的稳定性		
				实绩							

续表

序号	目标	重要程度	工作计划	时间	工作进度%				工作条件	自检	考评
					3月	6月	9月	12月			
3	每月开发新供应商5家	20%	了解专业资讯，针对供应商较集中的物料开发新厂商	计划					减少策略性限制		
				实绩							
4	加速呆滞料处理，库存总额控制在≤5%	15%	每月召开呆料处理会议，审核把关订购单，定期追踪生产变更状况	计划	25	25	25	25	减少工程设计变更		
				实绩							
5	提高事务效率，简化工作流程	5%	检查讨论电话订货的可行性，扩大小量采购，借助计算机处理	计划	20	25	25	30	计算机购买		
				实绩							

主管：_____　　　　　　　　填卡人：_____

目标管理法不是用目标来控制，而是用目标来激励下级员工。MBO方式通常有四个共同的要素，包括明确目标、参与决策、规定期限和反馈绩效。

(6) 利润中心法。利润中心法适用于对采购部门的考核，这种方法把采购职能看作是企业的一部分，它控制企业的资产，不仅仅负责企业的开支，也负责企业的收入。这一方法的目的是要表明采购只能是一个利润中心而不是成本中心。

这种方法涉及要建立一个控制企业资产的集中化的从事采购的机构。采购职能集中化处理是十分有利的，因为采购部门采购到的货物和服务以高于相应实际的直接成本价为内部财务转账到其他职能部门。事实上是采购部门以转账价卖给了其他职能部门。因此，采购部门要执行基于利润原则的决定，并由职能部门产生的利润来衡量。

(四)采购绩效评估的实施

在采购绩效评估的实施中，要注意做好以下几个方面的工作。

(1) 进行沟通。评估参与各方进行有效的、持续的、正式的和非正式的评估沟通，这在评估的实施阶段是非常重要的，良好的沟通是后续工作的基础。

(2) 做好记录。观察绩效表现，搜集绩效数据，将表现采购绩效的痕迹、印象、影响、证据、事实完整地记录下来，并做成文档。

(3) 评估。通过检查、测评、绩效考核、绩效会议等进行对比、分析、诊断、评估。

(4) 识别。识别在各个领域中的缺点和优点，并加以确认。

(5) 激励。激励包括正激励、负激励、报酬、教导、训诫、惩罚等手段。

在完成绩效评估后，对评估中发现的问题要及时改进，这往往是最容易忽视的环节，却又是最重要的环节。最后要将改进后的结果反馈给相关部门，于是在下一轮的绩效评估中，采购绩效标准就会有所提高，也只有这样，才能真正意义上提高采购绩效。

【技能训练9-3】

4月30日(周二),Sam正在参加上一会计年度的考评面谈,之前他因病请了两周病假。

考评面谈已经被推迟两次了(一次是3月份,经理在面谈前最后时间才取消,另一次在两周前,因Sam生病请假而不得不取消),因此对今天的面谈,Sam压力很大。

Sam在工作中没有出任何差错,但一年之内请了很多次病假,为此他很担心。因为他并没有完成所有的任务,他的领导通常也不会施舍任何同情心。另一方面,Sam认为自己在很多指标上绩效很好,大大超过了预定指标。所以他认为这些指标的超额完成可以弥补绩效不太好的指标。

要求:

请试着找出可能存在的问题,并提出建议。

【任务实施】

通过任务资讯,我们可以获知,飞达自行车公司解决采购绩效管理问题的主要途径是明确采购绩效评估的目的、确定专门的绩效考核人员、制定科学有效的绩效考核指标体系、选择适合的考核方式和方法等。

【任务小结】

在"采购绩效管理"任务中,我们通过一个具体的工作任务——飞达自行车公司的采购绩效管理问题,了解到为完成该任务需要明确采购绩效评估的目的、掌握采购绩效评估的指标体系、方式方法以及实施步骤。总之,通过对采购绩效管理的一般了解,认识到如何进行绩效评估,是提高企业采购管理水平的有效途径之一,有助于企业降低采购成本,提高企业效益。还要认识到,应积极按照党的二十大报告中关于"实现高质量发展"的中国式现代化本质要求,实行科学采购,促进企业采购工作现代化,并向高质量发展。

项 目 测 试

【应知测试】

一、填空题

1. 采购风险,通常是指采购过程中可能出现的一些意外情况,包括＿＿＿＿＿＿＿、＿＿＿＿＿＿＿和＿＿＿＿＿＿＿。

2. 企业采购的外生风险主要包括＿＿＿＿＿＿＿、＿＿＿＿＿＿＿、＿＿＿＿＿＿＿和＿＿＿＿＿＿＿。

3. 企业采购的内生风险主要包括＿＿＿＿＿＿＿、＿＿＿＿＿＿＿、＿＿＿＿＿＿＿和＿＿＿＿＿＿＿。

4. 采购质量管理的方法和内容主要涉及＿＿＿＿＿＿＿、＿＿＿＿＿＿＿、＿＿＿＿＿＿＿和＿＿＿＿＿＿＿四个方面。

5. 采购绩效指标体系主要包括＿＿＿＿＿＿＿、＿＿＿＿＿＿＿、＿＿＿＿＿＿＿、

_____和_____五个方面的指标。

二、单项选择题

1. 采购物资由于新项目开发周期缩短、技术发展，所采购的设备已经被淘汰或使用效率低下所带来的风险属于(　　)。

　　A. 意外风险　　　B. 价格风险　　　C. 技术进步风险　　　D. 合同欺诈风险

2. 接受对方当事人给付的货款、预付款、担保财产后逃之夭夭的风险属于(　　)。

　　A. 意外风险　　　B. 价格风险　　　C. 技术进步风险　　　D. 合同欺诈风险

3. 全面质量管理所倡导的"PDCA循环"中的"C"是指(　　)。

　　A. 制订计划　　　B. 执行方案　　　C. 及时检查　　　D. 不断改进

4. 属于采购效率指标的是(　　)。

　　A. 采购人员数量　　　　　　　　B. 储存费用

　　C. 来料质量　　　　　　　　　　D. 呆料处理损失指标

5. 适用于对采购部门的考核，把采购职能看作是企业的一部分，它控制企业的资产，不仅仅负责企业的开支，也负责企业的收入。这一方法是(　　)。

　　A. 直接排序法　　　B. 利润中心法　　　C. 等级排序法　　　D. 目标管理法

三、多选题

1. 明确采购规格是采购质量管理的第一个步骤，采购规格通常包括以下方面(　　)。

　　A. 指定　　　　　　B. 工程图样　　　　　　C. 等级描述

　　D. 技术文件　　　　E. 样品

2. 采购绩效评估的评估过程比较复杂，涉及很多部门和人员，包括(　　)。

　　A. 采购部门主管　　　B. 财务部门　　　　　C. 工程部门

　　D. 外聘专家　　　　　E. 生产部门

3. 属于采购效果指标的有(　　)。

　　A. 来料质量水平　　　　　　　　B. 供应商质量体系

　　C. 采购人员数量　　　　　　　　D. 停工待料损失

4. 属于采购效率指标的有(　　)。

　　A. 来料质量水平　　　　　　　　B. 储存费用

　　C. 采购人员数量　　　　　　　　D. 错误采购次数

5. 采购绩效考核的评估方法包括(　　)。

　　A. 直接排序法　　　　　　　　　B. 等级排序法

　　C. 利润中心法　　　　　　　　　D. 目标管理法

四、判断题

1. 采购计划管理技术不适当或不科学，与目标发生较大偏离，导致采购失败的风险属于外生风险。　　　　　　　　　　　　　　　　　　　　　　　　　　　　　(　　)

2. 在供应链管理的角度下，供应商和采购方的战略合作伙伴关系才是采购质量管理的核心。　　　　　　　　　　　　　　　　　　　　　　　　　　　　　　　　　(　　)

3. 年采购金额指标可以反映出企业采购资金运用的合理性。　　　　　　　　(　　)

4. 不定期评估特别适用于新产品开发计划、资本支出预算等业务的绩效评估。（　　）

5. 采购绩效评估的评估过程比较复杂，涉及很多部门和人员，其中不包括供应商。

（　　）

五、简答题

1. 如何防范采购风险？

2. 采购质量管理的必要性是什么？

3. 采购绩效评估的目的是什么？

4. 采购绩效评估的方式方法有哪些？

5. 采购绩效评估的实施步骤有哪些？

【应会测试】

吉利公司是一家生产电子元器件产品的生产企业。从去年开始，公司要求采购部门加强采购管理，以帮助企业降低成本，并提高生产物料的供货及时率。采购部门经理林清与助理许玲一起商量建立一套绩效考核指标体系。根据考核结果，一方面能发现存在的问题，另一方面也可以找到努力的方向。

三天后，许玲将本公司上半年的有关数据、本次采购绩效测量指标及评分标准整理后交给了林清，见表9-3～表9-6。

表9-3　吉利公司上半年采购数据

项　目	数　据	项　目	数　据	项　目	数　据
销售收入	4000 万元	合格数量	4600 箱	呆废料处理收入	10 万元
实际采购金额	2400 万元	供应商准时交货数量	3840 箱	呆废料采购成本	50 万元
计划采购金额	2800 万元	物料免检总价值	1200 万元	紧急采购费用	100 万元
基准采购金额	1800 万元	实际存货总费用	1500 万元	正常运输费用	60 万元
总采购数量	5000 箱	正常存货总费用	1350 万元		

表9-4　吉利公司指标评分参考标准

采购绩效指标	评分标准
来料免检价值比例	≥50%，100 分；≥40%，90 分；≥30%，80 分；依次递减，最低 50 分
物料质量合格率	分值为合格率百分号前的数值
储存费用	(1-实际储存费用与正常存货费用的差额÷正常存货费用)×100%，分值为计算结果百分号前的数值
呆废料处理损失	呆废料处理收入÷呆废料采购成本×100%，分值为计算结果百分号前的数值
紧急采购费用	(1-紧急采购费用÷正常运输费用)×100%，分值为计算结果百分号前的数值
供应商准时交货率	分值为计算结果百分号前的数值
实际采购金额与基准采购金额之比	比值-100%≤0，100 分；≥10%，90 分；≥20%，80 分；≥30%，70 分；≥40%，60 分；最低 50 分

续表

采购绩效指标	评分标准
采购金额占销售收入的百分比	≤30%，100 分；31%～35%，95 分；36%～40%，90 分；41%～45%，85 分；46%～50%，80 分；51%～55%，75 分；最低 70 分
采购计划完成率	分值为计算结果百分号前的数值

现在请根据上述案例材料，计算表 9-6 中吉利公司各绩效指标值，参考表 9-4 的评分参考标准打分，并根据指标权重评出各指标综合得分。然后参考表 9-5 评定吉利公司采购绩效等级，把表 9-6 填写完整。

表 9-5　吉利公司上半年采购绩效等级评定参考标准

总评 v	$v<60$	$60≤v<70$	$70≤v<80$	$80≤v<90$	$v≥90$
绩效等级	不合格	基本合格	合格	良好	优秀

表 9-6　吉利公司上半年采购数据与采购绩效测量指标

采购评估绩效体系	具体评估指标及比重	吉利公司采购绩效指标值			
		指标数值	打分	得分	总评 v
质量绩效(30%)	来料免检价值比例(40%)				
	物料质量合格率(60%)				
数量绩效(30%)	储存费用(50%)				
	呆废料处理损失(50%)				
时间绩效(20%)	紧急采购费用(40%)				等级
	供应商准时交货率(60%)				
价格绩效(10%)	实际采购金额与基准采购金额之比(100%)				
采购效率绩效(10%)	采购金额占销售收入的百分比(50%)				
	采购计划完成率(50%)				

项目十　政府采购与招标采购

【项目导入】

随着经济全球化和贸易一体化的深入发展，政府采购日益成为国家管理公共支出和调节经济平衡的重要手段。在西方发达国家，政府采购早已普遍成为规范公共资金使用和国家宏观调控的重要方式。政府采购实质上是政府机关为实现整个社会公共利益而实施的一种公权力行为，因而其整个采购过程都会受到公法的制约和社会的监督。加入 WTO 之后，我国也制定了《中华人民共和国政府采购法》(以下简称《政府采购法》)，并建立了相关的法律制度予以规范规模日益壮大的政府采购市场。目前政府采购制度已被中央和地方各级政府广泛采用，但是多年来我国实行的都是传统的政府采购，并没有达到国际上政府采购的标准，也没有真正实现阳光采购。政府采购的主要方式是公开招标采购。

【项目展开】

为了系统而直观地学习相关知识，我们可将该项目按照以下两个工作任务进行展开。

任务一　政府采购

任务二　招标采购

在各个工作任务中，我们都将按照任务目标、任务描述、任务分析、任务资讯、任务实施和任务小结的顺序详细讲述。

任务一　政　府　采　购

【任务目标】

知识目标：

(1) 了解政府采购的概念、特点；

(2) 掌握政府采购的范围、当事人。

技能目标：

(1) 能描述政府采购的各种方式及其流程；

(2) 能按照政府采购程序准备采购资料。

素质目标：

(1) 热爱采购工作，具有工作责任心；

(2) 具有法制观念、依法办事。

【任务描述】

天津××大学保卫处 LED 电子屏购置项目竞争性谈判公告

采购计划编号：201602105002000A1×××

受天津××大学委托，天津市××工程咨询有限公司将以竞争性谈判方式，对天津××

大学保卫处 LED 电子屏购置项目实施政府采购。现欢迎合格的供应商参加谈判。

一、项目名称和编号

1. 项目名称：天津××大学保卫处 LED 电子屏购置项目

2. 项目编号：HGGP-2016-A-0×××

二、项目内容

1. 主要标的名称：LED 电子屏

2. 简要规格描述：详见招标文件

3. 本项目不接受进口产品投标

三、项目预算：34 万元

四、项目需要落实的政府采购政策

支持中小企业，支持国内产品，采购非进口产品，环保节能产品。

五、供应商资格要求

1. 投标人须提供营业执照副本。

2. 投标人须提供税务登记证副本。

3. 投标人须提供组织机构代码证副本。

4. 投标人须提供在有效期内的 3C 认证证书。

5. 投标人若为代理商，须提供所投产品生产厂家针对本项目投标授权书及售后服务承诺函。

6. 投标人须由法定代表人或其委托代理人参加开标仪式，投标人若为法人投标，须提供法定代表人身份证明书(需由法定代表人签字或盖章)和法定代表人身份证原件；投标人若为被授权人投标，须提供法人代表授权书(需由法定代表人签字或盖章)和被授权人身份证原件。

7. 本项目不接受联合体投标。

六、获取谈判文件时间、地点、方式及谈判文件售价

1. 获取谈判文件的时间：北京时间 2016 年 2 月 17 日至 2 月 22 日，每日上午 8:00～下午 4:00(法定节假日除外)。

2. 获取谈判文件的地点：天津市××工程咨询有限公司(天津市河北区五马路××家园底商××号)。

3. 获取谈判文件的方式：发售，现场领取。

4. 招标文件的售价：招标文件售价为 300 元/本(招标文件一经售出，所收费用概不退还)。

七、响应文件提交的截止时间、开启时间及地点

1. 响应文件提交的截止时间：北京时间 2016 年 2 月 23 日上午 8:30～8:45，8:45 截止收取投标文件。

资质审查时间：北京时间 2016 年 2 月 23 日上午 8:50。

2. 响应文件开启时间：北京时间 2016 年 2 月 23 日上午 9:00。

3. 响应文件开启地点：天津市××工程咨询有限公司(天津市河北区五马路××家园底商××号)。

八、项目联系人及联系方式

1. 联系人：刘老师

2. 联系方式：022-2649××××

九、采购人的名称、地址和联系方式

1. 采购人名称：天津××大学

2. 采购人地址：天津市西青区×××道×××号

3. 采购人的联系人和联系电话：王老师　022-2376××××

十、采购代理机构的名称、地址和联系方式

1. 采购代理机构名称：天津市××工程咨询有限公司

2. 采购代理机构地址：天津市河北区五马路××家园底商××号

3. 采购代理机构联系方式：022-2649××××

4. 采购代理机构传真：022-6051××××

5. 采购代理机构汇款银行、账号及开户名：(略)

十一、质疑、投诉方式

供应商认为谈判文件或谈判公告使自己的合法权益受到损害的，可以在获取谈判文件之日或谈判公告期限届满之日起 7 个工作日内，以书面形式向天津××大学和天津市××工程咨询有限公司提出质疑，逾期不予受理。供应商对质疑答复不满意的，或者采购人、采购代理机构未在规定期限内做出答复的，供应商可以在质疑答复期满后 15 个工作日内，向(采购人同级财政部门)提出投诉，逾期不予受理。

十二、公告期限

谈判公告期限为 3 个工作日，即自 2016 年 2 月 17 日起至 2016 年 2 月 19 日止。

2016 年 2 月 16 日

(资料来源：天津市政府采购网 www.tjgp.gov.cn，2016.)

请认真阅读这份公告，你能描述这是一个怎样的采购项目吗？

【任务分析】

现在需要明确以下几个问题。

(1) 什么是政府采购？政府采购的主体、客体和方式是什么？

(2) 政府采购的流程是怎样的？上文中的公告是否符合要求？

【任务资讯】

一、政府采购概述

(一)政府采购的概念

《中华人民共和国政府采购法》(以下简称《政府采购法》)第二条规定："政府采购是指各级国家机关、事业单位和团体组织，使用财政性资金采购依法制定的集中采购目录以内的或者采购限额标准以上的货物、工程和服务的行为""政府集中采购目录和采购限额标准依照本法规定的权限制定"。

本法所称采购，是指以合同方式有偿取得货物、工程和服务的行为，包括购买、租赁、委托、雇用等；本法所称货物，是指各种形态和种类的物品，包括原材料、燃料、设备、产品等；本法所称工程，是指建设工程，包括建筑物和构筑物的新建、改建、扩建、装修、拆除、修缮等；本法所称服务，是指除货物和工程以外的其他政府采购对象。

(二)政府采购的特点

政府采购是一种公款购买活动，都是由政府拨款进行购买。与个人采购、家庭采购、企业采购相比，政府采购具有以下显著特点。

(1) 资金来源的公共性。政府采购的资金来源为财政拨款和需要由财政偿还的公共借款，这些资金的最终来源为纳税人的税收和公共服务收费。

(2) 采购主体的特定性。政府采购的主体，也称采购实体，是依靠国家财政资金运作的国家机关、事业单位和社会团体，不包括国有企业等。

(3) 采购活动的非商业性。政府采购不是以营利为目标，即不是为卖而买，而是通过采购为政府部门提供消费品，实现政府职能或向社会提供公共利益服务。

(4) 采购对象的广泛性。政府采购的对象(即客体)包罗万象，既有标准产品也有非标准产品，既有有形产品也有无形产品，既有价值低的产品也有价值高的产品，既有军用产品也有民用产品。为了便于统计，国际上通行的做法是按性质将采购对象划分为货物、工程和服务三大类。

(5) 采购实施的政策性。采购实体在采购时不能体现个人偏好，必须遵循国家政策的要求，包括最大限度地节约财政资金、优先购买本国产品、保护中小企业发展、保护环境等。

(6) 采购活动的规范性。政府采购不是简单地一手交钱、一手交货，而是按有关政府采购的法规，根据不同的采购规模、采购对象及采购时间要求等，采用不同的采购方式和采购程序，使每项采购活动都要规范运作，体现公开、竞争等原则，接受全社会的监督。

(7) 社会影响力大。政府采购不同于个人采购、家庭采购和企业采购，它是指一个国家作为最大的单一消费者，其购买力非常巨大。有关资料统计，通常一国的政府采购规模要占到整个国家国内生产总值(GDP)的10%以上，因此，政府采购对社会的影响力很大。采购规模的扩大或缩小、财政结构的变化都将对整个社会的总需求和供给、国民经济产业结构的调整等产生举足轻重的影响。正是由于政府采购对社会经济有着其他采购主体不可替代的影响，它已成为各国政府经常使用的一种宏观经济调控手段。

二、 政府采购的范围

(1) 采购主体范围。政府采购活动中的采购主体包括各级国家机关、事业单位和团体组织。国家机关是指依法享有国家赋予的行政权力，具有独立的法人地位，以国家预算作为独立活动经费的各级机关。事业单位是指国家为了社会公益目的，由国家机关举办或者其他组织利用国有资产举办的，从事教育、科技、文化、卫生等活动的社会服务组织。团体组织是指我国公民自愿组成，为实现会员共同意愿，按照其章程开展活动的非营利性社会组织。

(2) 采购资金范围。采购人全部或部分使用财政性资金进行采购的,属于政府采购的管理范围。财政性资金包括预算资金、预算外资金和政府性基金。使用财政性资金偿还的借款,视同为财政性资金。

(3) 采购客体范围,即采购内容和限额。政府采购的内容应当是依法制定的《集中采购目录》以内的货物、工程和服务,或者虽未列入《集中采购目录》,但采购金额超过了规定的限额标准的货物、工程和服务。《政府集中采购目录》和政府采购最低限额标准由国务院和省、自治区、直辖市人民政府规定。

《政府集中采购目录》中的采购内容一般是各采购单位通用的货物、工程和服务,如计算机、打印机、复印机、传真机、公务车、电梯、取暖锅炉等货物,房屋修缮和装修工程,会议服务、汽车维修、保险、加油等服务。中央预算单位《政府集中采购目录》的采购内容还包括在中央部门内通用的货物、工程和服务,如防汛抗旱和救灾物资、医疗设备和器械、气象专用仪器、警用设备和用品、质检专用仪器、海洋专用仪器等。《政府集中采购目录》中的采购内容,无论金额大小都属于政府采购的范围。

《政府集中采购目录》以外的采购内容,采购金额超过政府采购的最低限额标准的,也属于政府采购的范围。《政府采购法》实施以来,国务院办公厅公布的中央预算单位政府采购的最低限额标准为:货物和服务单项或批量为50万元,工程为60万元。

(4) 采购地域范围。我国政府采购法律管辖的地域范围,是指在中华人民共和国境内从事的政府采购活动。

三、政府采购当事人

政府采购当事人是指在政府采购活动中享有权利和承担义务的各类主体,包括采购人、集中采购机构和供应商等。

(1) 采购人。采购人是指依法进行政府采购的国家机关、事业单位、团体组织。

(2) 集中采购机构。集中采购机构为采购代理机构。设区的市、自治州以上人民政府根据本级政府采购项目组织集中采购的需要设立集中采购机构。集中采购机构是非营利事业法人,根据采购人的委托办理采购事宜。集中采购机构进行政府采购活动,应当符合采购价格低于市场平均价格、采购效率更高、采购质量优良和服务良好的要求。

采购人采购纳入集中采购目录的政府采购项目,必须委托集中采购机构代理采购;采购未纳入集中采购目录的政府采购项目,可以自行采购,也可以委托集中采购机构在委托的范围内代理采购。

纳入集中采购目录属于通用的政府采购项目的,应当委托集中采购机构代理采购;属于本部门、本系统有特殊要求的项目,应当实行部门集中采购;属于本单位有特殊要求的项目,经省级以上人民政府批准,可以自行采购。

采购人可以委托经国务院有关部门或者省级人民政府有关部门认定资格的采购代理机构,在委托的范围内办理政府采购事宜。

采购人有权自行选择采购代理机构,任何单位和个人不得以任何方式为采购人指定采购代理机构。采购人依法委托采购代理机构办理采购事宜的,应当由采购人与采购代理机构签订委托代理协议,依法确定委托代理的事项,约定双方的权利义务。

(3) 供应商。供应商是指向采购人提供货物、工程或者服务的法人、其他组织或者自然人。供应商参加政府采购活动应当具备下列条件：①具有独立承担民事责任的能力；②具有良好的商业信誉和健全的财务会计制度；③具有履行合同所必需的设备和专业技术能力；④有依法缴纳税收和社会保障资金的良好记录；⑤参加政府采购活动前三年内，在经营活动中没有重大违法记录；⑥法律、行政法规规定的其他条件。

采购人可以根据采购项目的特殊要求，规定供应商的特定条件，但不得以不合理的条件对供应商实行差别待遇或者歧视待遇。

采购人可以要求参加政府采购的供应商提供有关资质证明文件和业绩情况，并根据我国《政府采购法》规定的供应商资格条件和采购项目对供应商的特定要求，对供应商的资格进行审查。

两个以上的自然人、法人或者其他组织可以组成一个联合体，以一个供应商的身份共同参加政府采购。以联合体形式进行政府采购的，参加联合体的供应商均应当具备我国《政府采购法》第二十二条规定的条件，并应当向采购人提交联合协议，载明联合体各方承担的工作和义务。联合体各方应当共同与采购人签订采购合同，就采购合同约定的事项对采购人承担连带责任。

【知识拓展 10-1】

为了解政府采购的行为特征，需要明确区分下列几个基本概念。

(1) 政府采购管理机关，即财政部门内部设立的，制定政府采购政策、法规和制度，规范和监督政府采购行为的行政管理机构。该机关不参与和干涉采购中的具体商业活动。

(2) 政府采购资金管理部门，即指编制政府采购资金预算、监督采购资金的部门，包括财政部门和采购单位的财务部门。

(3) 政府采购机关，即政府设立的负责本级财政性资金的集中采购和招标组织工作的专门机构。

(4) 政府采购社会中介机构，即集中采购机构，依法取得招标代理资格，从事招标代理业务的社会中介组织。

(5) 采购单位，即使用财政性资金采购物资或者服务的国家机关、事业单位或其他社会组织。

(6) 供应商，即与采购人可能或者已经签订采购合同的供应商或者承包商。

四、政府采购方式

我国《政府采购法》第二十六条规定，政府采购采用以下方式。

(1) 公开招标。公开招标是政府采购的主要采购方式，与其他采购方式不是并行的关系。公开招标的具体数额标准，属于中央预算的政府采购项目，由国务院规定；属于地方预算的政府采购项目，由省、自治区、直辖市人民政府规定；因特殊情况需要采用公开招标以外的采购方式的，应当在采购活动开始前获得设区的市、自治州以上人民政府采购监督管理部门的批准。

采购人不得将应当以公开招标方式采购的货物或者服务化整为零或者以其他任何方式规避公开招标采购。

采购与供应管理实务(第3版)

货物和服务项目实行招标方式采购的，自招标文件开始发出之日起至投标人提交投标文件截止之日止，不得少于 20 日。在招标采购中，出现下列情形之一的，应予废标：①符合专业条件的供应商或者对招标文件做实质响应的供应商不足三家的；②出现影响采购公正的违法、违规行为的；③投标人的报价均超过了采购预算，采购人不能支付的；④因重大变故，采购任务取消的。废标后，采购人应当将废标理由通知所有投标人，且除采购任务取消情形外，应当重新组织招标；需要采取其他方式采购的，应当在采购活动开始前获得设区的市、自治州以上人民政府采购监督管理部门或者政府有关部门批准。

(2) 邀请招标。邀请招标也称选择性招标，由采购人根据供应商或承包商的资信和业绩，选择一定数目的法人或其他组织(不能少于三家)，向其发出招标邀请书，邀请他们参加投标竞争，从中选定中标的供应商。

我国《政府采购法》规定，符合下列情形之一的货物或者服务，可以依照本法采用邀请招标方式采购：①具有特殊性，只能从有限范围的供应商处采购的；②采用公开招标方式的费用占政府采购项目总价值的比例过大的。

(3) 竞争性谈判。竞争性谈判指采购人或代理机构通过与多家供应商(不少于三家)进行谈判，最后从中确定中标供应商。

我国《政府采购法》规定，符合下列情形之一的货物或者服务，可以依照本法采用竞争性谈判方式采购：①招标后没有供应商投标或者没有合格标的或者重新招标未能成立的；②技术复杂或者性质特殊，不能确定详细规格或者具体要求的；③采用招标所需时间不能满足用户紧急需要的；④不能事先计算出价格总额的。

根据财政部第 87 号令第 43 条的规定，投标截止时间结束后参加投标的供应商不足三家的或在评标期间出现符合专业条件的供应商或者对招标文件做出实质响应的供应商不足三家的情形的，经报政府采购监督管理部门批准，可以采用竞争性谈判的采购方式。

采用竞争性谈判方式采购的，应当遵循下列程序，见表 10-1。

表 10-1 竞争性谈判采购程序

步　骤	要　求
①成立谈判小组	谈判小组由采购人的代表和有关专家共三人以上的单数组成，其中专家的人数不得少于成员总数的三分之二
②制定谈判文件	谈判文件应明确谈判程序、谈判内容、合同草案的条款以及评定的标准等事项
③确定邀请参加谈判的供应商名单	谈判小组从符合相应资格条件的供应商名单中确定不少于三家的供应商参加谈判，并向其提供谈判文件
④谈判	谈判小组所有成员集中与单一供应商分别进行谈判。在谈判中，谈判的任何一方不得透露与谈判有关的其他供应商的技术资料、价格和其他信息。谈判文件有实质性变动的，谈判小组应当以书面形式通知所有参加谈判的供应商
⑤确定成交供应商	谈判结束后，谈判小组应当要求所有参加谈判的供应商在规定时间内进行最后报价，采购人从谈判小组提出的成交候选人中根据符合采购需求、质量和服务相等且报价最低的原则确定成交供应商，并将结果通知所有参加谈判的未成交的供应商

(4) 单一来源采购。单一来源采购也称直接采购，是指达到了限额标准和公开招标数额标准，但所购商品的来源渠道单一，或属专利、首次制造、合同追加、原有采购项目的

后续扩充和发生了不可预见紧急情况不能从其他供应商处采购等情况。该采购方式的最主要特点是没有竞争性。

我国《政府采购法》规定，符合下列情形之一的货物或者服务，可以依照本法采用单一来源方式采购：①只能从唯一供应商处采购的；②发生了不可预见的紧急情况不能从其他供应商处采购的；③必须保证原有采购项目一致性或者服务配套的要求，需要继续从原供应商处添购，且添购资金总额不超过原合同采购金额百分之十的。

(5) 询价。询价是指采购人向有关供应商发出询价单让其报价，在报价基础上进行比较并确定最优供应商的一种采购方式。我国《政府采购法》规定，采购的货物规格及标准统一、现货货源充足且价格变化幅度小的政府采购项目，可以采用询价方式采购。

采取询价方式采购的，应当遵循下列程序，见表 10-2。

表 10-2　询价采购程序

步　骤	要　求
①成立询价小组	询价小组由采购人的代表和有关专家共三人以上的单数组成，其中专家的人数不得少于成员总数的三分之二。询价小组应当对采购项目的价格构成和评定成交的标准等事项做出规定
②确定被询价的供应商名单	询价小组根据采购需求，从符合相应资格条件的供应商名单中确定不少于三家的供应商，并向其发出询价通知书让其报价
③询价	询价小组要求被询价的供应商一次报出不得更改的价格
④确定成交供应商	采购人根据符合采购需求、质量和服务相等且报价最低的原则确定成交供应商，并将结果通知所有被询价的未成交的供应商

(6) 国务院政府采购监督管理部门认定的其他采购方式。

【知识拓展 10-2】

1. 政府采购的途径

政府采购有两种途径：即委托采购和自行采购。其中，委托采购是指采购人通过集中采购机构或其他政府采购代理机构进行采购。属于集中采购目录或达到采购限额的，通过委托采购途径。

2. 政府采购的组织形式

国外政府采购一般有三种模式。

(1) 集中采购模式，即由一个专门的政府采购机构负责本级政府的全部采购任务。

(2) 分散采购模式，即由各支出采购单位自行采购。

(3) 半集中半分散采购模式，即由专门的政府采购机构负责部分项目的采购，而其他的则由各单位自行采购。

我国政府采购中，集中采购占了很大的比重，列入集中采购目录和达到一定采购金额以上的项目必须进行集中采购。

五、政府采购流程

政府采购的基本流程是表现政府采购工作顺序、联系方式以及各要素之间相互关系的一种模式,它是实施政府采购的行为规范。

1. 采购资金的确认

(1) 列入政府采购计划,即属于财政拨款的采购资金,由财政部门有关业务科室根据下达给采购单位的年度采购预算,按照拨款申办程序,由负责资金拨付和账户管理的科室于采购前将计划安排的采购资金划入政府采购资金专户;实行国库集中支付试点单位的采购预算资金,单位只需在网上填报采购预算给相关业务科室批复后,采购办的人员即可在网上查询到,其资金不需拨入政府采购资金专户。

(2) 未列入政府采购计划,需另外追加的采购项目,由行政事业单位向市财政局分管业务科室申报,采购办根据资金落实情况给予追加采购计划;实行国库集中支付试点单位的采购追加资金,其资金的确认同上,不需拨入政府采购资金专户。

(3) 属于单位自筹的采购资金,采购单位应在采购前 5 个工作日将资金划入市政府采购资金专户。

2. 采购计划的确认

(1) 属集中采购的项目,在采购前,各单位必须对所采购项目的技术参数、规格型号、采购数量、资金渠道、售后服务等要求进行确认(公务用车采购的还应按程序报相关部门审批),并按采购办规定的时间上报。

(2) 各单位报送的采购计划,不得提出具体的品牌要求。但考虑到部分项目的特殊性及工作的需要,各单位可提出 1~2 个推荐品牌,供市采购办参考。

(3) 属较复杂、非标准的货物,报送采购计划时应附详细的采购要求及说明。

(4) 各单位一般不采购外国货物,确因工作需要采购的,应当报经市采购办批准。

3. 政府采购程序

(1) 采购单位提出采购计划,报市财政局分管业务科室进行预算审核。

(2) 财政局各业务科室批复采购计划,转采购办。

(3) 采购办按政府采购制度审批汇总采购计划,一般货物采购交由政府采购中心采购,特殊物品采购可委托单位自行采购。

(4) 政府采购中心制作标书,并送采购单位确认。

(5) 政府采购中心发布招标公告或发出招标邀请,发售标书,组织投标,主持开标。

(6) 评标委员会进行评标,选出预中标供应商。经采购单位确认后,决定中标供应商。

(7) 中标供应商与采购单位签订合同。

(8) 中标供应商履约,采购办与采购单位验收(对技术要求高的采购项目要有专家参与验收)后,由采购单位把合同、供货发票原件和《采购单位验收物品意见表》送到采购中心办理付款手续。

(9) 政府采购中心把手续办好,送交采购办作为依据,向供应商支付货款。

(10) 采购单位入固定资产账。

(11) 招标活动结束后采购部门要建立档案,包括各供应商招标的标底资料、评标结果、公布的合法证书、公证资料、招标方案等。

【任务实施】

　　在这个任务中，天津市××工程咨询有限公司接受天津××大学的委托，将以竞争性谈判方式对其保卫处 LED 电子屏购置项目实施政府采购而发布了谈判公告。公告中对项目名称和编号、项目内容、项目预算、项目需要落实的政府采购政策、供应商资格要求、获取谈判文件时间、地点、方式及谈判文件售价以及响应文件提交的截止时间、开启时间及地点等内容做了较为详尽的描述，使意向供应商能够据此做出竞争谈判准备。由此可知，这个采购项目属于政府采购，其采购主体、客体、当事人、公告的发布及竞争性谈判的采购方式均符合我国《政府采购法》的有关要求，关键是其后续的政府采购流程操作怎样进行。如果你是天津市××工程咨询有限公司该项目的主管人员，你该如何操作呢？

【任务小结】

　　在"政府采购"任务中，我们通过一个具体的学习任务——阅读"天津××大学保卫处LED 电子屏购置项目竞争性谈判公告"，对政府采购有了初步认知，如政府采购的概念、特点、范围、当事人、方式和流程。最终，应该能够对政府采购该怎样运作有了一些了解，能够解释政府采购的一些现象。

任务二　招 标 采 购

【任务目标】

　　知识目标：
　　(1) 理解招标的含义与特点；
　　(2) 掌握招标的分类。
　　技能目标：
　　(1) 会拟写并发布招标公告；
　　(2) 能分析招标采购案例。
　　素质目标：
　　(1) 工作责任心强，办事严谨；
　　(2) 具有分析问题、解决问题的能力。

【任务描述】

　　某公立高校教学楼(建筑面积 28 000 平方米)进行施工招标，要求投标企业为二级以上资质。**问题①：请选用招标方式，说明为什么？**
　　共有 13 家单位报名参加，其中 3 家为私有企业(资质为二级)，在资格预审时，有人提出不能用私人企业。**问题②：请说明你的观点。**
　　在现场勘察时，有两家企业未参加。**问题③：是否可以继续参加投标？**
　　该工程投标保证金为 30 万元，共有 12 家在规定时间内交付。**问题④：共有几家企业**

可参加开标会?

在开标时，一家企业因路上堵车迟到 30 分钟(已事先打过电话通知说明情况)。**问题⑤:** 这家企业能否继续参加开标会?

一家企业标书未按规定加盖企业法人章。**问题⑥:** 请判断最后共有几家企业可参与到正式评审中? 评委一般如何组成?

评审过程中，发现某家企业报价大写与小写不符。**问题⑦:** 应如何处理?

最后专家评委按照招标要求推荐了 3 名候选单位，但排名第一的企业未说明原因拒绝与建设单位签订工程合同。**问题⑧:** 请问应如何处理?

问题⑨: 所有投标企业保证金应如何处理?

假如得到上面的招标信息，你所在企业为一级资质，你作为负责人应如何处理? 假如确定要参加投标，请写出你所要做的基本工作流程。

【任务分析】

若要完成此任务，首先需明确以下几个问题。

(1) 这是关于招标、投标和评标的程序问题案例。

(2) 招投标的含义、特点是什么? 如何开展?

【任务资讯】

一、招标采购概述

(一)招标的含义

招标有广义与狭义之分。广义的招标是指由招标人发出招标公告或通知，邀请潜在的投标人进行投标，最后由招标人通过对各投标人所提出的价格、质量、交货期限和该投标人的技术水平、财务状况等因素进行综合比较，确定其中最佳的投标人为中标人，并与之最终签订合同的过程。当人们笼统地提到招标时，通常指广义的招标。

狭义的招标是指招标人根据自己的需要，提出一定的标准或条件，向潜在投标人发出投标邀请的行为。当招标与投标一起使用时，则指狭义的招标。与狭义的招标相对的一个概念是投标，投标是指投标人接到招标通知后，根据招标通知的要求制作投标文件(也称标书)，并将其送交给招标人的行为。

从采购交易过程看，招标和投标是一个问题的两个方面，没有招标，就没有投标的响应; 没有投标，那么招标就没有意义。在现行的采购法律中，无论国内还是国际对招投标均做出了相应的规定。

(二)招标的基本特点

招标采购是最富有竞争的一种采购方式。与其他采购方式相比，招标采购至少应具备以下特点。

(1) 程序规范。一个完整的招投标过程，包括招标、投标、开标、评标和定标五个环节，每个环节都有严格的程序、规则。这些程序和规则具有法律拘束力，当事人不能随意改变。特别是招标作为起始步骤，其程序规范与否，直接关系到以后各个环节能否顺利进行，对于整个招投标过程有着非常重要的意义。

(2) 编制招标、投标文件。在招投标活动中，招标人必须编制招标文件，投标人据此编制投标文件参加投标，招标人组织评标委员会对投标文件进行评审和比较，从中选出中标人。因此，是否编制招标、投标文件，是区别招标与其他采购方式的最主要特征之一。

(3) 公开性。招投标的基本原则是"公开、公平、公正"，将采购行为置于透明的环境中，防止腐败行为的发生。招投标活动的各个环节均体现了这一原则：招标人首先要在指定的报刊或其他媒体上发布招标通告，邀请所有潜在的投标人参加投标；在招标文件中详细说明拟采购的货物、工程或服务的技术规格，评价和比较投标文件以及选定中标者的标准；在提交投标文件截止时间的同一时间公开开标；在确定中标人前，招标人不得与投标人就投标价格、投标方案等实质性内容进行谈判。这样，招投标活动被完全置于社会的公开监督之下，可以防止不正当的交易行为。

(4) 一次成交。在一般的交易活动中，买卖双方往往要经过多次谈判后才能成交，招标则不同。在投标人递交投标文件后到确定中标人之前，招标人不得与投标人就投标价格等实质性内容进行谈判。也就是说，投标人只能一次报价，不能与招标人讨价还价，并以此报价作为签订合同的基础。

以上四要素，基本反映了招标采购的本质，也是判断一项采购活动是否属于招标采购的标准和依据。

(三)招标的适用范围

从招标的本质意义上说，只要是采购人需要的、数额较大的产品和项目都可以通过招标方式进行。但是，法律上确定的招标的适用范围，由于涉及有关采购主体的权利和义务以及国家的管理和监督职权，不是任意设定的；在国际条约、协定的规定方面，还涉及参加过的承诺和保留以及国内法律与他国的协调等一系列问题。

从有关国家及国际组织的法律、法规等规定来看，将招标采购的标的分为货物(物资)、工程、服务，已经成为一种通常的做法。联合国贸易法委员会明确规定"货物"为各种各样的物品，包括原材料、产品、设备、固态、液态及气态的物体以及电力；"工程"是指与楼房、结构或建筑物的建造、改建、拆除、修缮或翻新有关的一切工作。

我国的情况是，在货物方面，招标标的主要是机电设备和机械成套设备；在工程方面，招标标的主要是工程建设和安装；在服务方面，招标标的主要是科研课题、工程监理、招标代理、承包租赁等。目前各国对此的界定不统一，但招标标的范围逐渐扩大是个趋势。

(四)招标人、投标人的条件

招标人是依照法律规定提出招标项目、进行招标的法人或者其他组织。在我国，从保护国有资产的原则出发，将国家机关、国有企业事业单位及其控股的企业作为招标的主体，已被各种招标法规所确定。

根据《中华人民共和国招标投标法》(以下简称《招投标法》)规定，投标人是指响应招标、参加投标竞争的法人或者其他组织。一般情况下，不允许以个人的名义参加投标，但是，当招标的项目为科研项目时，有时也允许个人参加投标，但投标的个人要符合相关法律关于投标人的规定。

二、招标采购的种类

(一)公开招标和邀请招标

按公开程度,可将招标分为公开招标和邀请招标。

1. 公开招标

公开招标又称为竞争性招标,即由招标人在报刊、电子网络或其他媒体上刊登招标公告,吸引众多企业单位参加投标竞争,招标人从中择优选择中标单位的招标方式。按照竞争程度,公开招标可分为国际竞争性招标和国内竞争性招标。

(1) 国际竞争性招标。国际竞争性招标是指在世界范围内进行招标,国内外合格的投标商均可以投标。要求制作完整的英文标书,在国际上通过各种宣传媒介刊登招标公告。

例如,世界银行对贷款项目货物及工程的采购规定了三个原则:①必须注意节约资金并提高效率,即经济有效;②要为世界银行的全部成员国提供平等的竞争机会,不歧视投标人;③有利于促进借款国本国的建筑业和制造业的发展。世界银行在确定项目的采购方式时都从这三个原则出发,其中国际竞争性招标是采用最多、占采购金额最大的一种方式。

它的特点是高效、经济、公平,特别是采购合同金额较大、国外投标商感兴趣的货物工程要求必须采用国际竞争性招标。世界银行根据不同地区和国家的情况,规定了凡采购金额在一定限额以上的货物和工程合同,都必须采用国际竞争性招标。对一般借款国来说,超过 25 万美元以上的货物采购合同、大中型工程采购合同,都应采用国际竞争性招标。

我国的贷款项目金额一般都比较大,世界银行对中国的国际竞争性招标采购限额也会放宽一些,工业项目采购凡在 100 万美元以上均应采用国际竞争性招标来进行。

(2) 国内竞争性招标。国内竞争性招标是指在国内进行招标,可用本国语言编写标书,只在国内的媒体上登出广告,公开出售标书,公开开标。通常用于合同金额较小(按世界银行规定,一般为 50 万美元以下)、采购品种比较分散、分批交货时间较长、劳动密集型、商品成本较低而运费较高、当地价格明显低于国际市场等情况下的采购。此外,若从国内采购货物或者工程建筑可以大大节省时间,而且这种便利将对项目的实施具有重要的意义,也可仅在国内实行竞争性招标采购。

在国内竞争性招标的情况下,如果外国公司愿意参加,则应允许它们按照国内竞争性招标参加投标,不应人为设置障碍,妨碍其公平参加竞争。国内竞争性招标的程序大致与国际竞争性招标相同。

2. 邀请招标

邀请招标也称有限竞争性招标或选择性招标,即由招标单位选择一定数目的企业,向其发出投标邀请书,邀请它们参加招标竞争。一般情况下,选择的投标人不得少于三个,具体数量视招标项目的规模大小而定。由于被邀请参加的投标竞争者有限,不仅可以节约招标费用,而且提高了每个投标者的中标机会。

有下列情形之一的,经财政部门同意,可以采用邀请招标:①公开招标后,没有投标人或无合格标;②出现了不可预见的急需;③发生突发事件,无法按公开招标方式得到所需的货物、工程或服务；④投标人准备投标文件需要高额费用；⑤采购项目因其复杂性和专门性，只能从有限范围的供应方获得；⑥公开招标成本过高，与采购项目的价值不相称；⑦经财政部门认定的其他情况。

公开招标和邀请招标的区别，如表 10-3 所示。

表 10-3　公开招标和邀请招标的区别

区　别	公开招标	邀请招标
①信息发布方式	采用公告的形式发布	采用投标邀请书的形式发布
②选择范围	针对一切潜在的对招标项目感兴趣的供应商，采购方事先不知道投标人的数量	针对已经了解的供应商，而且事先已经知道投标人的数量
③竞争范围	所有符合条件的供应商都有机会参加投标，竞争的范围较广，竞争性体现得也比较充分，采购方拥有绝对的选择余地，容易获得最佳招标效果	投标人数目有限，竞争的范围有限，招标人选择余地相对较小，有可能提高中标的合同价，也有可能将某些在技术上或报价上更有竞争力的供应商遗漏
④公开程度	所有活动都必须严格按照预先制定并为大家所知的程序标准公开进行，大大减少了作弊的可能	公开程度差一些，产生不法行为的机会也就多一些
⑤时间和费用	程序较多，从发布公告、投标、评标到签合同，有许多时间上的要求，要准备许多文件，因而耗时较长，费用也比较高	不发公告，招标文件只送几家，使整个招投标的时间大大缩短，招标费用也相应减少

(二)议标

国内招标有公开招标和邀请招标两种形式，而国际招标除了这两种形式以外，还有议标。议标就是招标方不发布招标公告，而直接与自己比较了解的潜在的几个投标单位商讨关于合同的价格等内容。

我国《招投标法》根据招标的基本特性和我国实践中存在的问题，未将议标作为一种招标方式予以规定。因此，议标并不是一种法定招标方式，不在我国《招投标法》的应用范围。但在采购实践中，议标却被经常使用，特别是在国际上使用较多。对于需要后续服务的重要产品及工程项目常采用议标，可以节省招标费用。许多国家政府的法律不允许政府投资项目采用议标方式。

由于议标的中标者是通过谈判产生的，不便于公众监督，容易导致非法交易，因此，我国机电设备招标规定中禁止采用这种方式。即使允许采用议标方式，也大多对议标方式做了严格限制。《联合国贸易法委员会货物、工程和服务采购示范法》(以下简称《联合国采购示范法》)规定：经颁布国批准，招标人在下述情况下可采用议标的方法进行采购：①急需获得该货物、工程或服务，采用招标程序不切实际，但条件是造成此种紧迫性的情况并非采购实体所能预见，也非采购实体办事拖拉所致；②由于某一灾难性事件，急需等到该货物、工程或服务，而采用其他方式因耗时太多而不可行。

议标主要有以下几种方式。

1. 直接邀请议标

由招标人或其代理人直接邀请某一企业进行单独协商，达成协议后签订采购合同。如果协商不成，可以邀请另一家，直到协议达成为止。

2. 比价议标

"比价"是兼有邀请招标和协商特点的一种招标方式，一般适用于规模不大、内容简单的工程和货物采购。通常的做法是由招标人将采购的有关要求送交选定的几家企业，要求它们在约定的时间报价，招标单位分析比较，选择报价合理的企业，就工期、造价、质量、付款条件等细节进行协商，从而达成协议，签订合同。

3. 方案竞赛议标

方案竞赛议标是选择工程规划设计任务的常用方式，通常公开组织，也可邀请经预先选择的规划设计机构参加竞赛。一般的做法是，由招标人提出规划设计的基本要求和投资控制数额，并提供可行性研究报告或设计任务书、场地平面图、有关场地条件和环境情况的说明以及规划、设计管理部门的有关规定等基础资料，参加竞争的单位据此提出自己的规划或设计的初步方案，阐述方案的优点和长处，并提出该项规划或设计任务的主要人员配置、完成任务的时间和进度安排、总投资估算和设计等，一并报送招标人。然后由招标人邀请有关专家组成的评选委员会，选出优胜单位，招标人与优胜者签订合同，并对未中选的参审单位给予一定补偿。

三、招标采购的基本程序

一个完整的招投标过程，包括招标、投标、开标、评标和定标五个环节，每个环节都有严格的程序、规则，其运作程序如图 10-1 所示。

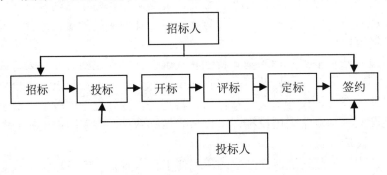

图 10-1 招标的运作程序

(一)招标阶段

1. 招标准备

招标活动是一次活动范围很大的大型活动，需要进行周密的准备，准备工作主要包括以下几点。

(1) 明确招标采购的目的。明确招标工作的内容和目标，对招标采购工作的必要性、可行性进行充分的分析。

(2) 成立招标采购小组。成立采购小组，负责组织实施编制采购文件、发布采购信息、召集开标评标、采购文件归档等采购活动。

（3）编制招标文件。采购小组根据采购有关法规和项目特殊要求，在采购执行计划要求的采购时限内拟订具体采购项目的招标方案、编制招标文件。招标文件的基本内容见表 10-4。

表 10-4　招标文件的主要内容

序　号	内　容	备　注
1	投标人须知	技术规格是指招标项目在技术、质量方面的标准，如一定的大小、轻重、体积、精密度、性能等。招标文件规定的技术规格应采用国际或国内公认标准或法定标准
2	招标项目的性质、数量	
3	技术规格	
4	投标价格的要求及其计算方式	
5	评标的标准和方法	评标时只能采用招标文件中已列明的标准和方法，不得另定
6	交货、竣工或提供服务的时间	
7	投标人应当提供的有关资格和资信证明文件	
8	投标保证金的数额或其他形式的担保	投标保证金的金额不宜太高，现实操作中一般不超过投标总价的 2%
9	投标文件的编制要求	
10	提供投标文件的方式、地点和截止时间	
11	开标、评标的日程安排	
12	主要合同条款	

（4）招标文件确认。招标文件在定稿前须交企业领导层审核确认。

（5）搜集信息。根据采购物品或服务等特点，通过查阅供应商信息库和市场调查等途径进一步了解价格信息和其他市场动态。

2. 招标活动过程

（1）发布招标公告。招标公告应当通过报刊、网络或者其他媒介发布。招标公告应当载明下列事项：招标人的名称和地址、招标项目的性质及数量、招标项目的地点及时间要求、获得招标文件的地点及时间、需要公告的其他事项。采用邀请招标方式的采购活动，应提供随机方式从符合资格条件的供应商名单中确定不少于三家的供应商，并向其发出投标邀请函。

【技能训练 10-1】

2019 年 3 月初，某校从实验实训设备经费中拨出 60 万元专款用于建设一个电子商务实训室，要求 2019 年 8 月底必须完工以备学生开学后使用。现在场地已经选好，初步估计需要服务器 1 台、投影机 1 台、计算机 120 台、空调 2 台、电脑桌 120 个、相关附件若干。面向全社会进行竞争性招标。

请你为该采购项目拟写一份招标公告，要求内容完整，条理清晰。

（2）现场考察或答疑。采购人根据招标项目的具体情况，可以组织潜在投标人现场考察或开标前的答疑会。

（3）报名登记。根据招标公告规定的投标资格、报名要求，在招标公告限定的时间内对投标供应商进行资格预审、报名登记。

（4）资格审查。招标单位、招标小组根据招标公告规定，对投标人的资格进行审查。若考虑到符合条件的投标人过多会影响招标工作时，应在招标公告中明确投标人数量和选择投标人的方法，并通过随机方式筛选投标人。

（5）招标书发送。要采用适当的方式，将招标书传送到投标人的手中。例如，对于公开招标，可以在媒体上发布；对于选择性招标，可以用挂号或特快专递直接送交所选择的投标人。许多标书需要投标者花钱购买，有些标书规定投标者要交一定的保证金后才能获得。

(二)投标阶段

1. 熟悉有关法律、法规及标准，仔细阅读招标文件

投标人应该熟悉《招投标法》《政府采购法》等法律、法规的相关内容，遇到纠纷时，可以用法律武器保护自身的合法权益。

投标人应反复阅读、理解招标文件，熟悉招标文件中所明确的实质性要求和条件，特别是招标文件中对废标条款的规定。在投标文件中应对招标文件所要求的实质性要求和条件做出全部响应，不能遗漏。

2. 编制投标文件

投标人应当按照招标文件的要求编制投标文件。投标文件的编制步骤和内容如下。

（1）应根据招标文件要求和技术规范的要求编制材料投标报价单。投标报价是一次性的，开标后不能更改，要仔细考虑报价的合理性。价格适中一步到位，过高与中标无缘，过低可能无利润造成亏损，投标人必须根据招标文件中规定的投标价格的评价原则和方法，在保证质量、工期的前提下，保证预期的利润及考虑一定风险的基础上确定适当的利润率，有的放矢地报出适中的投标价，同时可以提出能够让招标人降低投资的合理化建议或对招标人有利的一些优惠条件等，来增加中标的机会。

（2）要按招标文件要求提交投标保证金。投标保证金的金额通常有相对比例金额和固定金额两种方式。相对比例是取投标总价作为计算基数。为避免招标人设置过高的投标保证金额度，不同类型招标项目对投标保证金的最高额度均有相关规定。工程建设项目的投标保证金一般不得超过投标总价的 2%，最高不得超过 80 万元人民币。勘察设计项目的保证金数额一般不超过勘察设计费投标报价的 2%，最多不超过 10 万元人民币。政府采购项目的投标保证金数额，不得超过采购项目概算的 1%。

（3）投标文件编制完成后，应仔细整理、核对，安排专人认真检查，按招标文件的约定进行密封和标志。要检查投标文件的内容是否完整，文字表述是否规范、检查投标文件是否对招标文件中所有实质性要求和条件都做出了响应。

（4）投标文件应响应招标文件，按照招标文件的各项要求编制，包括以下内容：投标书、投标保证金、法定代表人资格证明文件、签名的授权委托书、具有标价的工程材料投标报价表。

3. 投标文件的编排、装订顺序

投标文件的编排顺序非常重要，如果编排顺序与招标文件不一致，可能给评标专家看

投标书造成困难，影响评标效果。投标文件的每页都要编到目录内，图像、文字等必须按统一规定进行。还要检查投标文件的装订和排版等方面的细小问题，这样能让招标人从投标文件的外观和内容上感觉到投标人工作认真，给招标人留下好印象。如果所准备的投标书是从原有投标书修改后生成的，在进行字符串、汉字串替换修改时千万要替换彻底，否则易给评标专家留下投标人责任心不强、管理不到位的印象，对投标人不利。有些投标人对细小问题不给与足够的重视，事实上，往往正是这些细小问题影响全局而导致全盘皆输。

4. 递送投标文件

投标文件应在规定的截止日期前密封(有的招标文件还要求在封口签字，加盖公章)送达到投标地点，过时的将不予受理并退还，收到的投标书应签收备案。投标人在截止日前可以对已投出的标书补充或者修改，但需要书面通知招标人。

(三)开标阶段

开标，是指招标人将所有的投标文件启封揭晓。开标使招标人和全体投标人能够了解实际参加投标的人有哪些、各投标人的投标价格及其投标文件的其他主要内容，以便在此基础上评价并确定中标人。开标程序如下。

1. 开标的时间和地点

开标应当在招标文件确定的提交投标文件截止时间的同一时间公开进行，开标地点应当在招标文件预先确定的地点。在此之前，投标文件由招标人签收保存，不得开启。

2. 出席开标

开标由招标人主持，邀请所有投标人参加。这样可以增加投标程序的透明度，使投标人了解招投标活动是否依法进行，确保竞争的公平进行。

3. 开标

开标时要注意：由投标人或者其推选的代表、招标人委托的公证机构检查投标文件的密封情况，拆封所有投标文件并宣读投标文件的主要内容，记录开标过程并存档备查。

(四)评标阶段

1. 评标应当按照招标文件的规定进行

招标人或招标中介机构负责组建评标委员会。评标委员会由采购人的代表和有关技术、经济等方面的专家组成，成员人数为 5 人以上单数，其中技术、经济等方面的专家不得少于成员总数的 2/3，与投标人有利害关系的人不得进入相关项目的评标委员会。评标委员会名单在中标结果确定前应当保密。

2. 评标委员会负责评标

评标委员会对所有投标文件进行审查，对于招标文件规定有实质性不符的投标文件，应当决定无效。评标委员会应当按照招标文件的规定对投标文件进行评审和比较，并向招标人推荐 1～3 名中标候选人，招标人从中选出中标人。中标人应符合下列条件之一。

(1) 能够最大限度地满足招标文件中规定的各项综合评价标准；

(2) 能够满足招标文件实质性的要求，并且经评审投标价格最低，但投标价格低于成本的除外。

3. 评标的步骤

(1) 初步评标。初步评标工作比较简单，但却是非常重要的一步。初步评标的内容包括供应商资格是否符合要求，投标文件是否完整，是否按规定方式提交投标保证金，投标文件是否基本上符合招标文件的要求，有无计算上的错误等。如果供应商资格不符合规定，或投标文件未做出实质性的响应，都应作为无效投标处理，不得允许投标供应商通过修改投标文件或撤销不符合要求的部分而使其投标具有响应性。

经初步评标，凡是确定为基本上符合要求的投标，下一步要核定投标中有无计算和累计方面的错误。在修改计算错误时，要遵循两条原则：如果数字表示的金额与文字表示的金额有出入，要以文字表示的金额为准；如果单价和数量的乘积与总价不一致，要以单价为准。但是，如果采购单位认为有明显的小数点错误，此时要以标书的总价为准，并修改单价。如果投标商不接受根据上述修改方法而调整的投标价，可拒绝其投标并没收其投标保证金。

(2) 详细评标。只有在初评中确定为基本合格的投标，才有资格进入详细评定和比较阶段。具体的评标方法取决于招标文件中的规定，并按评标价的高低，由低到高，评定出各投标的排列次序。在评标时，若出现最低评标价远远高于标底或缺乏竞争性等情况时，应废除全部投标。

(3) 编写并上报评标报告。评标工作结束后，采购单位要编写评标报告，上报采购主管部门。评标报告包括以下内容：①招标通告刊登的时间、购买招标文件的单位名称；②开标日期；③投标商名单；④投标报价及调整后的价格(包括重大计算错误的修改)；⑤价格评比基础；⑥评标的原则、标准和方法；⑦授标建议。

(4) 资格后审。如果在投标前没有进行资格预审，在评标后则需要对最低评标价的投标商进行资格后审。如果审定结果认为其有资格、有能力承担合同任务，则应把合同授予该投标商；如果认为该投标商不符合要求，则可以依排列次序对下一个评标价最低的投标商进行类似的审查。

(五)定标阶段

定标也称为决标、授标，是指招标人根据评标委员会的书面评标报告和推荐的中标候选人的排列顺序确定中标人。开标到定标的期限一般不得超过 10 日。中标人确定后，应在采购监督管理部门指定的媒体上进行公示，3 日后无异议的再由招投标中心向中标人发出通知书，同时将中标结果通知所有未中标的投标人，并及时退还其投标保证金。

当确定的中标人放弃中标、因不可抗力提出不能履行合同，或者招标文件规定应当提交履约保证金而在规定期限内未能提交的，招标人可以依序确定其他候选人为中标人，也可以授权评标委员会直接确定中标人。

合同授予中标人，招标人和中标人应自中标通知书发出之日起 30 日内签订合同。具体的合同签订方法有两种：①在发中标通知书的同时，将合同文本寄给中标单位，让其在规定的时间内签字退回；②中标单位收到中标通知书后，在规定的时间内派人前来签订合同。如果是采用第二种方法，合同签订前，允许相互澄清一些非实质性的技术性或商务性问题，但不得要求投标商承担招标文件中没有规定的义务，也不得有中标后压价的行为。合同签字并在中标供应商按要求提交了履约保证金后，合同就正式生效，采购工作进入到合同实施阶段。

　　以上是一般情况下的招标采购的全过程。当然，在特殊情况下，招标的步骤和方法也可能略有变化。

四、评标方法

　　评标是招标采购过程中的一个关键环节，应当遵循公平、公正、科学、择优原则。招标人必须在招标文件中明确规定评标的原则和方法，凡是评标中需要考虑的各种因素，都必须写入招标文件中。评标时必须以招标文件为依据，按照招标文件规定的评标标准和方法，不得采用招标文件未列明的任何标准和方法，也不得改变招标确定的评标标准和方法。评标方法包括最低评标价法、综合评标法或者法律、行政法规允许的其他评标方法。

(一)最低评标价法

　　最低评标价法是指能够满足招标文件的各项要求，把所有的评标因素都换算为报价，综合考虑各个评标因素，得出一个评标价，再按照评标价从低到高排列中标候选人，以评标价最低的投标人作为排名第一的中标候选人。

　　一般而言，这种方法用于采购简单商品、半成品、设备、原材料，以及其他性能、质量相同或容易进行比较的货物，价格可以作为评标时考虑的主要因素时使用，以此作为选择中标单位的尺度。虽然以价格为最主要的甚至唯一的考虑因素，但经评审的最低评标价不是指最低报价，而是指合理报价，即不单纯考虑其价格，在报价的基础上加上或扣减某些要素，如合理利润、运费等。货物评标时考虑的因素包括：①投标价格；②运输费、保险费和其他费用；③交货期或工期；④偏离招标文件规定的付款条件；⑤备件价格和售后服务；⑥设备的性能、质量、生产能力；⑦技术服务和培训等。

　　最低评标价法由于把很多价格以外的因素都予以货币化，所以，投标价格最低的不一定能中标；采用这种评标方法时，应尽量在招标文件中列出价格以外的其他有关因素折算成货币或给予相应的加权计算的规定，尽量避免在招标文件中只笼统地列出价格以外的其他有关标准，到评标时才制定出具体的评标计算因素及其量化计算方法。只有这样，才能避免折算成货币或给予相应的加权计算时造成有利于某一投标人的倾向性，保证评标工作的公平、公正。

　　例 10-1　某公司施工招标，招标文件规定运用最低评标价法进行评标。因属于国外贷款项目，国内投标人有 6%评标价优惠；投标工期以 24～30 个月为合理工期，评标时以 24个月为基准，每增加 1 个月，在评标时加上 10 万元。有 A、B、C 三个投标人的投标文件是合格的，其投标报价分别为 10 百万元、9.7 百万元和 10.2 百万元，工期分别为 24 个月、26 个月和 27 个月。其中 A 为国外承包人，B、C 为国内承包人。

　　计算每个投标人的评标价。如果各投标均实质性响应招标文件要求，确定排名第一的中标候选人。评标结果如表 10-5 所示。

表 10-5　最低评标价评标结果

投标人	报价/百万元	修正因素/百万元		评标价/百万元	排　序
		工期因素	本国优惠		
A	10	—	—	10	3
B	9.7	+0.2	−0.5820	9.3180	1
C	10.2	+0.3	−0.6120	9.8880	2

因此，排名第一的中标候选人应为投标人 B。

由于最低评标价法是将价格以外的有关因素折算成货币或给予相应的加权计算，制定细则时比较麻烦，评标时计算复杂、工作量大，一般项目招标时业主不愿采用。只要在招标文件中规定出具体的评标计算因素及其量化计算方法，具有可操作性，还是技改项目及进口设备招标经常选用的有效方法。

(二)综合评标法

综合评标法俗称"打分法"，是指对投标单位及其投标文件进行综合评议、量化计分。主要是依据投标单位的投标文件，按经济标、技术标、商务标等要素，配以不同的权重加以量化打分，计算出每个投标人的综合得分进行排序。一般取综合得分最高的前三名为中标候选人，经过评标委员会向招标人推荐，招标人确定中标人后，向中标人发出中标通知书的方法。其中，投标文件的经济标、技术标、商务标内容见表 10-6。

表 10-6　投标文件的经济标、技术标、商务标内容

项　目	非价格因素
经济标	投标报价
技术标	投标人对招标人提出的招标要求的响应性、施工组织设计方案、工期保证、质量保证、安全保证措施等
商务标	投标人综合素质、资质等级、项目经理业绩、施工业绩、财务状况等

综合评标法比较容易制定具体项目的评标办法和评标标准；评标时，评委容易对照标准"打分"。选择综合评标法后，招标文件中价格分占总分值的比重设计非常重要，需要招标文件编制人员熟悉产品市场情况，了解采购人的采购目的，合理设计价格分值，使供应商良性竞争，最终达到采购目标。技术分值和商业分值的设置也要遵循一定的原则，应当注意把握好尺度。对于产品比较成熟、价格比较敏感的项目，可以提高商务分值的比重，以体现价格优势；对于技术复杂、配置要求高的项目，应当提高技术分值的比重，以保证采购质量。

综合评标法广泛应用于工程、服务、货物采购、技改及国际招标评标中；由于该评标方法直观，便于操作，而且可以避免各种非正常因素对评标工作的影响，公平、公正，受到招投标双方的欢迎。

例 10-2　某公司在对某机电设备进行招标采购时，有甲、乙、丙、丁和戊共五家供应商的投标有效。现按照招标文件中规定的评标指标和评标标准，采用综合评标法分别对其经济标、技术标和商务标进行了综合评分，评标情况见表 10-7。

表 10-7　某机电设备招标采购综合评标汇总表

单位：万元

投标人			甲		乙		丙		丁		戊	
国家/地区			中国北京		中国天津		中国上海		日本大阪		韩国釜山	
经济标 (50%)		开标报价	200		201		202		215		210	
	调整因素±	备件价格	+2		/		+2		/		/	
		专用工具	+2		/		+2		/		/	
		运费	+2		+2		+3		/		/	
		税费	+2		+2		+2		/		/	
	修正的报价		208		205		211		215		210	
	经济标得分		97		100		94		90		95	
技术标 (30%)	指标		表现	打分	表现	打分	表现	打分	表现	打分	表现	打分
	售后服务(25%)		3 年	95	3 年	95	5 年	100	5 年	100	5 年	100
	技术培训(25%)		免费	100	免费	100	免费	100	免费	100	免费	100
	质保期(25%)		3 年	95	3 年	95	5 年	100	5 年	100	5 年	100
	运行维护(25%)		免费	100	免费	100	收费	95	收费	95	收费	95
	技术标得分		97.5		97.5		98.75		98.75		98.75	
商务标 (20%)	指标		表现	打分	表现	打分	表现	打分	表现	打分	表现	打分
	资质等级(50%)		一级	100	二级	95	一级	100	一级	100	二级	95
	信誉等级(25%)		AA	95	AA	95	AAA	100	AAA	100	AA	95
	财务状况(25%)		良好	100	良好	100	一般	95	良好	100	一般	95
	商务标得分		98.75		96.25		98.75		100		95	
评标得分			97.5		98.5		96.375		94.625		96.125	
评标排序			2		1		3		5		4	

由表 10-7 可知，候选人的排序是乙、甲和丙供应商。

另外，在采购耐用物品如车辆、发动机及其他设备时，也可采用这种方法简化操作，即不再区分经济标、技术标和商务标打分，只是选取招标人认为重点考虑的要素直接打分。一般应考虑的因素包括：投标价格，内陆运费、保险费及其他费用，交货期，偏离合同条款约定的付款条件，备件价格及售后服务，设备性能、质量、生产能力，技术服务和培训。评价表格如表 10-8 所示，可供参考。

表 10-8　评价表

评标因素		投标价	运保费	技术性能	交货期	付款条件	售后服务	标准备件	总分	排序
分值分配		60 分	10 分	10 分	5 分	5 分	5 分	5 分	100 分	
评 标 打 分	甲									
	乙									
	丙									
	丁									

评标时仍以得分高低确定中标供应商。不同的采购项目，各种因素的重要程度不一定相同，因此，分值在每个因素上的比例分配有所不同，必须全面考虑各种因素，避免因遗漏相关因素而影响评标的真实效果。同时，还要合理确定不同技术性能的有关分值分配和每一个性能应得的分数，考虑的因素、分值的分配、打分标准均应在招标书中明确规定。

另外，在工程评标、服务评标、货物评标时，所考虑的非价格因素是不同的，都要在评标细则中细化反映，如表 10-9 所示。

表 10-9　不同项目评标的非价格因素

项　　目	非价格因素
工程评标	工期、质量、施工人员和管理人员的素质、以往的经验
服务评标	投标人及参与提供服务人员的资格，经验、信誉、可靠性、专业和管理能力
货物评标	运费和保险费、付款计划、交货期、运营成本、货物的有效性和配套性、零配件和服务的供给能力、相关的培训、安全性和环境效益

总之，综合评标法是一种使用频率较高的评标方法，在使用中需要注意评标细则的制定，特别是确定商务和技术的权重及价格敏感系数时应当慎重，如果确定不科学，评标结果就会变成单纯的价格或技术的竞争。正是由于商务和技术的权重及价格敏感系数难以科学合理的界定，因此在评标过程中，合理的投标价格或技术方案，打出的分数不一定最高。另外，一些小公司经常以大公司的名义投标(业内称之为挂靠)，由于其持有大公司的各种资质证书及授权，评标打分时很占便宜，可是大公司并不具体负责投标项目的施工及质量监控，因此项目的质量不一定能得到保证。

(三)寿命周期成本法

寿命周期成本法是指在综合评价法的基础上，考虑寿命周期成本，即加上后续运行期内的费用，折算成现值计算最终报价，以最终报价的最低者作为中标候选人。在计算寿命周期成本时，可以根据实际情况，在标书报价的基础上加上一定运行期年限的各项费用，再减去一定年限后设备的残值(即扣除这几年折旧费后的设备剩余值)。在计算各项费用和残值时，都应当按照标书规定的贴现率折算成净现值，如表 10-10 所示。

表 10-10　寿命周期成本法评价表

投标人		甲	乙	丙	丁	戊
报价						
运行费 贴现现值	第 1 年					
	第 2 年					
	……					
	第 n 年					
运行费贴现合计						
残值贴现现值						
寿命周期总成本(TC)						
寿命周期成本(TC/n)						
寿命周期成本排序						

寿命周期成本法主要用于采购整套厂房、生产线或者设备、车辆等在运行期内的各项后续费用(如零配件、油料、燃料、维修等)很高的货物采购评标。

【任务实施】

针对在任务描述中的问题，应做出如下回答。

问题①：公开招标。凡是公共事业的建设项目，涉及公共利益、公共安全的项目，包括项目的勘察、设计、施工、监理以及与工程建设有关的重要设备、材料等的采购都必须采用公开招标的方式。该项目建设规模已经超过公开招标的要求限度，应公开招标。

问题②：不能用民营企业的要求是错误的，任何单位和个人，不得以任何形式，排斥投标人，或者以不平等的要求对待投标人，不管是民营企业还是国有企业都应相同对待。

问题③：若有企业因未参加勘察而造成的对预算的估计不足等后果，由企业自己承担。企业也可自行勘查现场，不影响继续投标。

问题④：投标保证金交足的企业才可以参加投标，只有12家交足投标保证金，就只有这12家可以参加投标。

问题⑤：投标企业应准时参加开标会议，不论何种原因造成迟到均不准参加投标，事先说明的也不可以。

问题⑥：企业的投标书没有加盖法人章的，按无效标处理，因此只有10家可以参加投标。关于评标委员会，应由招标办在专家库随机抽取，由工程、经济方面的专家组成。

问题⑦：金额的大写与小写不一致的时候，以大写金额为准。

问题⑧：没收投标保证金，经招标人同意，以第二顺位的投标人为中标人。

问题⑨：中标单位在合同签订后，退还投标保证金；未中标单位，在公告后5个工作日退还保证金。

【任务小结】

在"招标采购"任务中，我们通过一个具体的工作任务——关于招投标和评标的程序问题的案例，了解和掌握了招标采购的相关知识，应该能分析和解决一些招标程序问题，知道如何评标、中标。

项 目 测 试

【应知测试】

一、填空题

1. 政府采购是指各级国家机关、事业单位和团体组织，使用_____采购依法制定的_____以内的或者采购限额标准以上的_____、_____和_____的行为。

2. _____是政府采购的主要采购方式，与其他采购方式如_____、_____、_____、_____不是并行的关系。

3. 与其他采购方式相比，招标采购至少应具备以下要素特点：_____、_____、_____、_____。

4. 按公开程度，可将招标分为_____和_____。

5. 一个完整的招投标过程，包括_____、_____、_____、_____和_____五个环节，每个环节都有严格的程序、规则。

二、单选题

1. (　　)是政府采购的主要采购方式，与其他采购方式不是并行的关系。
    A. 公开招标　　　　　　　　　　B. 邀请招标
    C. 竞争性谈判　　　　　　　　　D. 单一来源采购

2. (　　)是区别招标采购与其他采购方式的最主要特征之一。
    A. 是否谈判　　　　　　　　　　B. 是否签约
    C. 是否公开　　　　　　　　　　D. 是否编制招标、投标文件

3. 邀请招标的投标人一般不得少于(　　)个，具体数量视招标项目的规模大小而定。
    A. 3　　　　　　　　　　　　　　B. 4
    C. 5　　　　　　　　　　　　　　D. 不限

4. 中标人应符合下列条件之一(　　)。
    A. 能够最大限度地满足招标文件中规定的各项综合评价标准
    B. 价格适中
    C. 服务最优
    D. 离招标人距离最近

5. 以下不属于招标采购评标时商务标的是(　　)。
    A. 投标人资质等级　　　　　　　B. 投标人财务状况
    C. 投标报价　　　　　　　　　　D. 投标人信用等级

三、多选题

1. 政府采购的方式包括(　　)。
    A. 公开招标　　　　　　B. 邀请招标　　　　　　C. 竞争性谈判
    D. 单一来源采购　　　　E. 议标

2. 与其他采购方式相比，招标采购至少应具备以下要素特点(　　)。
    A. 程序规范　　　　　　B. 编制招标、投标文件　　C. 多次谈判
    D. 公开性　　　　　　　E. 一次成交

3. 招标采购按公开程度分类(　　)。
    A. 公开招标　　　　　　B. 邀请招标采购　　　　　C. 议标
    D. 围标　　　　　　　　E. 抢标

4. 有下列情形之一的，经财政部门同意，可以采用邀请招标(　　)。
    A. 公开招标后，没有投标人或无合格标
    B. 出现了不可预见的急需
    C. 投标人准备投标文件需要高额费用

D. 公开招标成本过高，与采购项目的价值不相称

E. 发生突发事件，无法按公开招标方式得到所需的货物、工程或服务

5. 以下属于招标采购评标时技术标的是(　　)。

A. 投标人资质等级　　　　B. 投标响应性　　　　C. 投标报价

D. 工期保证　　　　　　　E. 安保措施

四、判断题

1. 政府采购的资金来源为财政拨款和需要由财政偿还的公共借款，这些资金的最终来源为纳税人的税收和公共服务收费。(　　)

2. 两个以上的自然人、法人或者其他组织可以组成一个联合体，以一个供应商的身份共同参加政府采购。(　　)

3. 议标也是一种法定招标方式，属于我国《招投标法》的应用范畴。(　　)

4. 招投标的适用范围是只要采购单位愿意选择这种方式就可以。(　　)

5. 围标是一种有利于招投标工作的做法。(　　)

五、简答题

1. 政府采购有哪些显著特点？

2. 政府采购的基本流程是怎样的？

3. 招标采购的概念及特点是什么？

4. 招标采购中招标人及投标人的条件各是什么？

5. 招标采购的基本程序是什么？

【应会测试】

一、选择题

1.(　　)主要依据投标单位的投标文件，按经济标、技术标、商务标等要素，配以不同的权重加以量化打分，计算出每个投标人的综合得分进行排序。

2.(　　)特别适用于各项后续费用很高的设备采购。

3.(　　)把评标价(非投标报价)看作是评标的唯一因素，并将非价格因素折成价格。

A. 最低评标价法　　　　B. 寿命周期成本法　　　　C. 综合评标法

二、案例分析题

某国家重点工程投资约 1 亿元人民币，项目审批部门核准的招标方式为公开招标。由于工程复杂，技术难度高，业主认为一般施工队伍难以胜任，自行决定采取邀请招标方式。2015 年 9 月 18 日向 A、B、C、D、E 五家具有相应施工资质的施工承包企业发出了投标邀请书。该五家企业均接受了邀请，并于规定时间 9 月 19—20 日购买了招标文件。规定的投标文件递交截止时间为 10 月 18 日下午 4 时。在投标截止时间之前，A、B、D、E 四家企业提交了投标文件，但 C 企业于 10 月 18 日下午 5 时才送达，原因是路途堵车。10 月 20 日下午由当地招投标管理办公室的工作人员主持进行了公开开标。评标委员会成员由 7 人

组成,其中当地招投标管理办公室 1 人,公证处 1 人,招标人代表 1 人,技术与经济方面专家 4 人。评标时发现 E 企业投标文件虽无法定代表人签字和委托人授权书,但投标文件均已由项目经理签字并由该企业驻当地分公司加盖了投标专用章。评标委员会提交的书面评标报告推荐了 B、A 企业分列综合得分第一名和第二名。由于 B 企业投标报价高于 A 企业,11 月 10 日招标人向 A 企业发出了中标通知书,并于 12 月 18 日签订了书面承包合同。

问题:

(1) C 企业和 E 企业的投标文件是否有效? 说明理由。

(2) 以上程序中存在哪些不妥之处? 说明理由。

三、评标方法的应用

某公司施工招标,招标人将施工路段分为甲、乙两个标段。招标文件规定,运用最低评标价法进行评标,因属于国外贷款项目,国内投标人有 7.5% 评标价优惠,同时投两个标段的投标人,如第一个标段中标,第二个标段有 4% 评标扣减。投标工期以 24~30 个月为合理工期,评标时两个标段都以 24 个月为基准,每增加 1 个月,在评标时加上 10 万元。现有 A、B、C、D、E 五个投标人的投标文件是合格的。其中 A、B 两投标人同时对两个标段进行投标,B、D、E 为国内承包人,A、C 为国外承包人。承包人投标情况见表 10-11。

表 10-11   五个投标人的投标情况

投标人	报价/百万元		工期/月	
	甲 段	乙 段	甲 段	乙 段
A	10	10	24	24
B	9.7	10.3	26	28
C	—	9.8	—	24
D	9.9	—	25	—
E	—	9.5	—	30

问题: 计算甲、乙两个标段投标人的评标价。如果各投标均实质性响应招标文件要求,确定各标段排名第一的中标候选人。完成表 10-12 和表 10-13 ,并做出结论。

评标结果:

表 10-12   甲段评标价

投标人	报价 (百万元)	修正因素(百万元)		评标价 (百万元)	排序
		工期因素	本国优惠		

因此,甲段排名第一的中标候选人应为投标人 _____。

表 10-13 乙段评标价

投标人	报价 (百万元)	修正因素(百万元)			评标价 (百万元)	排序
		工期因素	两个标段优惠	本国优惠		

因此，乙段排名第一的中标候选人应为投标人_____。

参 考 文 献

[1] 陈利民. 采购管理实务[M]. 北京：机械工业出版社，2010.

[2] 王征宇. 物流采购管理[M]. 北京：中国传媒大学出版社，2012.

[3] 秦文刚. 采购与仓储管理[M]. 杭州：浙江大学出版社，2010.

[4] 张洁. 采购管理与库存管理[M]. 2版. 北京：北京大学出版社，2007.

[5] 申纲领. 采购管理实务[M]. 2版. 北京：电子工业出版社，2014.

[6] 钟鸣，朱文涛. 物流采购业务与管理[M]. 北京：中国劳动社会保障出版社，2013.

[7] 张文法. 采购管理实务[M]. 北京：电子工业出版社，2014

[8] 吴汪友. 采购管理实务[M]. 北京：电子工业出版社，2010.

[9] 张凤英. 物流采购管理[M]. 北京：中国铁道出版社，2014.

[10] 杨军，赵继新. 采购管理[M]. 3版. 北京：高等教育出版社，2015.

[11] 于桂芳. 采购业务处理[M]. 北京：清华大学出版社，2013.

[12] 傅莉萍. 采购管理实务[M]. 北京：科学出版社，2010.

[13] 万志坚，王爱晶，王涛. 供应链管理[M]. 3版. 北京：高等教育出版社，2014.

[14] 史忠健，杨明. 物流采购与供应管理[M]. 北京：中国人民大学出版社，2010.

[15] 徐杰. 供应链管理[M]. 上海：上海交通大学出版社，2015.

[16] 李荷华. 采购管理实务[M]. 2版. 上海：上海财经大学出版社，2014.

[17] 卢园，邓春姊. 物流采购管理[M]. 北京：北京理工大学出版社，2012.

[18] 司银霞. 采购与供应管理实务[M]. 北京：人民邮电出版社，2011.

[19] 张为民，白士强. 采购管理[M]. 北京：化学工业出版社，2010.

[20] 朱新民，林敏晖. 物流采购管理[M]. 2版. 北京：机械工业出版社，2011.

[21] 曾益坤. 采购与仓储实务[M]. 北京：清华大学出版社，2011

[22] 王志文，物流采购管理[M]. 上海：上海交通大学出版社，2015.

[23] 黄君麟，熊正平. 库存管理[M]. 2版. 北京：机械工业出版社，2019.

[24] 刘华. 物流采购管理[M]. 2版. 北京：清华大学出版社，2012.

[25] 张晓芹，黄金万. 采购管理实务[M]. 北京：人民邮电出版社，2015.